AV ROY.

SIRE,

Vostre Maiesté peut auoir assez de cognoissance des descouuertures, faites pour son seruice, de la nouuelle France (dicte Canada) par les escripts que certains Capitaines & Pilotes en ont fait, des voyages & descouuertures, qui y ont esté faites, depuis quatre vingts ans, mais ils n'ont rien rendu de si recommandable en vostre Royaume, ny si profitable pour le seruice de vostre Majesté & de ses subiects; comme peuuët estre les cartes des costes, haures, riuieres, & de la situation des lieux lesquelles seront representées par ce petit traicté, que ie prens la hardiesse d'adresser à vostre Maiesté, intitulé Iournalier des voyages & descouuertures que i'ay faites auec le sieur de Mons, vostre Lieutenant, en la nouuelle France: & me voyant poussé d'vne iuste recognoissance de l'honneur que i'ay reçeu depuis dix ans, des commandements, tant de vostre Maiesté, Sire, que du feu Roy, Henry le Grand, d'heureuse memoire, qui me commanda de

ã ij

faire les recherches & descouuertures les plus exactes qu'il me seroit possible: Ce que i'ay fait auec les augmentatiõs, représentées par les cartes, contenues en ce petit liure, auquel il se trouuera vne remarque particuliere des perils, qu'on pourroit encourir s'ils n'estoyent euitez : ce que les subiects de vostre Majesté, qu'il luy plaira employer cy apres, pour la conseruation desdictes descouuertures pourront euiter selon la cognoissance que leur en donneront les cartes contenues en ce traicté, qui seruira d'exemplaire en vostre Royaume, pour seruir à vostre Majesté, à l'augmentation de sa gloire, au bien de ses subiects, & à l'honneur du seruice tres-humble que doit à l'heureux accroissement de vos iours.

SIRE,

Vostre tres-humble, tres-obeissant & tres-fidele seruiteur & subiect,

CHAMPLAIN.

A LA ROYNE REGENTE
MERE DV ROY.

MADAME,
Entre tous les arts les plus vtiles & excellens, celuy de nauiger m'a tousiours semblé tenir le premier lieu: Car d'autant plus qu'il est hazardeux & accōpagné de mille perils & naufrages, d'autant plus aussi est-il estimé & releué par dessus tous, n'estāt aucunement conuenable à ceux qui māquent de courage & asseurance. Par cet art nous auōs la cognoissance de diuerses terres, regions, & Royaumes. Par iceluy nous attirons & apportons en nos terres toutes sortes de richesses, par iceluy l'idolatrie du Paganisme est renuersé, & le Christianisme annoncé par tous les endroits de la terre. C'est cet art qui m'a des mō bas aage attiré à l'aimer & qui m'a prouoqué à m'exposer presque toute ma vie aux ondes impetueuses de l'Oceā, & qui m'a fait nauiger & costoyer vne partie des terres de l'Amerique & principalement de la Nouuelle France, où i'ay tousiours en desir d'y faire fleurir le Lys auec l'vni-

á iij

que Religion Catholique, Apostolique & Romaine. Ce que ie croy à present faire auec l'aide de Dieu, estant assisté de la faueur de vostre Majesté, laquelle ie supplie tres-humblement de continuer à nous maintenir, afin que tout reüssisse à l'honneur de Dieu, au bien de la France & splendeur de vostre Regne, pour la grandeur & prosperité duquel, ie prieray Dieu, de vous assister tousiours de mille benedictions, & demeureray.

MADAME,

Vostre tres-humble, tres-obeissant
& tres-fidele seruiteur & subiect.

CHAMPLAIN.

AVX FRANCOIS, SVR LES
voyages du sieur de Champlain.
STANCES.

LA France estant vn iour à bon droit irri[tée]
De voir des estrangers l'audace tant vant[ée]
Voulans comme ranger la mer à leur merci,
Et rendre iniustement Neptune tributaire
Estant commun à tous; ardente de cholere
Appella ses enfans, & les tançoit ainsi.

2

Enfans, mon cher soucy, le doux soin de mon ame,
Quoy? l'honneur qui espoint d'vne si douce flamme,
Ne touche point vos cœurs? Si l'honneur de mon [nom]
Rend le vostre pareil d'eternelle memoire,
Si le bruit de mon los redonde à vostre gloire,
Chers enfans, pouués vous trahir vostre renom?

3

Ie voy de l'estranger l'insolente arrogance,
Entreprenant par trop, prendre la iouissance
De ce grand Ocean, qui languit apres vous.
Et pourquoy le desir d'vne belle entreprise
Vos cœurs comme autresfois n'espoinçonne & n'attise?
,, Tousiours vn braue cœur de l'honneur est ialoux.

4

Apprenés qu'on a veu les Françoises armées
De leur nombre couurir les plaines Idumées,
L'Afrique quelquefois a veu vos deuanciers,
L'Europe en a tremblé, & la fertile Asie
En a esté souuent d'effroy toute saisie,
Ces peuples sont tesmoins de leurs actes guerriers.

5

Ainsi moy vostre mere en armes si feconde
J'ay fait trembler soubs moy les trois parts de cẽ monde,
La quarte seulement mes armes n'a gousté.
C'est ce monde nouueau dont l'Espagne rostie,
Ialouse de mon los, seule se glorifie,
Mon nom plus que le sien y doit estre planté.

6

Peut estre direz vous que mon ventre vous donne
Ce que pour estre bien, Nature vous ordonne,
Que vous auez le Ciel clement & gracieux,
Que de chercher ailleurs se rendre à la fortune,
Plus se confier à vne traistre Neptune,
Se seroit s'hazarder sans espoir d'auoir mieux.

7

Les autres auoyent leurs terres cultiuées,
De fleuues & ruisseaux plaisamment abbreuuées
Et que l'air y fut doux: sans doute ils n'auroyent pas
Dans ce pays lointain porté leur renommée
Que foible on la verroit dans leurs murs enfermée
Mais pour vaincre la faim, on ne craint le trespas.

8

Il est vray chers enfans, mais ne faites vous compte
De l'honneur, qui le temps & sa force surmonte?
Qui seul peut faire viure en immortalité?
Ha! ie sçay que luy seul vous plaist pour recompense,
Allés donc courageux, ne souffrez ceste offense,
De souffrir tels affrons, ce seroit lascheté.

9

Ie n'en sentirois pas la passion si forte,

Si nature n'ouuroit à ce deſſein la porte,
Car puis qu'elle a voulu me bagner les coſtés
De deux ſi larges mers: c'eſt pour vous faire entendre
Que guerriers il vous faut mes limites eſtendre
Et rendre des deux parts les peuples ſurmontés.

10

C'eſt trop, c'eſt trop long temps ſe priuer de l'vſage,
D'vn bien que par le Ciel vous euſtes en partage,
Allés donc courageux, faites bruire mon los,
Que mes armes par vous en ce lieu ſoyent portées
Rendés par la vertu les peines ſurmontées
„ L'honneur eſt tant plus grand que moindre eſt le repos.

11

Ainſi parla la France: & les vns approuuerent
Son diſcours, par les cris qu'au Ciel ils eſleuerent,
D'autres faiſoient ſemblant de louer ſon deſſein,
Mais nul ne s'efforçoit de la rendre contente,
Quand Champlain luy donna le fruit de ſon attente.
„ Vn cœur fort genereux ne peut rien faire en vain.

12

Ce deſſein qui portoit tant de peines diuerſes,
De dangers, de trauaux, d'eſpines de trauerſes,
Luy ſeruit pour monſtrer qu'vne entiere vertu
Peut rompre tous efforts par ſa perſeuerance
„ Emporter, vaincre tout: vn cœur plein de vaillance
„ Se monſtre tant plus grand, plus il eſt combattu.

13

François, chers compagnons, qu'vn beau deſir de gloire
Eſpoinçonnant vos cœurs, rende voſtre memoire
Illuſtrée à iamais: venez braues guerriers,

Non non ce ne sont point des esperances vaines.
Champlain à surmonté les dangers & les peines.
Veües pour receuillir mille & mille lauriers.

14

HENRY *mon grand Henry à qui la destinée*
Impiteuse à trop tost la carriere bornée,
Si le Ciel t'eust laissé plus long temps icy bas,
Tu nous eusse assemblé la France auec la Chine:
Tu ne meritois moins que la ronde machine,
Et l'eussions veu courber sous l'effort de ton bras.

15

Et toy sacré fleuron, digne fils d'vn tel Prince,
Qui luis comme vn soleil aux yeux de ta Prouince,
Le Ciel qui te reserue à vn si haut dessein,
Face vn iour qu'arriuant l'effect de mon enuie,
Ie verse en t'y seruant & le sang, & la vie,
Ie ne quiers autre honneur si tel est mon destin.

16

Tes armes ô mon Roy, ô mon grand Alexandre!
Iront de tes vertus vn bon odeur espandre
Au couchant & leuant. Champlain tout glorieux
D'vn desir si hautain ayant l'ame eschauffée
Aux fins de l'Ocean plantera ton trophée,
La grandeur d'vn tel Roy doit voler iusqu'aux Cieux.

L'ANGE Parif.

A MONSIEVR DE CHAMplain sur son liure & ses cartes marines.
ODE.

Ve desire, tu voir encore
Curieuse temerité :
Tu cognois l'vn & l'autre More,
En ton cours est-il limité?
En quelle coste reculee
N'es-tu pas sans frayeur allee?
Et ne sers tu pas de raison?
Que l'ame est vn feu qui nous pousse,
Qui nous agite & se courouce
D'estre en ce corps comme en prison?
Tu ne trouues rien d'impossible,
 Et mesme le chemin des Cieux
A peine reste inaccessible
A ton courage ambitieux.
Encore vn fugitif Dedale,
Esbranlant son aisle inegale
Eut l'audace d'en approcher,
Et ce guerrier qui de la nue
Vid la jeune Andromede nue
Preste à mourir sur le rocher.
Que n'ay ie leur aisle asseuree,
 Ou celle du vent plus leger,
 Ou celles des fils de Boree
 Ou l'Hippogriphe de Roger.
 Que ne puis-ie par characteres
 Parfums & magiques mysteres

Courir l'vn & l'autre Element.
Et quand ie voudrois l'entreprendre
Aussi-tost qu'vn daimon me rendre
Au bout du monde en vn moment.
Non point qu'alors ie me promette
D'aller au seiour esleué
Qu'auec vne longue lunette
On a dans la lune trouué;
Ny d'apprendre si les lumieres
D'esclairer au ciel coustumieres,
Et qui font nos biens & nos maux,
D'humides vapeurs sont nourries,
Comme icy bas dans les prairies
D'herbe on nourit les animaux.
Mais pour aller en asseurance
Visiter ces peuples tous nuds
Que la bien heureuse ignorance
En long repos a maintenus.
Telle estoit la gent fortunée
Au monde la premiere née,
Quand le miel en ruisseaux fondoit
Au sein de la terre fleurie
Et telle se voit l'Hetrurie
Lors que Saturne y commandoit.
Quels honneurs & quelles loüanges
Champlain ne doit point esperer,
Qui de ces grands pays estranges
Nous a sçeu le plan figurer
Ayant neuf fois tenu la sonde
Et porté dans ce nouueau monde

Son courage aueugle aux dangers,
Sans craindre des vents les haleines,
Ny les monstrueuses Baleines
Le butin des Basques legers.
Esprit plus grand que la fortune
Patient & laborieux.
Tousiours soit propice Neptune
A tes voyages glorieux.
Puisses tu d'aage en aage viure,
Par l'heureux effort de ton liure:
Et que la mesme eternité
Donne tes chartes renommées
D'huile de cedre perfumées
En garde à l'immortalité.

       Motin.

SOMMAIRES DES CHAPITRES
LIVRE PREMIER

Auquel sont descrites les descouuertures de la coste d'Acadie & de la Floride.

CHAP. I.

L'Vtilité du commerce a induit plusieurs Princes à recercher vn chemin plus facile pour trafiquer auec les Orientaux. Plusieurs voyages qui n'ont point reüssi. Resolution des François à cet effect. Entreprise du sieur de Mons. Sa commission, & reuocation d'icelle. Nouuelle commission au mesme sieur de Mons.

CHAP. II.

Description de l'isle de Sable: Du Cap Breton, de la Heue: Du port au Mouton: Du port du cap Negre: Du cap & Baye de Sable: De l'isle aux Cormorans: Du cap Fourchu: De l'isle longue: De la baye saincte Marie: Du port saincte Marguerite, & de toutes les choses remarquables qui sont le long de ceste coste.

CHAP. III.

Description du port Royal & des particularitez d'iceluy. De l'isle haute. Du port aux Misnes. De la grande baye Françoise. De la riuiere sainct Iean, & ce que nous auons remarqué depuis le port aux Misnes iusques à icelle. De l'isle appellée par les Sauuages Methane. De la riuiere des Etechemins & de plusieurs belles isles qui y sont. De l'isle de saincte Croix, & autres choses remarquables d'icelle coste.

CHAP. IV.

Le sieur de Mons ne trouuant point de lieu plus propre pour faire vne demeure arrestée, que l'isle de saincte Croix, la fortifie & y fait des logemens. Retour des vaisseaux en France, & de Ralleau Secretaire d'iceluy sieur de Mons, pour mettre ordre à quelques affaires.

CHAP. V.

De la coste, peuples & riuieres de Norembeque, & de tout ce qui s'est passé durant les descouuertures d'icelle.

Chap. VI.

Du mal de terre, fort cruelle maladie. A quoy les hommes & femmes Sauuages passent le temps durant l'hyuer: & tout ce qui se passe en l'habitation durant l'hyuernement.

Chap. VII.

Descouuertures de la coste des Almouchiquois, iusques au 42. degré de latitude: & des particularités de ce voyage.

Chap. VIII.

Continuation des descouuertures de la coste des Almouchiquois, & de ce que nous y auons remarqué de particulier.

Chap. IX.

Retour des descouuertures de la coste des Almouchiquois.

Chap. X.

L'habitation qui estoit en l'isle de saincte Croix transportée au port Royal, & pourquoy.

Chap. XI.

Ce qui se passa depuis le partement du sieur de Mons, iusques à ce que voyant qu'on n'auoit point nouuelles de ce qu'il auoit promis, on partit du port Royal pour retourner en France.

Chap. XII.

Partement du Port Royal, pour retourner en France. Rencontre de Ralleau au cap de Sable, qui fit rebrousser chemin.

Chap. XIII.

Le sieur de Poitrincour part du port Royal, pour faire des descouuertures. Tout ce que l'on y vit, & ce qui y arriua iusques à Malebarre.

Chap. XIV.

Continuation des susdites descouuertures, & ce qui y fut remarqué de singulier.

Chap. XV.

L'incommodité du temps, ne permettant pour lors, de faire d'auantage de descouuertures, nous fit resoudre de retourner en l'habitation: & ce qui nous arriua iusques à icelle.

Chap. XVI.

Retour des susdites descouuertures & ce qui se passa durant l'hyuernement.

Chap. XVII.

Habitation abandonnée. Retour en France du sieur de Poitrincour & de tous ses gens.

SECOND LIVRE
Auquel sont descrits les voyages faits au grand fleuue sainct Laurens, par le sieur de Champlain.

Chap. I.

Resolution du sieur de Mons, pour faire les descouuertures par dedans les terres: sa commission & enfrainte d'icelle, par des Basques, qui desarmerent le vaisseau de Pont-graué; & l'accord qu'ils firent aprés entre eux.

Chap. II.

De la riuiere de Saguenay, & des Sauuages, qui nous y vindrent abborder. De l'isle d'Orleans, & de tout ce que nous y auons remarqué de singulier.

Chap. III.

Arriuée à Quebec, où nous fismes nos logemens. Sa situation. Conspiration contre le seruice du Roy, & ma vie, par aucuns de nos gens. La punition qui en fut faite, & tout ce qui se passa en cet affaire.

Chap. IV.

Retour du Pont-graué en France. Description de nostre logement, & du lieu où seiourna Iaques Quartier en l'an 1535.

Chap. V.

LES VOYAGES
DV SIEVR DE CHAMPLAIN
XAINTONGEOIS CAPITAINE
ordinaire pour le Roy,
en la marine.

OV IOVRNAL TRES-FIDELE DES OBSERVATIONS faites és descouuertures de la nouuelle France: tant en la description des terres, costes, riuieres, ports, haures, leurs hauteurs, & plusieurs declinaisons de la guide-aymant; qu'en la creance des peuples, leurs superstitions, façon de viure & de guerroyer: enrichi de quantité de figures.

Ensemble deux cartes geographiques: la premiere seruant à la nauigation, dressée selon les compas qui nordestent, sur lesquels les mariniers nauigent: l'autre en son vray Meridien, auec ses longitudes & latitudes: à laquelle est adiousté le voyage du destroict qu'ont trouué les Anglois, au dessus de Labrador, depuis le 53e. degré de latitude, iusques au 63e. en l'an 1612. cerchans vn chemin par le Nord, pour aller à la Chine.

LIVRE PREMIER

L'vtilité du commerce a induit plusieurs Princes à rechercher vn chemin plus facile pour trafiquer auec les Orientaux.	Resolution des François à cet effect. Entreprise du sieur de Mons: sa commission & reuocation d'icelle.
Plusieurs voyages qui n'ont pas reüssy.	Nouuelle commission au mesme sieur de Mons pour continuer son entreprise.

CHAP. I.

Selon la diuersité des humeurs les inclinations sont différentes: & chacun en sa vacation a vne fin particuliere. Les vns tirét au proffit, les autres à la gloire, & aucuns au bien public. Le plus grand est au commerce, & principalement celuy qui se faict sur la mer. De là vient le grand soulagement du peuple, l'opulence & l'ornement des republiques. C'est ce qui a esleué l'ancienne Rome à la Seigneurie & domination de tout le monde. Les Venitiens à vne grandeur esgale à celle des puissans Roys. De tout temps il a fait foisonner en richesses les villes maritimes, dont Alexandrie & Tyr sont si celebres : & vne infinité d'autres, lesquelles remplissent le profond des terres aprés que les nations estrãgeres leur ont enuoyé ce qu'elles ont de beau & de singulier. C'est pourquoy plusieurs Princes se sont efforcez de trouuer par le Nort, le chemin de la Chine, afin de faciliter le commerce auec les Oriẽtaux, esperans que ceste route seroit plus brieue & moins perilleuse.

En l'an 1496. le Roy d'Angleterre commit à ceste recherche Ieã Chabot & Sebastiẽ son fils. Enuiron le mesme temps Dom Emanuel Roy de Portugal y enuoya Gaspar Cortereal, qui retourna sans auoir trouué ce qu'il pretendoit: & l'année d'aprés reprenant les mesmes erres, il mourut en l'entreprise, comme fit Michel son frere qui la continuoit obstinément. Es années 1534. & 1535. Iacques Quartier eut pareille commission du Roy François I. mais il fut arresté en sa course. Six ans aprés le sieur de Roberual l'ayāt renouuelee, enuoya Iean Alfonce Xaintongeois plus au Nort le long de la coste de Labrador, qui en reuint aussi sçauant que les autres. Es annees 1576. 1577. & 1578. Messire Martin Forbicher Anglois fit trois voyages suiuant les costes du Nort. Sept ans aprés Hunfrey Gilbert aussi Anglois partit auec cinq nauires, & s'en alla perdre sur l'isle de Sable, où demeurerēt trois de ses vaisseaux. En la mesme année, & és deux suiuantes Iean Dauis Anglois fit trois voyages pour mesme subiect, & penetra soubs les 72. degrez & ne passa pas vn destroit qui est appelé auiourdhuy de son nom. Et depuis luy le Capitaine Georges en fit aussi vn en l'an 1590. qui fut contraint à cause des glaces, de retourner sans auoir rien descouuert. Quant aux Holandois ils n'en ont pas eu plus certaine cognoissance a la nouuelle Zemble.

Tant de nauigations & descouuertures vainement entreprises, auec beaucoup de trauaux & despences, ont fait resoudre noz François en ces dernieres annees, à essayer de faire vne demeure arrestee és terres que nous disons la Nouuelle France, esperans paruenir plus facilement à la perfection de ceste entreprise, la Nauigation commençant en la terre d'outre l'Ocean, le long de laquelle se fait la recherche du passage desiré: Ce qui auoit meu le Marquis de la Roche en l'an 1598. de prendre commiſſion du Roy pour habiter ladite terre. A cet effect il deſchargea des hommes & munitions en l'Iſle de Sable: mais les conditions qui luy auoient eſté accordees par ſa Maieſté luy ayant eſté deniees, il fut contraint de quitter ſon entrepriſe, & laiſſer là ſes gens. Vn an aprez le Capitaine Chauuin en prit vne autre pour y conduire d'autres hommes: & peu aprez eſtāt auſſi reuocquee, il ne pourſuit pas dauantage.

Aprez ceux cy, nonobſtant toutes ces variations & incertitudes, le ſieur de Mons voulut tenter vne choſe deſeſperee: & en demanda commiſſion à ſa Maieſté: recognoiſſant que ce qui auoit ruiné les entreprinſes precedentes, eſtoit faute d'auoir aſſiſté les entrepreneurs, qui en vn an, ny deux, n'ont peu recognoiſtre les terres & les peuples qui y ſont: ny trouuer des ports propres à vne habitation. Il propoſa à ſa Maieſté vn moyen pour ſupporter ces frais ſans rien tirer des deniers Royaux, aſçauoir, de luy octroyer, priuatiuement a tous autres la traitte de peleterie d'icelle terre. Ce que luy ayāt eſté accordé, il ſe mit en grāde & exceſſiue deſpéce: & mena auec luy bon nombre d'hommes de diuerſes conditions: & y fit baſtir des logemens neceſſaires pour ſes gens: laquelle deſpence il continua trois annees consecutiues, aprez lesquelles, par l'enuie & importunité de certains marchans Basques & Bretons, ce qui luy auoit esté octroyé, fut reuocqué par le Conseil, au grand preiudice d'iceluy sieur de Mons: lequel par telle reuocation fut contraint d'abbandonner tout, auec perte de ses trauaux & de tous les vtensilles dont il auoit garny son habitation.

Mais comme il eut fait raport au Roy de la fertilité de la terre, & moy du moyen de trouuer le passage de la Chine, sans les incōmoditez des glaces du Nort, ny les ardeurs de la Zone torride, soubs laquelle nos mariniers passent deux fois en allant & deux fois en retournant, auec des trauaux & perils incroiables, sa Maiesté commanda au sieur de Mons de faire nouuel équipage & renuoyer des hōmes pour continuer ce qu'il auoit commencé. Il le fit. Et pour l'incertitude de sa commission il changea de lieu, afin d'oster aux enuieux l'ombrage qu'il leur auoit apporté; meu aussi de l'esperance d'auoir plus d'vtilité au dedans des terres où les peuples sōt ciuilisez, & est plus facile de planter la foy Chrestienne & establir vn ordre comme il est necessaire pour la conseruation d'vn païs, que le long des riues de la mer, où habitēt ordinairement les sauuages: & ainsi faire que le Roy en puisse tirer vn proffit

A iij

inestimable: Car il est aisé à croire que les peuples de l'Europe rechercheront plustost ceste facilité que non pas les humeurs enuieuses & farouches qui suiuent les costes & les nations barbares.

DESCRIPTION DE L'ISLE DE SABLE: DV CAP Breton; De la Héue; Du port au Mouton; Du port du cap Negré: Du cap & baye de Sable: De l'isle aux Cormorans: Du cap Fourchu: De l'isle Longue: De la baye saincte Marie: Du port de saincte Marguerite: & de toutes les choses remarcables qui sont le long de cette coste.

Chap. II.

LE sieur de Mons, en vertu de sa commission, ayant par tous les ports & haures de ce Royaume fait publier les defences de la traitte de pelleterie à luy accordée par sa Maiesté, amassa enuiron 120. artisans, qu'il fit embarquer en deux vaisseaux: l'vn du port de 120. tonneaux, dans lequel commandoit le sieur de Pont-graué: & l'autre de 150. ou se il mit auec plusieurs gentilshommes.

Le septiesme d'Auril mil six cens quatre, nous partismes du Hauredegrace, & Pont-graué le 10. qui auoit le rendes-vous à Canceau 20. lieuës du cap Breton. Mais comme nous fusmes en pleine mer le sieur de Mons changea d'aduis & prit sa route vers le port au Mouton, a cause qu'il est plus au midy, & aussi plus commode pour aborder, que non pas Cáceau.

Le premier de May nous eufmes cognoiſ-fance de l'iſle de Sable, où nous coùruſmes riſque d'eſtre perduz par la faute de nos pilotes qui s'eſtoient trompez en l'eſtime qu'ils firent plus de l'auant que nous n'eſtions de 40. lieues.

Ceſte iſle eſt eſloignee de la terre du cap Breton de 30. lieues, nort & ſu, & contient enuiron 15. lieues. Il y a vn petit lac. L'iſle eſt fort ſablonneuſe & n'y a point de bois de haute futaie, ſe ne ſont que taillis & herbages que paſturent des bœufz & des vaches que les Portugais y porterét il y a plus de 60. ans, qui ſeruirét beaucoup aux gens du Marquis de la Roche: qui en pluſieurs annees qu'ils y ſeiournerent prirent grande quantité de fort beaux renards noirs, dont ils conſeruerent bien ſoigneuſemét les peaux. Il y a force loups marins de la peau deſquels ils s'abillerent ayans tout diſcipé leurs veſtemens. Par ordonnance de la Cour de Parlement de Rouan il y fut enuoie vn vaiſſeau pour les requerir. Les conducteurs firent la peche de mollues en lieu proche de ceſte iſle qui eſt toute batturiere és enuirons.

Le 8. du meſme mois nous eufmes cognoiſſance du Cap de la Héue, à l'eſt duquel il y a vne Baye où ſont pluſieurs Iſles couuertes de ſapins; & à la grand terre de cheſnes, ormeaux

8 LES VOYAGES

& bouleaux. Il est ioignant la coste d'Accadie par les 44. degrez & cinq minutes de latitude, & 16. degrez 15. minutes de declinaison de laguide-aimāt, distant à l'est nordest du Cap Breton 85. lieuës, dont nous parlerons, cy aprez.

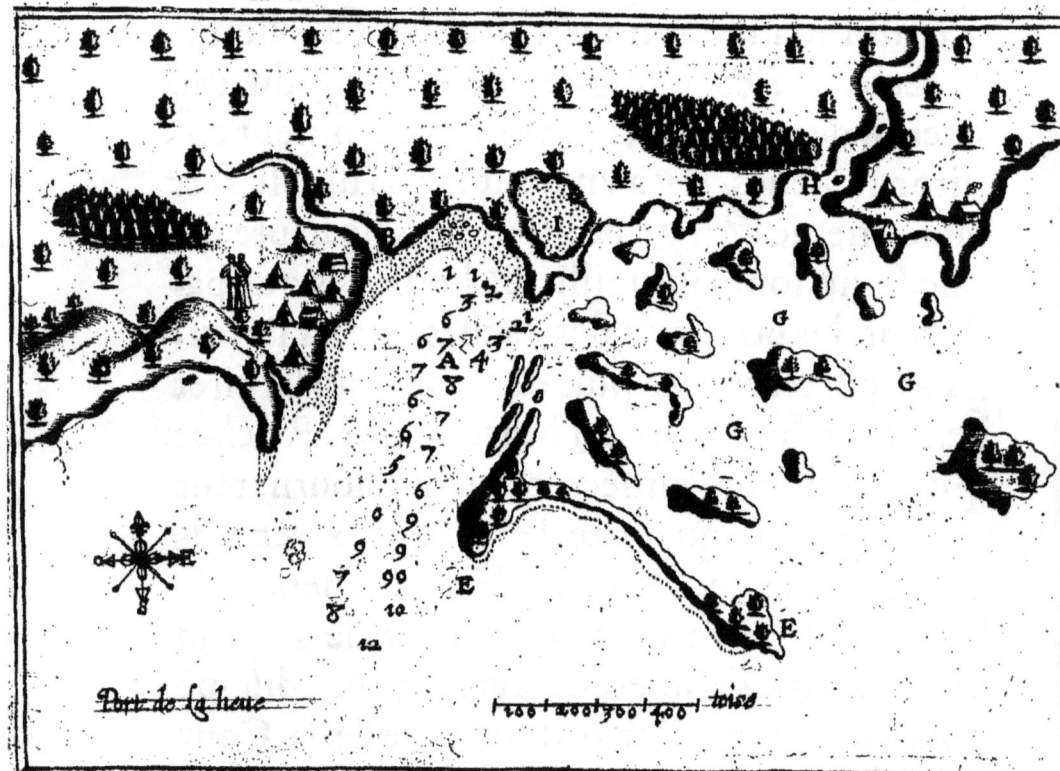

Les chifres montrent les brasses d'eau.

A Le lieu ou les vaisseaux moullent l'ancre.
B Vne petite riuiere qui asseche de basse mer.
C Les lieux où les sauuages cabannent.
D Vne basse a l'entree du port
E Vne petite isle couuerte de bois.
F Le Cap de la Héue.
G Vne baye ou il y a quantité d'isles couuertes de bois.
H Vne riuiere qui va dans les terres 6. ou 7. lieux, auec peu d'eau.
I Vn estang proche de la mer.

DV SIEVR DE CHAMPLAIN. 9

Le 12. de May nous entrasmes dans vn autre port, à 5. lieuës du cap de la Héue, où nous primes vn vaisseau qui faisoit traitte de peleterie contre les defences du Roy. Le chef s'appeloit Rossignol, dont le nō en demeura au port, qui est par les 44. degrez & vn quart de latitude.

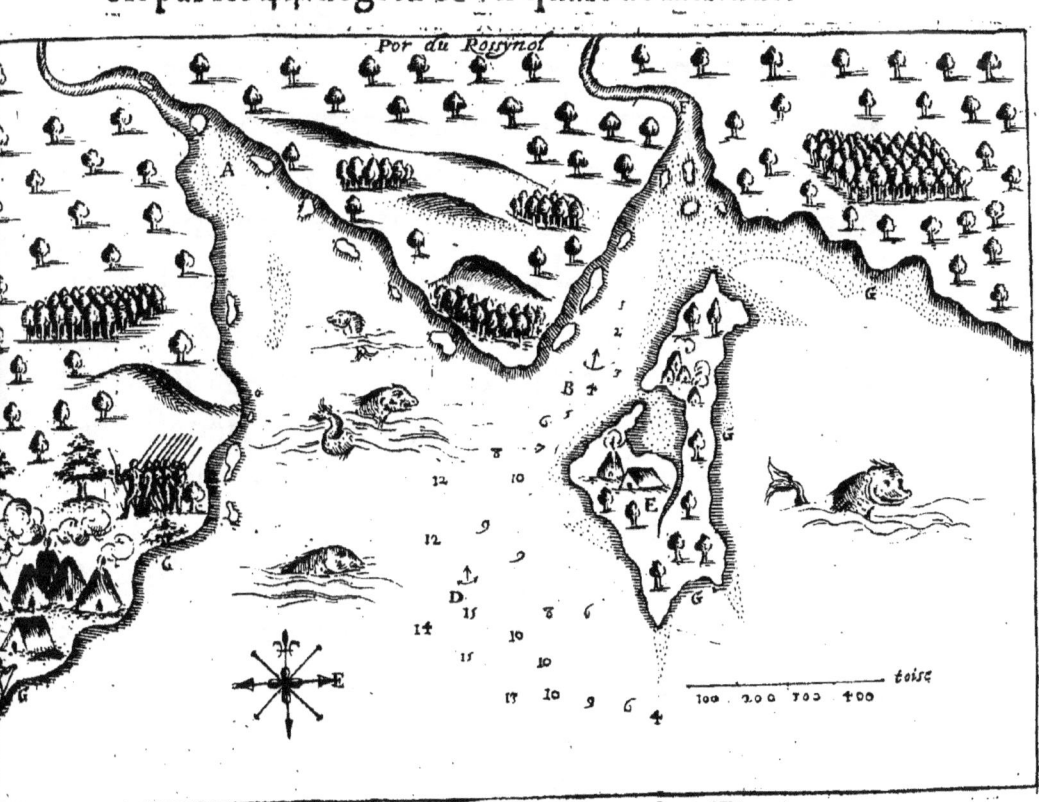

Les chifres montrent les brasses d'eau.

A Riuiere qui va 25. lieuës dans les terres.
B Le lieu où ancrent les vaisseaux.
C Place à la grande terre où les sauuages font leur logement.
D la rade où les vaisseaux mouillent l'ancre en attendant la maree
E L'endroit où les sauuages cabannent dans l'isle.
F Achenal qui asseche de basse mer.
G La coste de la grande terre. Ce qui est piquoté demontre les basses.

B

Le 13. de May nous arriuasmes à vn tres-beau port, où il y a deux petites riuieres, appelé le port au Mouton, qui est à sept lieuës de celuy du Rossignol. Le terroir est fort pierreux, rempli de taillis & bruyeres. Il y a grand nombre de lappins; & quantité de gibier à cause des estangs qui y sont.

Aussitost que nous fusmes desembarquez, chacun commença a faire des cabannes selon sa fantaisie, sur vne pointe à l'entree du port auprés de deux estangs d'eau douce. Le sieur de Mons en mesme téps depescha vne chalouppe, dans laquelle il enuoya auec des lettres vn des nostres, guidé d'aucuns sauuages, le long de la coste d'Accadie, chercher Pōt-graué, qui auoit vne partie des commoditez necessaires pour nostre hyuernement. Il le trouua a la Baye de Toutes-isles fort en peine de nous (car il ne sçauoit point qu'on eut changé d'aduis) & luy presenta ses lettres. Incontinent qu'il les eut leuës, il s'en retourna vers son nauire à Canceau, où il saisit quelques vaisseaux Basques qui faisoyent traitte de pelleterie, nonobstāt les defences de sa Maiesté; & en enuoya les chefs au sieur de Mōs: Lequel cependāt me donna la charge d'aller recognoistre la coste, & les ports propres pour la seureté de nostre vaisseau.

Desirant accomplir sa volonté ie partis du port au Mouton le 19. de May, dans vne barque de huict tonneaux, accōpaigné du sieur Raleau son Secretaire, & de dix hommes. Allant le long de la coste nous abordâmes à vn port tresbon pour les vaisseaux, où il y a au fonds vne petite riuiere qui entre assez auant dans les terres, que i'ay appelé le port du cap Negré, à cause d'vn rocher qui deloing en a la semblāce, lequel est esleué sur l'eau proche d'vn cap où nous passames le mesme iour, qui en est à quatre lieuës, & à dix du port au Mouton. Ce cap est fort dangereux à raison des rochers qui iettent à la mer. Les costes que ie vis iusques là sont fort basses couuertes de pareil bois qu'au cap de la Héue; & les isles toutes remplies de gibier. Tirant plus outre nous fusmes passer la nuict à la Baye de Sable, où les vaisseaux peuuent mouiller l'ancre sans aucune crainte de danger.

Le lendemain nous allames au cap de Sable, qui est aussi fort dangereux, pour certains rochers & batteures qui iettent presque vne lieuë à la mer. Il est à deux lieuës de la baye de Sable, où nous passames la nuict precedente. Delà nous fusmes en l'isle aux Cormorans, qui en est à vne lieue, ainsi appelee à cause du nombre infini qu'il y a de ces oyseaux, où nous pri-

B ij

mes plein vne barrique de leurs œufs. Et de cest isle nous fismes l'ouest enuiron six lieues, trauarsant vne baye qui fuit au Nort deux ou trois lieues: puis rencontrasmes plusieurs isles qui iettent 2. ou trois lieues à la mer, lesquelles peuuent contenir les vnes deux, les autres trois, lieues, & d'autres moins, selon que i'ay peu iuger. Elles sont la plufpart fort dangereuses à aborder aux grands vaisseaux, à cause des grandes marees, & des rochers qui sont à fleur d'eau. Ces isles sont remplies de pins, sapins, boulleaux & de trébles. Vn peu plus outre, il y en a encore quatre. En l'vne nous vismes si grande quátité d'oiseaux appelez tangueux, que nous les tuyós aisemét à coups de bastó. En vne autre nous trouuâmes le riuage tout couuert de loups marins, desquels nous primes autant que bon nous sembla. Aux deux autres il y a vne telle abondáce d'oiseaux de differentes especes, qu'on ne pourroit se l'imaginer si l'on ne l'auoit veu, comme Cormorans, Canards de trois sortes, Oyees, Marmettes, Outardes, Perroquets de mer, Beccacines, Vaultours, & autres Oyseaux de proye: Mauues, Allouettes de mer de deux ou trois especes; Herons, Goillans, Courlieux, Pyes de mer, Plongeons, Huats, Appoils, Corbeaux, Grues, & autres sortes que ie ne cognois point, lesquels y font leurs nyds. Nous les auons nommées, isles aux loups marins. Elles sont par la hauteur de 43. degrez & demy de latitude, distantes de la terre ferme ou Cap de Sable de quatre à cinq lieues. Apres y auoir passé quelque temps au plaisir de la chasse (& non pas sans prendre force gibier) nous abordâmes à vn cap qu'auons nommé le port Fourchu, d'autant que sa figure est ainsi, distant des isles aux loups marins cinq à six lieues. Ce port est fort bon pour les vaisseaux en son entree: mais au fonds il asseche presque tout de basse mer, fors le cours d'vne petite riuiere, toute enuironnee de prairies, qui rendét ce lieu assez aggreable. La pesche de moruës y est bonne auprés du port. Partát de là nous fismes le nort dix ou douze lieues sans trouuer aucun port pour les vaisseaux, sinon quátité d'ances ou playes tresbelles, dont les terres semblét estre propres pour cultiuer. Les bois y sont tres-beaux, mais il y a bien peu de pins & de sappins. Ceste coste est fort seine, sans isles, rochers ne basses: de sorte que seló nostre iugemét les vaisseaux y peuuét aller en asseurance. Estans esloignez vn quart de lieuë de la coste, nous fusmes à vne isle, qui s'appelle l'isle Lógue, qui gît nort nordest, & sur surouest, laquelle faict passage pour aller dedans la grande baye Françoise, ainsi nommee par le sieur de Mons.

Ceste isle est de six lieues de lõg: & a en quelques endroicts prés d'vne lieue de large, & en d'autres vn quart seulemét. Elle est remplie de quátité de bois, cõme pins & boulleaux. Toute la coste est bordee de rochers fort dágereux: & n'y a point de lieu propre pour les vaisseaux, qu'au bout de l'isle quelques petites retraittes pour des chalouppes, & trois ou quatre islets de rochers, où les sauuages prennent force loups marins. Il y court de grandes marees, & principalement au petit passage de l'isle, qui est fort dangereux pour les vaiseaux s'ils vouloyent se mettre au hasard de le passer.

Du passage de l'isle Lõgue fismes le nordest deux lieux, puis trouuâmes vne ance où les vaisseaux peuuent ancrer en seureté, laquelle a vn quart de lieue ou enuiron de circuit. Le fonds n'est que vase, & la terre qui l'enuironne est toute bordee de rochers assez hauts. En ce lieu il y a vne mine d'argent tresbonne, selon le raport du mineur maistre Simon, qui estoit auec moy. A quelques lieues plus outre est aussi vne petite riuiere, nommée du Boulay, où la mer monte demy lieue dans les terres, à l'entree de laquelle il y peut librement surgir des nauires du port de cent tonneaux. A vn quart de lieue d'icelle il y a vn port bon pour les vaisseaux où nous trouuâmes vne mine de fer que noſtre mineur iugea rédre cinquante pour cent. Tirant trois lieux plus outre au nordeſt, nous viſmes vne autre mine de fer aſſez bonne, proche de laquelle il y a vne riuiere enuirónee de belles & aggreables prairies. Le terroir d'allentour eſt rouge côme ſang. Quelques lieues plus auant il y a encore vne autre riuiere qui aſſeche de baſſe mer, horſmis ſon cours qui eſt fort petit, qui va proche du port Royal. Au fonds de ceſte baye y a vn achenal qui aſſeche auſſi de baſſe mer, autour duquel y a nôbre de prez & de bonnes terres pour cultiuer, toutesfois réplies de quátité de beaux arbres de toutes les ſortes que i'ay dit cy deſſus. Ceſte baye peut auoir depuis l'iſle Lôgue iuſques au fonds quelque ſix lieues. Toute la coſte des mines eſt terre aſſez haute, decouppee par caps, qui paroiſſent ronds, aduançans vn peu à la mer. De l'autre coſté de la baye au ſueſt, les terres ſont baſſes & bonnes, où il y a vn fort bon port, & en ſon entree vn banc par où il faut paſſer, qui a de baſſe mer braſſe & demye d'eau, & l'ayant paſſé on en trouué trois & bon fonds. Entre les deux pointes du port il y a vn iſlet de caillons qui couure de plaine mer. Ce lieu va demye lieue dans les terres. La mer y baiſſe de trois braſſes, & y a force coquillages, comme moulles coques & bregaux. Le terroir eſt des meilleurs que i'aye veu. I'ay nommé ce port, le port saincte Marguerite. Toute ceste coste du suest est terre beaucoups plus basse que celle des mines qui ne sont qu'à vne lieue & demye de la coste du port de saincte Marguerite, de la largeur de la baye, laquelle a trois lieues en son entree. Ie pris la hauteur en ce lieu, & la trouué par les 45. degrez & demy, & vn peu plus de latitude, & 17. degrez 16. minuttes de declinaison de la guide-aymant.

Apres auoir recogneu le plus particulieremét qu'il me fut possible les costes ports & haures, ie m'en retourné au passage de l'isle Longue sans passer plus outre, d'où ie reuins par le dehors de toutes les isles, pour remarquer s'il y auoit point quelques dangers vers l'eau: mais nous n'en trouuâmes point, sinon aucuns rochers qui sont à pres de demye lieue des isles aux loups marins, que l'on peut esuiter facilement: d'autant que la mer brise par dessus. Continuant nostre voyage nous fusmes surpris d'vn grand coup de vent qui nous contraignit d'eschouer nostre barque à la coste, où nous courusmes risque de la perdre : ce qui nous eut mis en vne extresme peine. La tourmente estant cessee nous nous remismes en la mer: & le lendemain nous arriuasmes au port du Mouton, où le sieur de Mons nous attendoit

DV SIEVR DE CHAMPLAIN. 17

doit de iour en iour ne sachāt que peser de nostre seiour, sinon qu'il nous fust arriué quelque fortune. Ie luy fis relatiō de tout nostre voyage & où nos vaisseaux pouuoyent aller en seureté. Cependant ie cōsideré fort particulieremēt ce lieu, lequel est par les 44. degrez de latitude,

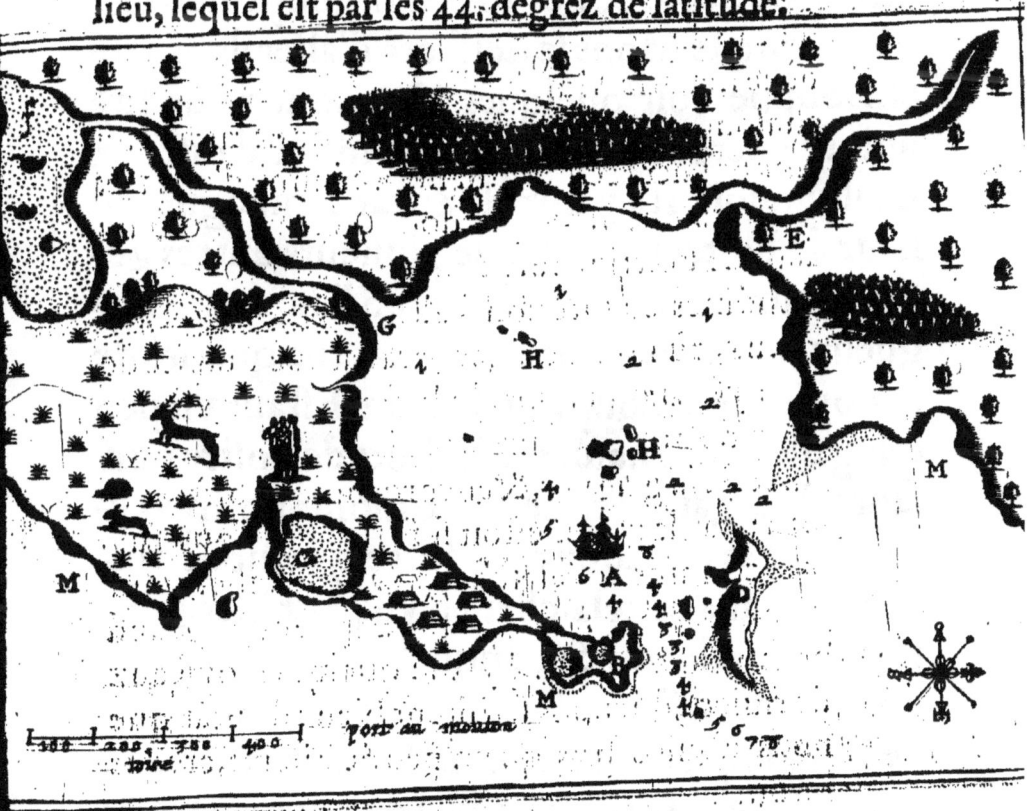

Les chifres montrent les brasses d'eau.

A Les lieux où posent les vaisseaux.
B. Le lieu où nous fismes nos logemens.
C. Vn estang.
D. Vne isle à l'entree du port couuerte de bois.
E. Vne riuiere qui est assez basse d'eau.
F. Vn estang.
G. Ruisseau assez grand, qui vient de l'estang f.
H. 6. Petites isles qui sont dās le port.
L. Capagne où il n'y a que des taillis & bruyeres fort petites.
M La coste du costé de la mer.

C

Le lendemain le sieur de Mons fit leuer les ancres pour aller à la baye saincte Marie, lieu qu'auions recogneu propre pour nostre vaisseau, attendant que nous en eussions trouué vn autre plus commode pour nostre demeure. Rengeant la coste nous passames proche du cap de Sable & des isles aux loups marins, où le sieur de Mons se delibera d'aller dans vne chalouppe voir quelques isles dont nous luy auions faict recit, & du nóbre infini d'oiseaux qu'il y auoit. Il s'y mit donc accompagné du sieur de Poitrincourt & de plusieurs autres gétilshómes en intétion d'aller en l'isle aux Tangueux, où nous auiós auparauát tué quátité de ces oyseaux à coups de baston. Estant vn peu loing de nostre nauire il fut hors de nostre puissance de la gaigner, & encore moins nostre vaisseau : car la maree estoit si forte que nous fusmes cótrains de relascher en vn petit islet, pour y passer celle nuict, auquel y auoit grand nombre de Gibier. I'y tué quelques oyseaux de riuiere, qui nous seruirent bien : d'autát que nous n'auiós pris qu'vn peu de biscuit, croyás retourner ce mesme iour. Le lendemain nous fusmes au cap Fourchu, distant de là, demye lieue. Rengeant la coste nous fusmes trouuer nostre vaisseau qui estoit en la baye saincte Marye. Nos gens furent fort en peine de nous l'espace de deux iours, craignant qu'il nous fuſt arriué quelque malheur : mais quand ils nous virent en lieu de ſeureté, celà leur donna beaucoup de reſiouiſſance.

Deux ou trois iours aprés noſtre arriuee, vn de nos preſtres, appellé meſire Aubry, de la ville de Paris, s'eſgara ſi bien dans vn bois en allant chercher ſon eſpee laquelle il y auoit oubliee, qu'il ne peut retrouuer le vaiſſeau : & fut 17. iours ainſi ſans aucune choſe pour ſe ſubſtanter, que quelques herbes ſeures & aigrettes comme de l'oſeille, & des petits fruits de peu de ſubſtáce, gros comme groiſelles, qui viennent rempant ſur la terre. Eſtant au bout de ſon rollet, ſans eſperance de nous reuoir iamais, foible & debile, il ſe trouua du coſté de la baye Françoiſe, ainſi nommee par le ſieur de Mons, proche de l'iſle Longue, où il n'en pouuoit plus, quand l'vne de nos chalouppes allât à la peſche du poiſſon, l'aduiſa, qui ne pouuant appeller leur faiſoit ſigne auec vne gaule au bout de laquelle il auoit mis ſon chappeau, qu'on l'allaſt requerir : ce qu'ils firent auſſi toſt & l'ammenerent. Le ſieur de Mons l'auoit faict chercher, tant par les ſiens que des ſauuages du païs, qui coururent tout le bois & n'en apporterent aucunes nouuelles. Le tenant pour mort, on le voit reuenir dans la chalouppe au grand contentement d'vn chacun: Et fut vn long temps à se remettre en son premier estat.

DESCRIPTION DV PORT ROYAL ET DES PARticularitez d'iceluy. De l'isle Haute. Du port aux mines. De la grãde baye Françoise. De la riuiere S. Iean, & ce que nous auons remarqué depuis le port aux mines iusques à icelle. De l'isle appelee par les sauuages Manthane. De la riuiere des Etechemins, & de plusieurs belles isles qui y sont. De l'isle de S. Croix: & autres choses remarquables d'icelle coste.

CHAP. III.

A Quelques iours de là, le sieur de Mons se delibera d'aller descouurir les costes de la baye Frãçoise: & pour cet effect partit du vaisseau le 16. de May, & passames par le destroit de l'isle Lõgue. N'ayant trouué en la baye S. Marie aucun lieu pour nous fortiffier qu'auec beaucoup de tẽps, celà nous fit resoudre de voir si à l'autre il n'y en auroit point de plus propre. Mettãt le cap au nordest 6. lieux, il y a vne ance où les vaisseaux peuuẽt mouiller l'ancre à 4. 5. 6. & 7. brasses d'eau. Le fonds est Sable. Ce lieu n'est que cõme vne rade. Continuãt au mesme vent deux lieux, nous entrasmes en l'vn des beaux ports que i'eusse veu en toutes ces costes, où il pourroit deux mille vaisseaux en seureté. L'entree est large de huict cens pas: puis on entre dedans vn port qui a deux lieux de long & vne lieue de large, que i'ay nommé port Royal, où deſſendent trois riuieres, dont il y en a vne aſſez grande, tirant à l'eſt, appellee la riuiere de l'Equille, qui eſt vn petit poiſſon de la grandeur d'vn Eſplan, qui s'y peſche en quantité, cóme auſſi on fait du Harang, & pluſieurs autres ſortes de poiſſon qui y ſont en abondance en leurs ſaiſons. Ceſte riuiere a prés d'vn quart de lieuë de large en ſon entree, où il y a vne iſle, laquelle peut contenir demye lieue de circuit, remplie de bois ainſi que tout le reſte du terroir, comme pins, ſapins, pruches, boulleaux, trâbles, & quelques cheſnes qui ſont parmy les autres bois en petit nombre. Il y a deux entrees en ladite riuiere, l'vne du coſté du nort: l'autre au ſu de l'iſle. Celle du nort eſt la meilleure, où les vaiſſeaux peuent mouiller l'ancre à l'abry de l'iſle à 5. 6. 7. 8. & 9. braſſes d'eau : mais il faut ſe donner garde quelques baſſes qui ſont tenant à l'iſle, & à la grand terre, fort dangereuſes, ſi on n'a recogneu l'achenal.

Nous fuſmes quelques 14. ou 15. lieux où la mer monte, & ne va pas beaucoup plus auant dedans les terres pour porter baſteaux: En ce lieu elle contient 60. pas de large, & enuiron braſſe & demye d'eau. Le terroir de ceſte riuiere eſt remply de force cheſnes, freſnes & autres bois. De l'entree de la riuiere iuſques au

C iij

lieu où nous fufmes y a nombre de preries: mais elles font innondees aux grádes marees, y ayant quantité de petits ruiſſeaux qui trauerſent d'vne part & d'autre, par où des chalouppes & batteaux peuuét aller de pleine mer. Ce lieu eſtoit le plus propre & plaiſant pour habiter que nous euſſions veu. Dedans le port y a vne autre iſle, diſtante de la premieré prés de deux lieues, où il y a vne autre petite riuiere qui va aſſez auant dans les terres, que nous auons nommée la riuiere ſainct Antoine. Son entree eſt diſtante du fonds de la baye ſaincte Marie de quelque quatre lieux par le trauers des bois. Pour ce qui eſt de l'autre riuiere ce n'eſt qu'vn ruiſſeau remply de rochers, où on ne peut monter en aucune façon que ce ſoit, pour le peu d'eau: & a eſté nommee, le ruiſſeau de la roche. Ce lieu eſt par la hauteur de 45. degrez de latitude & 17. degrez 8. minuttes de declinaiſon de la guide-ayment.

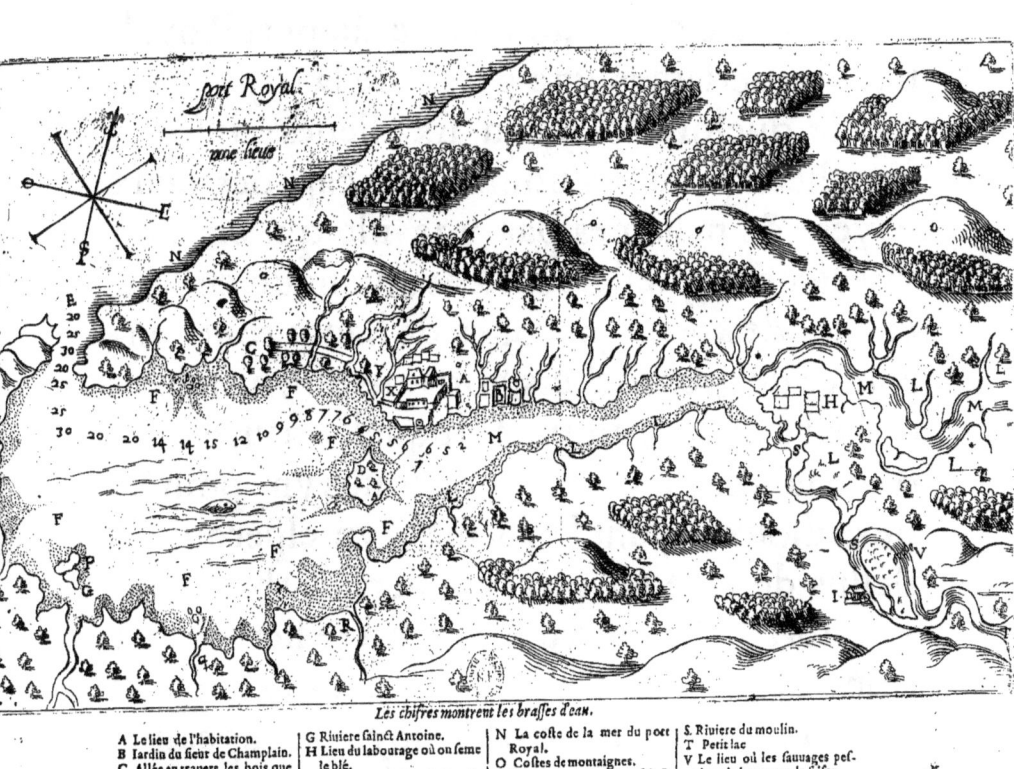

A Le lieu de l'habitation.
B Iardin du sieur de Champlain.
C Allée au travers les bois que fit faire le sieur de Poitrincourt.
D Isle à l'entrée de la riuiere de l'Equille.
E entrée du port Royal.
F Basses qui assechēt de basse mer
G Riuiere sainct Antoine.
H Lieu du labourage où on seme le blé.
I Moulin que fit faire le sieur de Poitriucourt.
L Prairies qui sont innōdées des eaux aux grandes marées.
M Riuiere de l'Equille.
N La coste de la mer du port Royal.
O Costes de montaignes.
P Isle proche de la riuiere sainct Antoine.
Q Ruisseau de la Roche
R Autre Ruisseau.
S. Riuiere du moulin.
T Petit lac
V Le lieu où les sauuages peschent le harang en la saison.
X Ruisseau de la truitere.
Y Allée que fit faire le sieur de Champlain.

pour la page 23.

Apres auoir recogneu ce port, nous en partiſmes pour aller plus auant dans la baye Françoiſe, & voir ſi nous ne trouuerions point la mine de cuiure qui auoit eſté deſcouuerte l'année precedéte. Mettant le cap au nordeſt huict ou dix lieux rengeant la coſte du port Royal, nous trauerſames vne partie de la baye comme de quelque cinq ou ſix lieues; iuſques à vn lieu qu'auons nommé le cap des deux bayes: & paſſames par vne iſle qui en eſt à vne lieue, laquelle contient autant de circuit, eſleuée de 40. ou 45. toiſes de haut; toute entouree de gros rochers, horſ-mis en vn endroit qui eſt en talus, au pied duquel y a vn eſtang d'eau ſallee, qui vient par deſſoubs vne poincte de cailloux, ayant la forme d'vn eſperon. Le deſſus de l'iſle eſt plat, couuert d'arbres auec vne fort belle ſource d'eau. En ce lieu y a vne mine de cuiure. De là nous fuſmes à vn port qui en eſt à vne lieue & demye, où iugeâmes qu'eſtoit la mine de cuiure qu'vn nommé Preuert de ſainct Mallo auoit deſcouuerte par le moyen des ſauuages du païs. Ce port eſt ſoubs les 45. degrez deux tiers de latitude, lequel aſſeche de baſſe mer. Pour entrer dedans il faut ballizer & recognoiſtre vne batture de Sable qui eſt à l'entree, laquelle va rengeant vn canal ſuiuant l'autre coſté de terre ferme: puis on entre

entre dans vne baye qui contient prés d'vne lieue de long, & demye de large. En quelques endroits le fonds est vaseux & sablonneux, & les vaisseaux y peuuent eschouer. La mer y pert & croist de 4. a 5. brasses. Nous y mismes pied à terre pour voir si nous verrions les mines que Preuerd nous auoit dit. Et ayant faict enuiron vn quart de lieue le long de certaines montagnes, nous ne trouuasmes aucune d'icelles, ny ne recognusmes nulle apparéce de la descriptiõ du port selon qu'il nous l'auoit figuré : Aussi n'y auoit il pas esté : mais bien deux ou trois des siens guidés de quelques sauuages, partie par terre & partie par de petites riuieres ; qu'il attendit dans sa chalouppe en la baye sainct Laurens, à l'entree d'vne petite riuiere : lesquels à leur retour luy apporterent plusieurs petits morceaux de cuiure, qu'il nous mõstra au retour de son voyage. Toutesfois nous trouuasmes en ce port deux mines de cuiure non en nature, mais par apparence, selon le rapport du mineur qui les iugea estre tresbonnes.

D

26   LES VOYAGES

Les chifres montrent les brasses d'eau.

A Le lieu où les vaisseaux peuuent eschouer.
B Vne petite riuiere.
C Vne langue de terre qui est de Sable.
D Vne pointe de gros cailloux qui est comme vne moule.
E Le lieu où est la mine de cuiure qui couure de mer deux fois le iour.
F Vne isle qui est derriere le cap des mines.
G La rade ou les vaisseaux posent l'ancre attendant la maree.
I Lachenal.
H L'isle haute qui est a vne lieue & demye du port aux mines.
L Petit Ruisseau.
M Costeau de montaignes le long de la coste du cap aux mines.

Le fonds de la baye Françoise que nous trauersames entre quinze lieux dans les terres. Tout le païs que nous auons veu depuis le petit passage de l'isle Longue rangeant la coste, ne sont que rochers, où il n'y a aucun endroit où les vaisseaux se puissent mettre en seureté, sinon le port Royal. Le païs est remply de quantité de pins & boulleaux, & à mon aduis n'est pas trop bon.

Le 20. de May nous partismes du port aux mines pour chercher vn lieu propre à faire vne demeure arrestee afin de ne perdre point de temps: pour puis apres y reuenir veoir si nous pourrions descouurir la mine de cuiure franc que les gens de Preuerd auoient trouuee par le moyen des sauuages. Nous fismes l'ouest deux lieux iusques au cap des deux bayes: puis le nort cinq ou six lieues: & trauersames l'autre baye, où nous iugions estre ceste mine de cuiure, dont nous auons desia parlé: d'autát qu'il y a deux riuieres: l'vne venát dedeuers le cap Breton: & l'autre du costé de Gaspe ou de Tregatté, proche de la grande riuiere de sainct Laurens. Faisant l'ouest quelques six lieues nous fusmes à vne petite riuiere, à l'entree de laquelle y a vn cap assez bas, qui aduance à la mer: & vn peu dans les terres vne mótaigne qui a la forme d'vn chappeau de Cardinal. En ce

D ij

lieu nous trouuasmes vne mine de fer. Il n'y a ancrage que pour des chalouppes. A quatre lieux à l'ouest suroueft y a vne pointe de rocher qui auance vn peu vers l'eau, où il y a de grandes marees, qui sont fort dangereuses. Proche de la pointe nous vismes vne ance qui a enuiron demye lieue de circuit, en laquelle trouuasmes vne autre mine de fer, qui est aussi tresbonne. A quatre lieux encore plus de l'aduant y a vne belle baye qui entre dans les terres, où au fonds y a trois isles & vn rocher : dont deux sont à vne lieue du cap tirant à l'ouest : & l'autre est à l'emboucheure d'vne riuiere des plus grandes & profondes qu'eussions encore veues, que nommasmes la riuiere S. Iean : pource que ce fut ce iour là que nous y arriuasmes : & des sauuages elle est appelee Ouygoudy. Ceste riuiere est dangereuse si on ne recognoist bien certaines pointes & rochers qui sont des deux costez. Elle est estroicte en son entree, puis vient à s'eslargir : & ayant doublé vne pointe elle estrecit de rechef, & fait comme vn saut entre deux grands rochers, où l'eau y court d'vne si grande vitesse, que y jettant du bois il enfonce en bas, & ne le voit on plus. Mais attendant le pleine mer, l'on peut passer fort aisement ce destroict : & lors elle s'eslargit comme d'vne lieue par aucuns endroicts, où il y a trois isles. Nous ne la recogneusmes pas plus auant: Toutesfois Ralleau Secretaire du sieur de Mons y fut quelque téps apres trouuer vn sauuage appellé Secondon chef de la ladicte riuiere, lequel nous raporta qu'elle estoit belle, gráde & spacieuse: y ayant quantité de preries & beaux bois, comme chesnes, hestres, noyers & lambruches de vignes sauuages. Les habitans du pays vont par icelle riuiere iusques à Tadoussac, qui est dans la grande riuiere de sainct Laurens: & ne passent que peu de terre pour y paruenir. De la riuiere sainct Iean iusques à Tadoussac y a 65. lieues. A l'entree d'icelle, qui est par le hauteur de 45. degrez deux tiers, y a vne mine de fer.

LES VOYAGES

Les chiffres montrent les brasses d'eau.

A Trois isles qui sont par delà le saut.
B Montaignes qui paroissent par dessus les terres deux lieues au su de la riuiere.
C Le saut de la riuiere.
D Basses quand la mer est perdue, ou vaisseaux peuuent eschouer.
E Cabanne où se fortifient les sauuages.
F Vne pointe de cailloux, où y a vne croix.
G Vne isle qui est à l'entree de la riuiere.
H Petit ruisseau qui vient d'vn petit estang.
I Bras de mer qui asseche de basse mer.
L Deux petits islets de rocher.
M Vn petit estang.
N Deux Ruisseaux.
O Basses fort dangereuses le long de la coste qui assechent de basse mer.
P Chemin par où les sauuages portent leurs canaux quand ils veulent passer le sault.
Q Le lieu où peuuent mouiller l'ancre où la riuiere a grand cours.

De la riuiere sainct Iean nous fusmes à quatre isles, en l'vne desquelles nous mismes pied à terre, & y trouuasmes grande quantité d'oiseaux appellez Margos, dont nous prismes force petits, qui sont aussi bons que pigeonneaux. Le sieur de Poitrincourt s'y pensa esgarer: Mais en fin il reuint à nostre barque comme nous l'allions cerchant autour de isle, qui est esloignee de la terre ferme trois lieues. Plus à l'ouest y a d'autres isles: entre autres vne contenant six lieues, qui s'appelle des sauuages Manthane, au su de laquelle il y a entre les isles plusieurs ports bons pour les vaisseaux. Des isles aux Margos nous fusmes à vne riuiere en la grãde terre, qui s'appelle la riuiere des Estechemins, nation de sauuages ainsi nommee en leur païs: & passames par si grande quantité d'isles, que n'en auons peu sçauoir le nombre, assez belles, côtenant les vnes deux lieues les autres trois, les autres plus ou moins. Toutes ces isles sont en vn cu de sac, qui contient à mon iugement plus de quinze lieux de circuit: y ayant plusieurs endrois bons pour y mettre tel nombre de vaisseaux que l'on voudra, lesquels en leur saison sont abondans en poisson, comme mollues, saulmons, bars, harangs, flaitans, & autres poissons en grand nombre. Faisant l'ouest norouest trois lieux par les isles, nous en

trasmes dans vne riuiere qui a presque demye lieue de large en son entree, où ayans faict vne lieue ou deux, nous y trouuasmes deux isles: l'vne fort petite proche de la terre de l'ouest: & l'autre au milieu, qui peut auoir huict ou neuf cens pas de circuit, esleuee de tous costez de trois à quatre toises de rochers, fors vn petit endroict d'vne poincte de Sable & terre grasse, laquelle peut seruir à faire briques, & autres choses necessaires. Il y a vn autre lieu à couuert pour mettre des vaisseaux de quatre vingt à cent tonneaux : mais il asseche de basse mer. L'isle est remplie de sapins, boulleaux, esrables & chesnes. De soy elle est en fort bonne situation, & n'y a qu'vn costé où elle baisse d'enuiron 40. pas, qui est aisé à fortifier, les costes de la terre ferme en estans des deux costez esloignees de quelques neuf cens à mille pas. Il y a des vaisseaux qui ne pourroyent passer sur la riuiere qu'à la mer cy du canon d'icelle Qui est le lieu que nous iugeâmes le meilleur: tant pour la situation, bon pays, que pour le communication que nous pretendions auec les sauuages de ces costes & du dedans des terres, estans au milieu d'eux: Lesquels auec le temps on esperoit pacifier, & amortir les guerres qu'ils ont les vns contre les autres, pour en tirer à l'aduenir du seruice : & les reduire à la
foy

foy Chreſtiéne. Ce lieu eſt nommé par le ſieur de Mons l'iſle ſaincte Croix. Paſſant plus outre on voit vne grande baye en laquelle y a deux iſles: l'vne haute & l'autre platte: & trois riuieres, deux mediocres, dont l'vne tire vers l'Orient & l'autre au nord: & la troiſieſme grande, qui va vers l'Occident. C'eſt celle des Etechemins, dequoy nous auons parle cy deſſus. Allans dedans icelle deux lieux il y a vn ſault d'eau, où les ſauuages portent leurs cannaux par terre quelque 500. pas, puis rentrent dedans icelle, d'où en aprés en trauerſant vn peu de terre on va dans la riuiere de Norembegue & de ſainct Iean, en ce lieu du ſault que les vaiſſeaux ne peuuent paſſer à cauſe que ce ne ſont que rochers, & qu'il n'y a que quatre a cinq pieds d'eau. En May & Iuin il s'y prend ſi grande abondance de harangs & bars que l'on y en pourroit charger des vaiſſeaux. Le terroir eſt des plus beaux, & y a quinze ou vingt arpens de terre deffrichee, où le ſieur de Mons fit ſemer du froment, qui y vint fort beau. Les ſauuages s'y retirent quelqueſfois cinq ou ſix ſepmaines durant la peſche. Tout le reſte du païs ſont foreſts fort eſpoiſſes. Si les terres eſtoiét deffrichees les grains y viédroiét fort bié. Ce lieu eſt par la hauteur de 45. degrez vn tiers de latitude, & 17. degrez 32. minuttes de declinaiſon de la guide-ayment.

E

*LE SIEVR DE MONS NE TROVVANT POINT
de lieu plus propre pour faire vne demeure arreſtee que l'iſle de S. Croix,
la fortifie & y faiſt des logemens. Tetour des vaiſſeaux en France, & de
Ralleau Secretaire d'iceluy ſieur de Mons pour mettre ordre à quelques
affaires.*

CHAP. IV.

N'Ayant trouué lieu plus propre que ceſte Iſle, nous commençames à faire vne barricade ſur vn petit iſlet vn peu ſeparé de l'Iſle, qui ſeruoit de platte-forme pour mettre noſtre canō. Chacun s'y employa ſi vertueuſemét qu'en peu de temps elle fut rédue en defence, bien que les mouſquittes (qui ſont petites mouches) nous appoȓtaſſent beaucoup d'incomodité au trauail: car il y euſt pluſieurs de nos gens qui eurent le viſage ſi enflé par leur piqueure qu'ils ne pouuoient preſque voir. La barricade eſtant acheuee, le ſieur de Mons enuoya ſa barque pour aduertir le reſte de nos gens qui eſtoiét auec noſtre vaiſſeau en la baye ſaincte Marie, qu'ils vinſſent à ſaincte Croix. Ce qui fut promptement fait: Et en les attendant nous paſſames le temps aſſez ioyeuſement.

Quelques iours aprés nos vaiſſeaux eſtans arriuez, & ayant mouillé l'ancre, vn chacun deſcendit à terre: puis ſans perdre temps le ſieur de Mons commança à employer les ouuriers à

E ij

bastir des maisons pour nostre demeure, & me permit de faire l'ordónáce de nostre logemét. Aprez que le sieur de Mons eut prins la place du Magazin qui cótient neuf thoises de long, trois de large & douze pieds de haut, il print le plan de son logis, qu'il fit promptement bastir par de bons ouuriers, puis aprés dóna à chacun sa place. & aussi tost on Cómença à s'assembler cinq à cinq & six à six, selon que l'on desiroit. Alors tous se mirét à deffricher l'isle, aller au bois, charpenter, porter de la terre & autres choses necessaires pour les bastimens.

Cependant que nous bastissions nos logis le sieur de Mons depescha le Capitaine Fouques dans le vaisseau de Rossignol, pour aller trouuer Pontgraué à Cáceau, afin d'auoir ce qui restoit des commoditez pour nostre habitation.

Quelque temps apres qu'il fut parti, il arriua vne petite barque du port de huict tonneaux, où estoit du Glas de Honfleur pilotte du vaisseau de Pontgraué, qui amena auec luy les Maistres des nauires Basques qui auoiét esté prins par ledit Pont en faisant la traicte de peleterie, cóme nous auons dit. Le sieur de Mons les réceut humainement & les renuoya par ledit du Glas au Pont auec commission de luy dire qu'il emmenast à la Rochelle les vaisseaux qu'il auoit prins, afin que iustice en fut faicte.

Cependāt on trauailloit fort & ferme aux logemens: les charpentiers au magazin & logis du sieur de Mons, & tous les autres chacun au sien; comme moy au mien, que ie fis auec l'aide de quelques seruiteurs que le sieur d'Oruille & moy auiōs; qui fut incontinent acheué: où depuis le sieur de Mons se logea attendant que le sien le fut. L'on fit aussi vn four, & vn moulin à bras pour moudre nos bleds, qui donna beaucoup de peine & trauail à la pluspart, pour estre chose penible. L'on fit aprés quelques iardinages, tant à la grand terre que dedans l'isle, où on sema plusieurs sortes de graines, qui y vindrent fort bien, horsmis en l'isle; d'autant que ce n'estoit que Sable qui brusloit tout, lors que le soleil donnoit, encore qu'on prist beaucoup de peine à les arrouser.

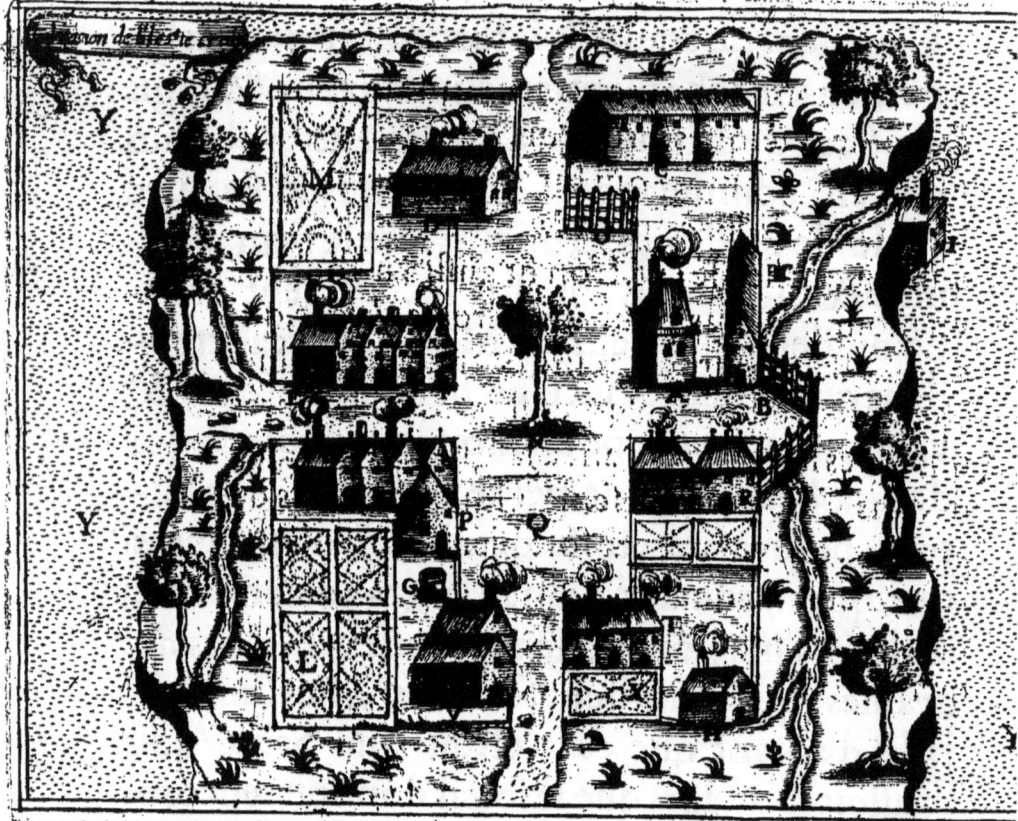

A Logis du sieur de Mons.
B Maison publique ou l'on passoit le temps durant la pluie.
C Le magasin.
D Logement des suisses.
E La forge.
F Logement des charpentiers
G Le puis.
H Le four ou l'on faisoit le pain.
I La cuisine.
L Iardinages.
M Autres Iardins.
N La place où au milieu y a vn arbre.
O Pallissade.
P Logis des sieurs d'Oruille, Champlain & Chandore.
Q Logis du sieur Boulay, & autres artisans.
R Logis ou logeoiët les sieurs de Genestou, Sourin & autres artisans.
T Logis des sieurs de Beaumont, la Motte Bourioli & Fougeray.
V Logement de nostre curé.
X Autres iardinages.
Y La riuiere qui entoure l'isle.

Quelques iours aprés le sieur de Mons se delibera de sçauoir où estoit le mine de cuiure franc qu'auions tant cherchee : Et pour cest effect m'enuoya auec vn sauuage appellé Messamoüet, qui disoit en sçauoir bien le lieu. Ie party dans vne petite barque du port de cinq à six tonneaux, & neuf matelots auec moy. A quelque huict lieues de l'isle, tirāt à la riuiere S. Iean, en trouuasmes vne de cuiure, qui n'estoit pas pur; neantmoins bonne selon le rapport du mineur, lequel disoit que l'on en pourroit tirer 18. pour cent. Plus outre nous en trouuasmes d'autres moindres que ceste cy. Quand nous fusmes au lieu où nous pretédiōs que fut celle que nous cherchions le sauuage ne la peut trouuer : de sorte qu'il fallut nous enreuenir, laissant ceste recerche pour vne autre fois.

Comme ie fus de retour de ce voyage, le sieur de Mons resolut de renuoyer ses vaisseaux en France, & aussi le sieur de Poitrincourt qui n'y estoit venu que pour son plaisir, & pour recognoistre de païs & les lieux propres pour y habiter, selō le desir qu'il en auoit : c'est pourquoy il demāda au sieur de Mōs le port Royal, qu'il luy donna suiuant le pouuoir & commission qu'il auoit du Roy. Il renuoya aussi Ralleau son Secretaire pour mettre ordre à quelques affaires touchant le voyage; lesquels partirent de l'isle S. Croix le dernier iour d'Aoust audict an 1604.

DE LA COSTE, PEVPLES ET RIVIERE DE NO-rembegue: & de tout ce qui c'est passé durant les descouuertures d'icelle.
CHAP. V.

APres le partement des vaisseaux, le sieur de Mons se delibera d'enuoyer descouurir le long de la coste de Norembegue, pour ne perdre temps: & me commit ceste charge, que i'eus fort aggreable.

Et pour ce faire ie partis de S. Croix le 2. de Septembre auec vne pattache de 17. a 18. tonneaux, douze matelots, & deux sauuages pour nous seruir de guides aux lieux de leur cognoissance. Ce iour nous trouuasmes les vaisseaux où estoit le sieur de Poitrincourt, qui estoient ancrés à l'amboucheure de la riuiere sainte Croix, à cause du mauuais temps, duquel lieu ne pusmes partir que le 5. dudict mois: & estans deux ou trois lieux vers l'eau la brume s'esleua si forte que nous perdimes aussi tost leurs vaisseaux de veue. Cōtinuāt nostre route le lōg des costes nous fismes ce iour là quelque 25. lieux: & passames par grāde quantité d'isles, bancs, battures & rochers qui iettent plus de quatre lieux à la mer par endroicts. Nous auōs nommé les isles, les isles rangees, la plus part

desquel-

desquelles sont couuertes de pins & sapins, & autres meschants bois. Parmy ces isles y a force beaux & bōs ports, mais mal-aggreables pour y demeurer. Ce mesme iour nous passames aussi proche d'vne isle qui contient enuiron 4. ou cinq lieux de lōg, auprés laquelle nous nous cuidames perdre sur vn petit rocher à fleur d'eau, qui fit vne ouuerture à nostre barque proche de la quille. De ceste isle iusques au nord de la terre ferme il n'y a pas cēt pas de large. Elle est fort haute couppee par endroicts, qui paroissēt, estāt en la mer, cōme sept ou huit montagnes rāgees les vnes proches des autres. Le sōmet de la plus part d'icelles est desgarny, d'arbres; parce que ce ne sont que rochers. Les bois ne sont que pins, sapins & boulleaux. Ie l'ay nōmée l'isle des Monts-deserts. La hauteur est par les 44. degrez & demy de latitude.

Le lendemain 6. du mois fismes deux lieux: & aperçeumes vne fumee dedans vne ance qui estoit au pied des montaignes cy dessus: & vismes deux canaux cōduits par des sauuages, qui nous vindrent recognoistre à la portee du mousquet. I'enuoyé les deux nostres dans vn canau pour les asseurer de nostre amitié. La crainte qu'ils eurent de nous les fit retourner. Le lendemain matin ils reuindrent au bort de nostre barque, & parlementerent auec

F

nos sauuages. Ie leur fis donner du biscuit, petum & quelques autres petites bagatelles. Ces sauueges estoient venus à la chasse des Castors & à la pesches du poisson, duquel ils nous donnerent. Ayant fait alliance auec eux, ils nous guiderent en leur riuiere de Peimtegoüet ainsi d'eux appelee, où ils nous dirent qu'estoit leur Capitaine nommé Bessabez chef d'icelle. Ie croy que ceste riuiere est celle que plusieurs pilottes & Historiens appellent Norembegue: & que la plus part ont escript estre grande & spacieuse, auec quantité d'isles: & son entree par la hauteur de 43. & 43. & demy: & d'autres par les 44. degrez, plus ou moins de latitude. Pour la declinaison, ie n'en ay leu ny ouy parler à personne. On descrit aussi qu'il y a vne grande ville fort peuplée de sauuages adroits & habilles, ayans du fil de cotton. Ie m'asseure que la plusþart de ceux qui en font mentió ne l'ont veue, & en parlét pour l'auoir ouy dire à gens qui n'en sçauoyent pas plus qu'eux. Ie croy bien qu'il y en a qui ont peu en auoir veu l'emboucheure, à cause qu'en effet il y a quátité d'isles, & qu'elle est par la hauteur de 44. degrez de latitude en son entree, comme ils disent: Mais qu'aucun y ait iamais entré il n'y a point d'apparence: car ils l'eussent descripte d'vne autre façon, afin d'oster beaucoup de gens de ceste doute.

Ie diray donc au vray ce que i'en ay reconeu & veu depuis le commencement iusques ou i'ay esté.

Premierement en son entree il y a plusieurs isles esloignees de la terre ferme 10. ou 12. lieues qui sont par la hauteur de 44. degrez de latitude, & 18. degrez & 40. minuttes de declinaison de la guide-aymât. L'isle des Môts-deserts fait vne des pointes de l'emboucheure, tirant à l'est: & l'autre est vne terre basse appelee des sauuages Bedabedec, qui est à l'ouest d'icelle, distâtes l'vn de l'autre neuf ou dix lieues. Et presque au milieu à la mer y a vne autre isle fort haute & remarquable, laquelle pour ceste raison i'ay nommee l'isle haute. Tout autour il y en a vn nombre infini de plusieurs grandeurs & largeurs: mais la plus grande est celle des Monts-deserts. La pesche du poisson de diuerses sortes y est fort bonne: comme aussi la chasse du gibier. A quelques deux ou trois lieues de la poincte de Bedabedec, rengeant la grande terre au nort, qui va dedans icelle riuiere, ce sont terres fort hautes qui paroissent à la mer en beau temps 12. à 15. lieues. Venant au su de l'isle haute, en la rengeât comme d'vn quart de lieue où il y a quelques battures qui sont hors de l'eau, mettant le cap à l'ouest ius-

F ij

ques à ce que l'on ouure toutes les montaignes qui font au nort d'icelle ifle, vous vous pouuez afseurer qu'en voyant les huict ou neuf decouppees de l'ifle des Monts-deferts & celle de Bedabedec, l'on fera le trauers de la riuiere de Norembegue : & pour entrer dedans il faut mettre le cap au nort, qui eft fur les plus hautes montaignes dudict Bedabedec : & ne verrez aucunes ifles deuant vous : & pouuez entrer feurement y ayant affez d'eau, bien que voyez quantité de brifans, ifles & rochers à l'eft & oueft de vous. Il faut les efuiter la fonde en la main pour plus grande feureté: Et croy à ce que i'en ay peu iuger, que l'on ne peut entrer dedans icelle riuiere par autre endroict, finon auec des petits vaiffeaux ou chalouppes: Car comme i'ay dit cy deffus le quantité des ifles, rochers, baffes, bancs & brifans y font de toutes parts en forte que c'eft chofe eftrange à voir.

Or pour reuenir à la continuation de noftre routte: Entrát dans la riuiere il y a de belles ifles, qui font fort aggreables, auec de belles prairies. Nous fufmes iufques à vn lieu où les fauuages nous guiderent, qui n'a pas plus de demy quart de lieue de large: Et a quelques deux cens pas de la terre de l'oueft y a vn rocher à fleur d'eau, qui eft dangereux. De là à l'isle haute y a quinze lieues. Et depuis ce lieu estroict, (qui est la moindre largeur que nous eussions trouuee,) apres auoir faict quelque 7. ou 8. lieues, nous rencontrasmes vne petite riuiere, où auprés il fallut mouiller l'ancre: d'autant que deuant nous y vismes quantité de rochers qui descouurent de basse mer: & aussi que quand eussions voullu passer plus auant nous n'eussions pas peu faire demye lieue: à cause d'vn sault d'eau qu'il y a, qui vient en talus de quelque 7. a 8. pieds, que ie vis allant dedans vn canau auec les sauuages que nous auions: & n'y trouuasmes de l'eau que pour vn canau: Mais passé le sault, qui à quelques deux cens pas de large, la riuiere est belle, & continue iusques au lieu ou nous auions mouillé l'ancre. Ie mis pied à terre pour veoir le païs: & allāt à la chasse ie le trouué fort plaisant & aggreable en ce que i'y fis de chemin. Il semble que les chesnes qui y sont ayent esté plantez par plaisir. I'y vis peu de sapins, mais bien quelques pins à vn costé de la riuiere: Tous chesnes a l'autre: & quelques bois taillis qui s'estendent fort auant dans les terres. Et diray que depuis l'entree où nous fusmes, qui sont enuiron 25. lieux, nous ne vismes aucune ville ny village, ny apparence d'y en auoir eu: mais bien vne ou deux cabannes de sauuages

F iii

où il n'y auoit personne, lesquelles estoient faites de mesme façon que celles des Souriquois couuertes d'escorce d'arbres: Et à ce qu'auons peu iuger il y a peu de sauuages en icelle riuiere, qu'on appele aussi Etechemins. Ils n'y viennent non plus qu'aux isles, que quelques mois en esté durant la pesche du poisson & chasse du gibier, qui y est en quantité. Ce sont gens qui n'ont point de retraicte arrestee à ce que i'ay recogneu & apris d'eux: car ils yuernent tantost en vn lieu & tantost à vn autre, où ils voient que la chasse des bestes est meilleure; dont ils viuent quand la necessité les presse, sans mettre rien en reserue pour subuenir aux disettes qui sont grandes quelquesfois.

Or il faut de necessité que ceste riuiere soit celle de Norembegue: car passé icelle iusques au 41. degré que nous auons costoyé, il n'y en a point d'autre sur les hauteurs cy dessus dictes, que celle de Quinibequy, qui est presque en mesme hauteur, mais non de grande estendue. D'autre part il ne peut y en auoir qui entrent auant dans les terres: d'autant que la grande riuiere saint Laurens costoye la coste d'Accadie & de Norembegue, où il n'y a pas plus de l'vne à l'autre par terre de 45. lieues, ou 60. au plus large, comme il se pourra veoir par ma carte Geographique.

Or ie laisseray ce discours pour retourner aux sauuages qui m'auoient conduit aux saults de la riuiere de Norembegue, lesquels furent aduertir Bessabez leur chef, & d'autres sauuages, qui allerent en vne autre petite riuiere aduertir aussi le leur, nommé Cabahis, & luy donner aduis de nostre arriuee.

Le 16. du mois il vint à nous quelque trente sauuages, sur l'asseurance que leur donnerent ceux qui nous auoient seruy de guide. Vint aussi ledict Bessabez nous trouuer ce mesme iour auec six canaux. Aussi tost que les sauuages qui estoient à terre le virent arriuer, ils se mirēt tous à chāter, dancer & sauter, iusques à ce qu'il eut mis pied à terre : puis aprés s'assirent tous en rond contre terre, suiuant leur coustume lors qu'ils veulēt faire quelque harāgue ou festin. Cabahis l'autre chef peu aprés arriua aussi auec vingt ou trēte de ses cōpagnōs, qui se retirēt apart, & se reiouirēt fort de nous veoir: d'autāt que c'estoit la premiere fois qu'ils auoient veu des Chrestiens. Quelque temps aprés ie fus à terre auec deux de mes compagnons & deux de nos sauuages, qui nous seruoient de truchemēt : & donné charge à ceux de nostre barque d'approcher prés des sauuages, & tenir leurs armes prestes pour faire leur deuoir s'ils aperçeuoient quelque esmotion de ces peuples contre nous. Beſſabez nous voyant à terre nous fit aſſeoir, & commença à petuner auec ſes compagnons, comme ils font ordinairement auparauant que faire leurs diſcours. Ils nous firent preſent de venaiſon & de gibier.

Ie dy à noſtre truchement, qu'il diſt à nos ſauuages qu'ils fiſſent entendre à Beſſabez, Cabahis & à leurs compagnons, que le ſieur de Mons m'auoit enuoyé pardeuers eux pour les voir & leur pays auſſi: & qu'il vouloit les tenir en amitié, & les mettre d'accord auec les Souriquois & Canadiens leurs ennemis: Et d'auantage qu'il deſiroit habiter leur terre, & leur mōtrer à la cultiuer, afin qu'ils ne trainaſſent plus vne vie ſi miſerable qu'ils faiſoient, & quelques autres propos à ce ſubiet. Ce que nos ſauuages leur firent entendre, dont ils demonſtrerent eſtre fort contens, diſant qu'il ne leur pouuoit arriuer plus grand bien que d'auoir noſtre amitié: & deſiroyent que l'on habitaſt leur terre, & viure en paix auec leur ennemis: afin qu'a l'aduenir ils allaſſent à la chaſſe aux Caſtors plus qu'ils n'auoient iamais faict, pour nous en faire part, en les accōmodant de choſes neceſſaires pour leur vſage. Apres qu'il eut acheué ſa harangue, ie leur fis preſent de haches, patinoſtres, bonnets, couſteaux & autres petites

tites ioliuetés: aprez nous nous feparafmes les vns des autres. Tout le refte de ce iour, & la nuict fuiuante, ils ne firent que dancer, châter & faire bonne chere, attendans le iour auquel nous trectafmes quelque nôbre de Caftors: & aprez chacun s'en retourna, Beſſabez auec ſes compagnons de ſon cofté, & nous du noftre, fort fatiffaits d'auoir eu cognoiſſance de ces peuples.

Le 17. du mois ie prins la hauteur, & trouuay 45. degrez & 25. minuttes de latitude: Ce faict nous partifmes pour aller à vne autre riuiere appelee Quinibequy, diftâte de ce lieu de trente cinq lieux, & prés de 20. de Bedabedec. Cefte nation de fauuages de Quinibequy s'appelle Etechemins, auffi bien que ceux de Norembegue.

Le 18. du mois nous paffames prés d'vne petite riuiere où eftoit Cabahis, qui vint auec nous dedans noftre barque quelque douze lieues: Et luy ayant demandé d'où venoit la riuiere de Norembegue, il me dit qu'elle paffé le fault dont i'ay faict cy deſſus mention, & que faifant quelque chemin en icelle on entroit dás vn lac par où ils vôt à la riuiere de S. Croix, d'où ils vont quelque peu par terre, puis entrent dans la riuiere des Etechemins. Plus au lac defcent vne autre riuiere par où ils

G

vont quelques iours, en aprés entrent en vn autre lac, & paſſent par le millieu; puis eſtans paruenus au bout, ils font encore quelque chemin par terre, aprés entrent dans vne autre petite riuiere qui vient ſe deſcharger à vne lieue de Quebec, qui eſt ſur le grand fleuue S. Laurés. Tous ces peuples de Norembegue ſont fort baſannez, habillez de peaux de caſtors & autres fourrures, cóme les ſauuages Cannadiens & Souriquois: & ont meſme façon de viure.

Le 20. du mois rangeaſmes la coſte de l'oueſt, & paſſames les montaignes de Bedabedec, où nous mouillaſmes l'ancre: Et le meſme iour recogneuſmes l'entree de la riuiere, où il peut aborder de grands vaiſſeaux : mais dedás il y a quelques battures qu'il faut eſuiter la ſonde en la main. Nos ſauuages nous quitterent, d'autát qu'ils ne vollurent venir a Quinibequy: parceque les ſauuages du lieu leur ſont grands ennemis. Nous fiſmes quelque 8. lieux rangeant la coſte de l'oueſt iuſques à vne iſle diſtante de Quinibequy 10. lieux, où fuſmes cótrainćts de relaſcher pour le mauuais temps & vent contraire. En vne partye du chemin que nous fiſmes nous paſſames par vne quantité d'iſles & briſſans qui iettent à la mer quelques lieues fort dágereux. Et voyát que le mauuais temps nous contrarioit si fort, nous ne passames pas plus outre que trois ou 4. lieues. Toutes ces isles & terres sont répliesde quantité de pareil bois que i'ay dit cy dessus aux autres costes. Et considerant le peu de viures que nous auions, nous resolusmes de retourner à nostre habitation, attendans l'annee suiuante où nous esperions y reuenir pour recognoistre plus amplement. Nous y rabroussames donc chemin le 23. Septembre & arriuasmes en nostre habitation le 2. Octobre ensuiuant.

Voila au vray tout ce que i'ay remarqué tant des costes, peuples que riuiere de Norembegue, & ne sont les merueilles qu'aucuns en ont escrites. Ie croy que ce lieu est aussi mal aggreble en yuer que celuy de nostre habitation, dont nous fusmes bien desceus.

DV MAL DE TERRE, FORT CRVELLE MALAdie. A quoy les hommes & femmes sauuages passent le temps durant l'yuer. Et tout ce qui ce passa en l'habitation pendant l'yuernement.

Chap. VI.

Comme nous arriuasmes à l'isle S. Croix chacun acheuoit de se loger. L'yuer nous surprit plustost que n'esperions, & nous empescha de faire beaucoup de choses que nous nous estiós proposees. Neatmoins le sieur de Mós ne laissa de faire faire des iardinages dans l'isle. Beaucoup commancerent à deffricher chacun le sien; & moy aussi le mien, qui estoit assez grand, où ie semay quantité de graines, comme firent aussi ceux qui en auoient, qui vindrent assez bien. Mais comme l'isle n'estoit que Sable tout y brusloit presque lors que le soleil y donnoit: & n'auions point d'eau pour les arrouser, sinõ de celle de pluye, qui n'estoit pas souuent.

Le sieur de Mons fit aussi deffricher à la grãde terre pour y faire des iardinages, & aux saults il fit labourer à trois lieues de nostre habitation, & y fit semer du bled qui y vint tresbeau & à maturité. Autour de nostre habitation il y a de basse mer quantité de coquillages, comme coques, moulles, ourcins & bregaux, qui faisoyent grand bien à chacun.

Les neges commencerent le 6. du mois d'Octobre. Le 3. de Decembre nous vismes passer des glasses qui venoyent de quelque riuiere qui estoit gellee. Les froidures furent aspres & plus excessiues qu'en France, & beaucoup plus de duree: & n'y pleust presque point cest yuer. Ie croy que cela prouient des vents du nord & norouest, qui passent par dessus de hautes mõtaignes qui sont tousiours couuertes de neges, que nous eusmes de trois à quatre pieds de haut, iusques à la fin du mois d'Auril; & aussi qu'elle se concerue beaucoup plus qu'elle ne feroit si le païs estoit labouré.

Durant l'yuer il se mit vne certaine maladie entre plusieurs de nos gens, appelée mal de la terre, autrement Scurbut, à ce que i'ay ouy dire depuis à des hommes doctes. Il s'engendroit en la bouche de ceux qui l'auoient de gros morceaux de chair superflue & baueuse (qui causoit vne grande putrefaction) laquelle surmontoit tellement, qu'ils ne pouuoient presque prendre aucune chose, sinon que bien liquide. Les dents ne leur tenoient presque point, & les pouuoit on arracher auec les doits sans leur faire douleur. L'on leur coupoit souuent la superfluité de cette chair, qui leur faisoit ietter force sang par la bouche. Apres il leur prenoit vne grande douleur de bras & de iambes, lesquelles leur demeurerent grosses & fort dures, toutes tachetes côme de morsures de puces, & ne peuuoient marcher à cause de la contraction des nerfs : de sorte qu'ils demeuroient presque sans force, & s'entoient des douleurs intolerables. Ils auoient aussi douleur de reins, d'estomach & de ventre; vne thoux fort mauuaise, & courte haleine: bref ils estoient en tel estat, que la plufpart des malades ne pouuoient se leuer n'y remuer; & mesme ne les pouuoit on tenir debout; qu'ils

G iij

ne tombassent en syncope: de façon que de 79. que nous estions, il en mourent 35. & plus de 20. qui en furét bien prés: La plus part de ceux qui resterent sains, se plaignoient de quelques petites douleurs & courte haleine. Nous ne pusmes trouuer aucun remede pour la curation de ces maladies. L'on en fit ouuerture de plusieurs pour recognoistre la cause de leur maladie.

L'on trouua à beaucoup les parties interieures gastees, comme le poulmon, qui estoit tellement alteré, qu'il ne s'y pouuoit recognoistre aucune humeur radicalle: la ratte cereuse & enflee: le foye fort legueux & t'achetté, n'ayant sa couleur naturelle: la vaine caue, ascendante & descendáte remplye de gros sang agulé & noir: le fiel gasté: Toutesfois il se trouua quantité d'arteres, tant dans le ventre moyen qu'inferieur, d'assez bonne disposition. L'on dóna à quelques vns des coups de rasoüer dessus les cuisses à l'endroit des taches pourprees qu'ils auoiét, d'où ils sortoit vn sang caillé fort noir. C'est ce que l'on à peu recognoistre aux corps infectes de ceste maladie.

Nos chirurgiens ne peurent si bien faire pour eux mesmes qu'ils n'y soient demeurez comme les autres. Ceux qui y resterent malades furent gueris au printemps; lequel commence en ces pays là est en May. Cela nous fit croire que le changement de saison leur rendit plustost la santé que les remedes qu'on leur auoit ordonnés.

Durant cet yuer nos boissons gelerent toutes, horsmis le vin d'Espagne. On donnoit le cidre à la liure. La cause de ceste parte fut qu'il n'y auoit point de caues au magazin: & que l'air qui entroit par des fentes y estoit plus aspre que celuy de dehors. Nous estions côtraints d'vser de tresmauuaises eaux, & boire de la nege fondue, pour n'auoir n'y fontaines n'y ruisseaux: car il n'estoit pas possible d'aller en la grand terre, à cause des grâdes glaces que le flus & reflus charioit, qui est de trois brasses de basse & haute mer. Le trauail du moulin à bras estoit fort penible : d'autant que la plus part estans mal couchez, auec l'incommodité du chauffage que nous ne pouuions auoir à cause des glaces, n'auoient quasi point de force, & aussi qu'on ne mangeoit que chair salle & legumes durant l'yuer, qui engendrent de mauuais sang : ce qui à mon opinion causoit en partie ces facheuses maladies. Tout cela donna du mescontentement au sieur de Mons & autres de l'habitation.

Il estoit mal-aisé de recognoistre ce pays sans y auoir yuerné, car y arriuant en eté tout y est fort aggreable, à cauſe des bois, beaux pays & bonnes peſcheries de poiſſon de pluſieurs ſortes que nous y trouuaſmes. Il y a ſix mois d'yuer en ce pays.

Les ſauuages qui y habitent ſont en petite quátité. Durant l'yuer au fort de neges ils vont chaſſer aux eſlans & autres beſtes: de quoy ils viuent la pluſpart du temps. Et ſi les neges ne ſont grandes ils ne font guerres bien leur prof-, fit : d'autant qu'ils ne peuuent rien prendre qu'auec vn grandiſſime trauail, qui eſt cauſe qu'ils endurent & patiſſent fort. Lors qu'ils ne vont à la chaſſe ils viuent d'vn coquillage qui s'appelle coque. Ils ſe veſtent l'yuer de bonnes fourrures de caſtors & d'eſlans. Les femmes font tous les habits, mais non pas ſi propre- mét qu'on ne leur voye la chair au deſſous des aiſſelles, pour n'auoir pas l'induſtrie de les mieux accommoder. Quand ils vont à la chaſſe ils prennent de certaines raquettes, deux fois auſſi grandes que celles de parde- ça, qu'ils s'attachent ſoubs les pieds, & vont ainſi ſur la neige ſans enfoncer, auſſi bien les femmes & enfans, que les hommes, leſquels cherchent la piſte des animaux ; puis l'ayant trouuee ils la ſuiuent iuſques à ce qu'ils aper- çoiuent la beſte: & lors ils tirent deſſus auec leur arcs, où la tuent au coups d'eſpees emman-
chees

chees au bout d'vne demye pique, ce qui ce fait fort aifement; d'autant que ces animaux ne peuuent aller fur les neges fans enfoncer dedans: Et lors les femmes & enfans y viennent, & là Cabannent & fe donnent curee : Apres ils retournent voir s'ils en trouueront d'autres, & paffent ainfi l'yuer. Au mois de Mars enfuiuant il vint quelques fauuages qui nous firent part de leur chaffe en leur donnant du pain & autres chofes en efchange. Voila la façon de viure en yuer de ces gens là, qui me femble eftre bien miferable.

Nous attendions nos vaiffeaux à la fin d'Auril lequel eftant paffé chacun commença à auoir mauuaife opinion, craignant qu'il ne leur fuft arriué quelque fortune, qui fut occafion que le 15. de May le fieur de Mons delibera de faire accommoder vne barque du port de 15. tonneaux, & vn autre de 7. afin de nous en aller à la fin du mois de Iuin à Gafpé, chercher des vaiffeaux pour retourner en France, fi cependant les noftres ne venoient: mais Dieu nous affifta mieux que nous n'efperions: car le 15. de Iuin enfuiuant eftans en garde enuiron fur les onze heures du foir, le Pont Capitaine de l'vn des vaiffeaux du fieur de Mons arriua dans vne chalouppe, lequel nous dit que fon nauire eftoit ancré à fix lieux de noftre habitations, & fut le bien venu au contentement d'vn chacun.

Le lédemain le vaiſſeau arriua, & vint mouiller l'ancre proche de noſtre habitatiõ. Le pont nous fit entendre qu'il venoit aprés luy vn vaiſſeau de S. Maſlo, appelé le S. Eſtienne, pour nous apporter des viures & commoditez.

Le 17. du mois le ſieur de Mons ce delibera d'aller chercher vn lieu plus propre pour habiter & de meilleure temperature que la noſtre : Pour c'eſt effect il fit équiper la barque de dans laquelle il auoit penſé aller à Gaſpé.

DESCOVVERTVRES DE LA COSTE DES ALMOVchiquois iuſques au 42. degré de latitude : & des particularités de ce voyage.

Chap. VII.

LE 18. du mois de Iuin 1605. le ſieur de Mons partit de l'iſle ſaincte Croix auec quelques gentilshommes, vingt matelots & vn ſauuauage nommé Panounias & ſa femme, qu'il ne voulut laiſſer, que menaſmes auec nous pour nous guider au pays des Almouchiquois, en eſperance de recognoiſtre & entendre plus particulierement par leur moyen ce qui en eſtoit de ce pays : d'autant qu'elle en eſtoit natiue.

Et rangeant la coſte entre Menane, qui eſt vne

isle à trois lieues de la grāde terre, nous vinsmes aux isles rangees par le dehors, où mouillasmes l'ancre en l'vne d'icelles, où il y auoit vne grāde multitude de corneilles, dōt nos gens prindrēt en quantité; & l'auons nommee l'isle aux corneilles. De là fusmes à l'isle des Mōtsdeserts qui est à l'entree de la riuiere de Norembegue, comme i'ay dit cy dessus, & fismes cinq ou six lieues parmy plusieurs isles, où il vint à nous trois sauuages dans vn canon de la poincte de Bedabedec où estoit leur Capitaine ; & aprés leur auoir tenu quelques discours ils s'en retournerent le mesme iour.

Le vendredy premier de Iuillet nous partismes d'vne des isles qui est à l'amboucheure de la riuiere, où il y a vn port assez bon pour des vaisseaux de cent & cent cinquante tonneaux. Ce iour fismes quelque 25. lieues entre la pointe de Bedabedec & quātité d'isles & rochers, que nous recogneusmes iusques à la riuiere de Quinibequy, où à l'ouuert d'icelle il y a vne isle assez haute, qu'auons nommée la tortue, & entre icelle & la grand terre quelques rochers esparts, qui couurent de pleine mer: neantmoins on ne laisse de voir briser la mer par dessus. L'Isle de la tortue & la riuiere sont su suest & nort noroüest. Cōme l'on y entre, il y a deux moyēnes isles, qui font l'entree, l'vne d'vn cofté & l'autre de l'autre, & à quelques 300. pas au dedans il y a deux rochers où il n'y à point de bois, mais quelque peu d'herbes. Nous mouillafmes l'ancre à 300. pas de l'entree, à cinq & fix braffes d'eau. Eftans en ce lieu nous fufmes furprins de brumes qui nous firent refoudre d'entrer dedant pour voir le haut de la riuiere & les fauuages qui y habitent; & partifmes pour cet effect le 5. du mois. Ayans fait quelques lieues noftre barque pença fe perdre fur vn rocher que nous frayames en paffant. Plus outre rencontrafmes deux canaux qui eftoiét venus à la chaffe aux oifeaux, qui la plufpart muent en ce temps, & ne peuuent voler. Nous accoftames ces fauuages par le moyen du noftre, qui les fut trouuer auec fa femme, qui leur fit entendre le fubiect de noftre venue. Nous fifmes amitié auec eux & les fauuages d'icelle riuiere, qui nous feruirent de guide : Et allant plus auant pour veoir leur Capitaine appelé Manthoumermer, comme nous eufmes fait 7. à 8. lieux nous paffames par quelques ifles, deftroits & ruiffeaux, qui s'efpandent le long de la riuiere, où vifmes de belles prairies : & coftoyant vne ifle qui à quelque quatre lieux de long ils nous menerent où eftoit leur chef, auec 25. ou 30. fauuages, lequel auffitoft que nous eufmes mouillé l'ancre vint à nous dedans vn canau vn peu feparé de dix autres, où eſtoient ceux qui l'accompaignoient: Aprochant prés de noſtre barque il fit vne harangue, où il faiſoit entendre l'aiſe qu'il auoit de nous veoir, & qu'il deſiroit auoir noſtre alliance, & faire paix auec leurs ennemis par noſtre moyen, diſant que le lendemain il enuoyeroit à deux autres Capitaines ſauuages qui eſtoient dedans les terres, l'vn appelé Marchim, & l'autre Sazinou chef de la riuiere de Quinibequy. Le ſieur de Mons leur fit donner des gallettes & des poix, dont ils furent fort contens. Le lendemain ils nous guiderent en deſſendant la riuiere par vn autre chemin que n'eſtions venus, pour aller à vn lac: & paſſant par des iſles, ils laiſſerét chacun vne fleche proche d'vn cap par où tous les ſauuages paſſent, & croyent que s'ils ne le faiſoyent il leur arriueroit du malheur, à ce que leur perſuade le Diable; & viuent en ces ſuperſtitions, comme ils font en beaucoup d'autres. Par de là ce cap nous paſſames vn ſault d'eau fort eſtroit, mais ce ne fut pas ſans grande difficulté, car bien qu'euſſions le vent bon & frais, & que le fiſſions porter dans nos voilles le plus qu'il nous fut poſſible, ſi ne le peuſme nous paſſer de la façon, & fuſmes contraints d'attacher à terre vne hauſſiere à des arbres, & y tirer tous ainsi nous fismes tant à force de bras auec l'aide du vent qui nous fauorisoit que le passames. Les sauuages qui estoient auec nous porterent leurs canaux par terre ne les pouuant passer à la rame. Apres auoir franchi ce sault nous vismes de belles prairies. Ie m'estonnay si fort de ce sault, que descendant auec la maree nous l'auions fort bonne, & estans au sault nous la trouuasmes contraire, & aprés l'auoir passé elle descendoit comme auparauant, qui nous donna grand contentement. Poursuiuant nostre routte nous vinsmes au lac, qui à trois à quatre lieues de long, où il y a quelques isles, & y descent deux riuieres, celle de Quinibequy qui vient du nort nordest, & l'autre du norouest, par où deuoient venir Marchim & Sasinou, qu'ayant attendu tout ce iour & voyāt qu'ils ne venoiēt point, nous resolusmes d'employer le temps: Nous leuasmes donc l'ancre, & vint auec nous deux sauuages de ce lac pour nous guider, & ce iour vinsmes mouiller l'ancre à l'amboucheure de la riuiere, où nous peschasmes quātité de plusieurs sortes de bons poissons: cependant nos sauuages allerent à la chasse, mais ils n'ē reuindrēt point. Le chemin par où nous descendismes ladicte riuiere est beaucoup plus seur & meilleur que celuy par où nous auiōs esté. L'isle de la tortue qui est deuant l'étree de lad. riuiere, eſt par la hauteur de 44. degrez de latitude & 19. degrez 12. minutes de declinaiſon de laguide-aymant. L'on va par ceſte riuiere au trauers des terres iuſques à Quebec quelque 50. lieues ſans paſſer qu'vn trajet de terre de deux lieues : puis on entre dedans vne autre petite riuiere qui viét deſcédre dedans le grád fleuue S. Laurens. Ceſte riuiere de Quinibequy eſt fort dágereuſe pour les vaiſſeaux à demye lieue au dedans, pour le peu d'eau, grandes marees, rochers & baſſes qu'il y a, tant dehors que dedans. Il n'y laiſſe pas d'y auoir bon achenal s'il eſtoit bien recogneu. Si peu de pays que i'ay veu le long des riuages eſt fort mauuais : car ce ne ſont que rochers de toutes parts. Il y a quantité de petits cheſnes, & fort peu de terres labourables. Ce lieu eſt abódant en poiſſon, comme ſont les autres riuieres cy deſſus dictes. Les peuples viuent comme ceux de noſtre habitation, & nous dirent, que les ſauuages qui ſemoient le bled d'Inde, eſtoient fort auant dans les terres, & qu'ils auoient delaiſſé d'en faire ſur les coſtes pour la guerre quils auoient auec d'autres, qui leur venoient prendre. Voila ce que i'ay peu aprendre de ce lieu, lequel ie croy n'eſtre meilleur que les autres.

LES VOYAGES

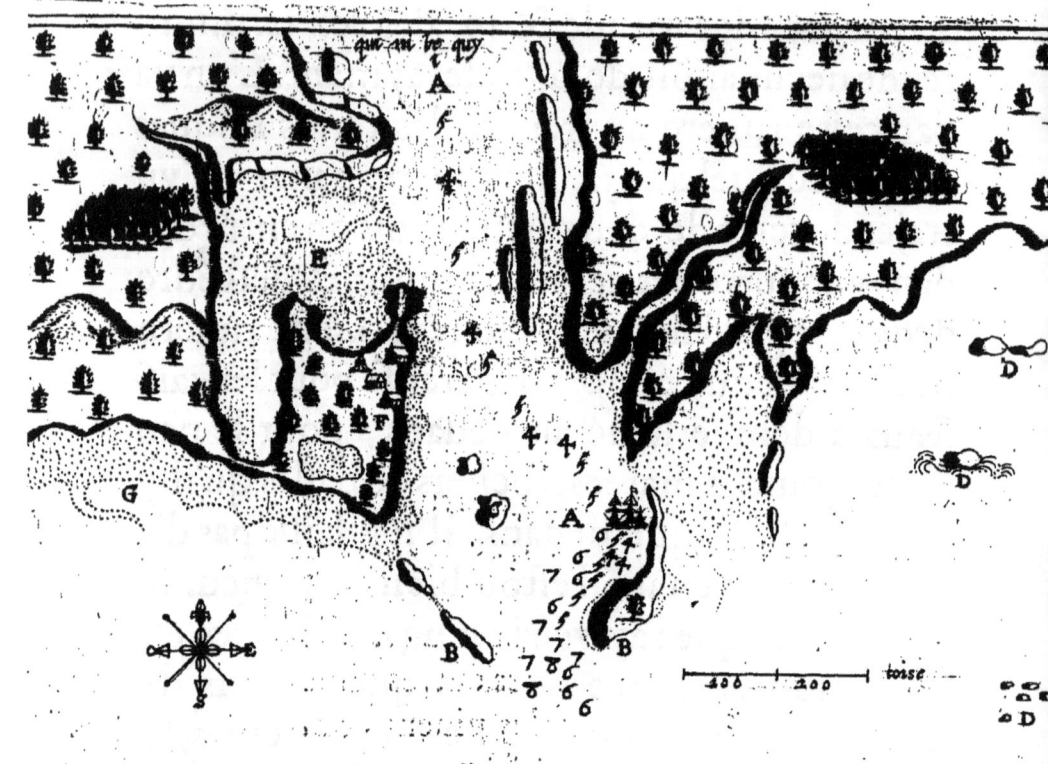

Les chifres montrent les brasses d'eau.

A Le cours de la riuiere.
B 2. Isles qui sont à l'antré de la riuiere.
C Deux rochers qui sont dans la riuiere fort dangereux.
D Islets & rochers qui sont le long de la coste.
E Basses ou de plaine mer vaisseaux du port de 60. tonneaux peuuet eschouer.
F Le lieu ou les sauuages cabanét quant ils viennent à la pesche du poisson.
G Basses de sable qui sont le long de la coste.
H Vn estang d'eau douce.
I Vn ruisseau ou des chaloupes peuuent entrer a demy flot.
L Isles au nombre de 4. qui sont dans la riuiere comme l'on est entré dedans.

Le 8.

Le 8. du mois partiſmes de l'emboucheure d'icelle riuiere ce que ne peuſmes faire pluſtoſt à cauſe des brumes que nous euſmes. Nous fiſmes ce iour quelque quatre lieux, & paſſames par vne baye où il y a quantité d'iſles ; & voit on d'icelle de grandes montaignes à l'oueſt, où eſt la demeure d'vn Capitaine ſauuage appelé Aneda, qui ſe tient proche de la riuiere de Quinibequy. Ie me perſuaday par ce nom que c'eſtoit vn de ſa race qui auoit trouué l'herbe appelée Aneda, que Iacques Quartier à dict auoir tant de puiſſance contre la maladie appelée Scurbut, dont nous auons deſia parlé, qui tourmenta ſes gens auſſi bien que les noſtres, lors qu'ils yuernerét en Canade. Les ſauuages ne cognoiſſent point ceſte herbe, ny ne ſçauent que c'eſt, bien que ledit ſauuage en porte le nō. Le lédemain fiſmes huit lieues. Coſtoyāt la coſte nous apperçeuſmes deux fumees que nous faiſoiēt des ſauuages, vers leſquelles nous fuſmes mouiller l'ancre derriere vn petit iſlet proche de la grande terre, où nous viſmes plus de quatre vingts ſauuages qui accouroyét le long de la coſte pour nous voir, danſant & faiſant ſigne de la reſiouiſſance qu'ils en auoient. Le ſieur de Mons enuoya deux hommes auec noſtre ſauuage pour les aller trouuer: & aprés qu'ils eurent parlé quelque temps à eux, & les eurent, asseurez de nostre amitié nous leur laissames vn de nos gés, & eux nous baillerent vn de leurs compagnons en ostage: Cepédãt le sieur de Mõs fut visiter vne isle, qui est fort belle de ce qu'elle contient, y ayant de beaux chesnes & noyers, la terre deffrichee & force vignes, qui aportent de beaux raisins en leur saison : c'estoit les premiers qu'eussions veu en toutes ces costes depuis le cap de la Héue : Nous la nõmasmes l'isle de Bacchus. Estans de pleine mer nous leuasmes l'ancre, & entrasmes dedans vne petite riuiere, où nous ne peusmes plustost: d'autãt que c'est vn haure de barre, n'y ayant de basse mer que demie brasse d'eau, de plaine mer brasse & demie, & du grand de l'eau deux brasses; quand on est dedans il y en a trois, quatre, cinq & six. Comme nous eusmes mouillé l'ancre il vint à nous quantité de sauuages sur le bord de la riuiere, qui commencerent à dancer : Leur Capitaine pour lors n'estoit auec eux, qu'ils appeloient Honemechin : il arriua enuiron deux ou trois heures apres auec deux canaux, puis s'en vint tournoyant tout autour de nostre barque. Nostre sauuage ne pouuoit entendre que quelques mots, d'autant que la langue Almouchiquoise, comme s'appelle ceste nation, differe du tout de celle des Souriquois & Etechemins. Ces peuples demonftroient eftre fort contens: leur chef eftoit de bonne façon, ieune & bien difpoft: l'on enuoya quelque marchandife à terre pour traicter auec eux, mais ils n'auoient rien que leurs robbes, qu'ils changerẽt, car ils ne font aucune prouifion de pelleterie que pour fe veftir. Le fieur de Mons fit donner à leur chef quelques commoditez, dont il fut fort fatisfait, & vint plufieurs fois à noftre bort pour nous veoir. Ces fauuages fe rafent le poil de deffus le crafne affez haut, & portent le refte fort longs, qu'ils peignent & tortillent par derriere en plufieurs façons fort proprement, auec des plumes qu'ils attachent fur leur tefte. Ils fe peindent le vifage de noir & rouge comme les autres fauuages qu'auons veus. Ce font gens difpofts bien formez de leur corps: leurs armes font piques, maffues, arcs & fleches, au bout defquelles aucuns mettent la queue d'vn poiffon appelé Signoc, d'autres y accommodent des os, & d'autres en ont toutes de bois. Ils labourent & cultiuent la terre, ce que n'auions encores veu. Au lieu de charuës ils ont vn inftrument de bois fort dur, faict en façon d'vne befche. Cefte riuiere s'appelle des habitans du pays Choüacoët.

Le lendemain le fieur de Mons fut à terre pour veoir leur labourage fur le bort de la ri-

I ij

uiere, & moy auec luy, & vifmes leur bleds qui font bleds d'Inde, qu'ils font en iardinages, femant trois ou quatre grains en vn lieu, aprés ils affemblent tout autour auec des efcailles du fufdit fignoc quātité de terre: Puis à trois pieds delà en fement encore autant; & ainfi confe-cutiuement. Parmy ce bled à chafque touffeau ils plātent 3. ou 4. febues du Brefil, qui vienēt de diuerfes couleurs. Eftans grandes elles s'entre-laffent au tour dud. bled, qui leue de la hauteur de cinq à fix pieds: & tiennent le champ fort net de mauuaifes herbes. Nous y vifmes for-ce citrouilles, courges & petum, qu'ils cultiuēt auffi. Le bled d'Inde que nous y vifmes pour lors eftoit de deux pieds de haut; il y en auoit auffi de trois. Pour les febues elles cōmēçoiēt à entrer en fleur, cōme faifoyēt les courges & ci-trouilles. Ils fement leur bled en May, & le re-cueillent en Septembre. Nous y vifmes grande quantité de noix, qui font petites, & ont plu-fieurs quartiers. Il n'y en auoit point encores aux arbres, mais nous en trouuafmes affez def-foubs, qui eftoient de l'annee precedente. Nous vifmes auffi force vignes, aufquelles y auoit de fort beau grain, dont nous fifmes de trefbon veriuft, ce que n'auions point enco-res veu qu'en l'ifle de Bacchus, diftante d'icel-le riuiere prés de deux lieues. Leur demeure arreftee, le labourage, & les beaux arbres, nous firent iuger que l'air y eft plus temperé & meilleur que celuy où nous yuernafmes, ny que les autres lieux de la cofte: Mais que ie croye qu'il n'y face vn peu de froid, bien que ce foit par la hauteur de 43. degrez 3. quarts de latitude, non. Les forefts dans les terres font fort claires, mais pourtát réplies de chefnes, heftres frefnes & ormeaux: Dans les lieux aquatiques il y a quantité de faules. Les fauuages fe tiennent toufiours en ce lieu, & ont vne grande Cabanne entouree de palliffades, faictes d'affez gros arbres renges les vns contre les autres, où ils fe retirent lors que leurs ennemis leur viennent faire la guerre. Ils coūurét leurs cabannes d'efcorce de chefnes. Ce lieu eft fort plaifant & auffi aggreable que lieu que l'on puiffe voir. La riuiere eft fort abondante en poiffon, enuironnee de prairies. A l'entree y a vn iflet capable d'y faire vne bonne fortereffe, où l'on feroit en feureté.

I iij

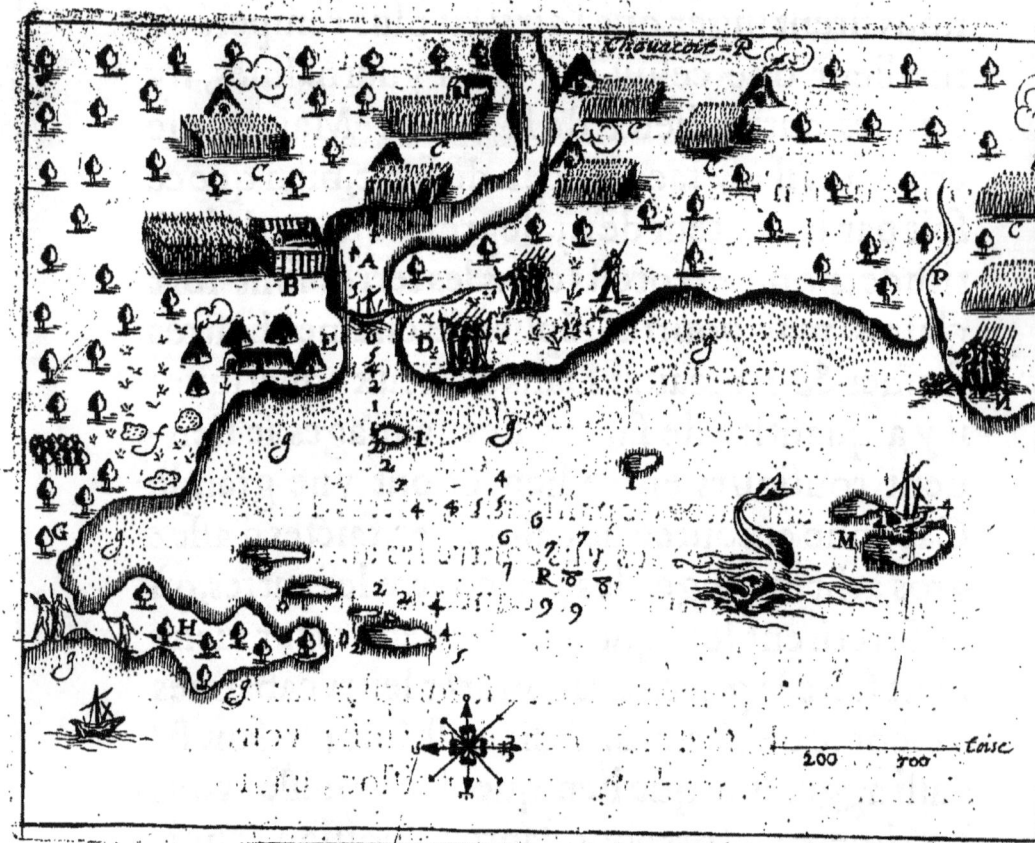

Les chifres montrent les brasses d'eau.

A La riuiere.
B Le lieu ou ils ont leur forteresse.
C Les cabannes qui sont parmy les champs ou auprés ils cultiuent la terre & sement du bled d'Inde.
D Grãde compaigne sablonneuse, neantmoins remplie d'herbages.
E Autre lieu où ils font leurs logemés tous en gros sans estre separez aprés la semence de leurs bleds estre faite.
F Marais où il y a de bons pasturages.
G Source d'eau viue.
H Grande pointe de terre toute deffrichee horsmis quelques arbres fruitiers & vignes sauuages.
I Petit islet a l'entree de la riuiere.
L Autre islet.
M Deux isles où vesseaux peuuent mouiller l'ancre à l'abry d'icelles auec bon fons.
N Pointe de terre deffrichee où nous vint trouuer Marchim.
O Quatre isles.
P Petit ruisseau qui asseche de basse mer.
Q Basses le long de la coste.
R La rade où les vaisseaux peuuent mouiller l'ancre attendant le flot.

Le dimanche 12. du mois nous partiſmes de la riuiere appelee Choüacoet, & rengeât la co-coſte aprés auoir fait quelque 6. ou 7. lieues le vent ſe leua contraire, qui nous fit mouiller l'ancre & mettre pied à terre, où nous viſmes deux prairies, chacune deſquelles contenoit enuiron vne lieue de long, & demie de large. Nous y aperceuſmes deux ſauuages que pen-ſions à l'abbort eſtre de gros oiſeaux qui ſót en ce pays là, appelés outardes, qui nous ayans aduiſés prindrent la fuite dans les bois, & ne parurent plus. Depuis Choüacoet iuſques en ce lieu où viſmes de petits oiſeaux, qui ont le chant comme merles, noirs horſmis le bout des aiſles, qui ſont orangés, il y a quantité de vignes & noyers. Ceſte coſte eſt ſablóneuſe en la pluſpart des endroits depuis Quinibequy. Ce iour nous retournaſmes deux ou trois lieues deuers Choüacoet iuſques à vn cap qu'auons nommé le port aux iſles, bon pour des vaiſ-ſeaux de cent tonneaux, qui eſt parmy trois iſles. Mettant le cap au nordeſt quart du nort proche de ce lieu, l'on entre en vn au-tre port où il n'y a aucun paſſage (bien que ce ſoient iſles) que celluy par où on entre, où à l'entree y a quelques briſans de rochers qui ſont dangereux. En ces iſles y a tant de groiſel-les rouges que l'on ne voit autre choſe en la pluspart, & vn nombre infini de tourtes, dont nous en prismes bonne quantité. Ce port aux isles est par la hauteur de 43. degrez 25. minutes de latitude.

Le 15. dudit mois fismes 12. lieues. Costoyans la coste nous apperceusmes vne fumée sur le riuage de la mer, dõt nous approchasmes le plus qu'il nous fut possible, & ne vismes aucun sauuage, ce qui nous fit croire qu'ils s'en estoient fuys. Le soleil s'en alloit bas, & ne peusmes trouuer lieu pour nous loger icelle nuict, à cause que la coste estoit platte, & sablonneuse. Mettant le cap au su pour nous esloigner, afin de mouiller l'ancre, ayant fait enuiron deux lieues nous apperceusmes vn cap à la grande terre au su quart du suest de nous, où il pouuoit auoir quelque six lieues: à l'est deux lieues apperceusmes trois ou quatre isles assez hautes, & à louest vn grand cu de sac. La coste de ce cul de sac toute rengee iusques au cap peut entrer dans les terres du lieu où nous estions enuiron quatre lieues: il en a deux de large nort & su, & trois en son entree : Et ne recognoissant aucun lieu propre pour nous loger, nous resolusmes d'aller au cap cy dessus à petites voilles vne partie de la nuict, & en aprochasmes à 16. brasses d'eau où nous mouillasmes l'ancre attendant le poinct du iour.

Le

Le lendemain nous fufmes au fufd. cap, où il y a trois ifles proches de la grād terre, pleines de bois de diferentes fortes, cōme à Chouacoet & par toute la cofte : & vne autre platte, où la mer brife, qui iette vn peu plus à la mer que les autres, où il n'y en a point. Nous nommafmes ce lieu le cap aux ifles, proche duquel apperçeufmes vn canau, où il y auoit 5. ou 6. fauuages, qui vindrent à nous, lefquels eftans prés de noftre barque s'en allerent danfer fur le riuage. Le fieur de Mons m'enuoya à terre pour les veoir, & leur donner à chacun vn coufteau & du bifcuit, ce qui fut caufe qu'ils redanferent mieux qu'auparauant. Cela fait ie leur fis entendre le mieux qu'il me fut poffible, qu'ils me monftraffent comme alloit la cofte. Apres leur auoir depeint auec vn charbon la baye & le cap aux ifles, où nous eftions, ils me figurerent auec le mefme creon, vne autre baye qu'ils reprefentoient fort grande, où ils mirent fix cailloux d'efgalle diftance, me donnant par là à entendre que chacune des marques eftoit autant de chefs, & peuplades : puis figurerent dedans lad. baye vne riuiere que nous auions paffee, qui s'eftent fort loing, & eft batturiere. Nous trouuafmes en cet endroit des vignes en quantité, dont le veriuft eftoit vn peu plus gros que

K

des poix; & force noyers, où les noix n'estoient pas plus grosses que des balles d'arquebuse. Ces sauuages nous dirent, que tout ceux qui habitoient en ce pays cultiuoient & ensemenſoient la terre, comme les autres qu'auions veu auparauant. Ce lieu est par la hauteur de 43. degrez, & quelque minutes de latitude. Ayant fait demie lieue nous apperceusmes plusieurs sauuages sur la pointe d'vn rocher, qui couroient le long de la coste, en dansant, vers leurs compagnons, pour les aduertir de nostre venue. Nous ayant mostré le quartier de leur demeure, ils firēt signal de fumees pour nous mostrer l'endroit de leur habitation. Nous fusmes mouiller l'ancre proche d'vn petit islet, où l'õ enuoya nostre canau pour porter quelques cousteaux & gallettes aux sauuages ; & apperceusmes à la quantité qu'ils estoiēt que ces lieux sont plus habitez que les autres que nous auiōs veus. Aprés auoir arresté quelques deux heures pour cōsiderer ces peuples, qui ont leurs canaux faicts descorce de boulleau, comme les Canadiens, Souriquois & Etechemins, nous leuasmes l'ancre, & auec apparence de beau temps nous nous mismes à la voile. Poursuiuāt nostre routte à l'ouest surouest, nous y vismes plusieurs isles à l'vn & l'autre bort. Ayant fait 7. a 8. lieues nous mouillasmes l'ancre proche d'vne isle où apperçeusmes force fumees tout le lõg de la coste, & beaucoup de sauuages qui accouroient pour nous voir. Le sieur de Mons enuoya deux ou trois hommes vers eux dedans vn canau, ausquels il bailla des cousteaux & patenostres pour leur presenter, dont ils furent fort aises, & danserent plusieurs fois en payement. Nous ne peusmes sçauoir le nom de leur chef, à cause que nous n'entendiõs pas leur langue. Tout le long du riuage y a quantité de terre deffrichee, & semee de bled d'Inde. Le pays est fort plaisant & aggreable : neátmoins il ne laisse d'y auoir force beaux bois. Ceux qui l'habitent ont leurs canaux faicts tout d'vne piece, fort subiets à tourner, si on n'est bien adroit à les gouuerner: & n'en auions point encore veu de ceste façon. voicy comme ils les font. Apres auoir eu beaucoup de peine, & esté long temps à abbatre vn arbre le plus gros & le plus haut qu'ils ont peu trouuer, auec des haches de pierre (car ils n'en ont point d'autres, si ce n'est que quelques vns d'eux en recouurent par le moyen des sauuages de la coste d'Accadie, ausquels on en porte pour traicter de peleterie) ils ostent l'escorce & l'arrondissent, horsmis d'vn coste, où ils mettẽt du feu peu a peu tout le long de la piece : & prennẽt quelques fois des cailloux rouges & enfla-

K ij

mez, qu'ils posent aussi dessus : & quand le feu est trop aspre, ils l'esteignent auec vn peu d'eau, non pas du tout, mais de peur que le bord du canau ne brusle. Estant assez creux à leur fantasie, ils le raclent de toutes parts auec des pierres, dont ils se seruent au lieu de cousteaux. Les cailloux dequoy ils font leurs trenchans sont semblables à nos pierres à fusil.

Le lendemain 17. dud. mois leuasmes l'ancre pour aller à vn cap, que nous auions veu le iour precedēt, qui nous demeuroit cōme au su surouest. Ce iour ne peusmes faire que 5. lieues, & passames par quelques isles remplies de bois. Ie recognus en la baye tout ce que m'auoient depeint les sauuages au cap des isles. Poursuiuant nostre route il en vint à nous grād nōbre dans des canaux, qui sortoient des isles, & de la terre ferme. Nous fusmes ancrer à vne lieue du cap qu'auons nommé S. Loys, où nous apperçeusmes plusieurs fumees : y voulant aller nostre barque eschoua sur vne roche, où nous fusmes en grand danger : car si nous n'y eussions promptement remedié, elle eut bouluersé dans la mer, qui perdoit tout à l'entour, où il y auoit 5. à 6. brasses d'eau : mais Dieu nous preserua, & fusmes mouiller l'ancre proche du susd. cap, où il vint quinze ou seize canaux de sauuages, & en tel y en auoit 15. ou

16. qui commencerét à monstrer grands signes de resiouïssance, & faisoient plusieurs sortes de harãgues, que nous n'entendions nullemét. Le sieur de Mons enuoya trois ou quatre hommes à terre dãs nostre canau, tant pour auoir de l'eau, que pour voir leur chef nommé Honabetha, qui eut quelques cousteaux, & autres ioliuetés, que le sieur de Mons luy donna, lequel nous vint voir iusques en nostre bort, auec nombre de ses compagnons, qui estoient tant le long de la riue, que dans leurs canaux. L'on receut le chef fort humainement, & luy fit-on bonne chere : & y ayant esté quelque espace de temps, il s'en retourna. Ceux que nous auions enuoyés deuers eux, nous apporterent de petites citrouilles de la grosseur du poing, que nous mangeasmes en sallade comme coucombres, qui sont tresbonnes; & du pourpié, qui vient en quãtité parmy le bled d'Inde, dont ils ne font non plus d'estat que de mauuaises herbes. Nous vismes en ce lieu grãde quãtité de petites maisonettes, qui sont parmy les champs où ils sement leur bled d'Inde.

Plus y a en icelle baye vne riuiere qui est fort spatieuse, laquelle auõs nommee la riuiere du Gas, qui, à mon iugemét, va rédre vers les Yroquois, natiõ qui a guerre ouuerte auec les mõtaignars qui sont en la grãde riuiere S. Lorans.

K iij

CONTINVATION DES DESCOVVERTVRES DE LA coste des Almouchiquois, & de ce qu'y auons remarqué de particulier.
Chap. VIII.

LE lendemain doublasmes le cap S. Louys, ainsi nommé par le sieur de Mons, terre mediocrement basse, soubs la hauteur de 42. degrez 3. quarts de latitude; & fismes ce iour deux lieues de coste sablonneuse; & passant le long d'icelle, nous y vismes quátité de cabannes & iardinages. Le vent nous estans contraire, nous entrasmes dedans vn petit cu de sac, pour attendre le temps propre à faire nostre routte. Il vint à nous 2. ou 3. canaux, qui venoient de la pesche de moruë, & autres poissons, qui sont là en quátité, qu'ils peschét auec des aims faits d'vn morceau de bois, auquel ils fichent vn os qu'ils forment en façon de harpon, & lient fort proprement, de peur qu'il ne sorte: le tout estant en forme d'vn petit crochet: la corde qui y est attachee est d'escorce d'arbre. Ils m'en donnerent vn, que ie prins par curiosité, où l'os estoit attaché de chanure, à mó opinió, cóme celuy de France, & me dirét qu'ils en cueilloient l'herbe dans leur terre sans la cultiuer, en nous monstrant la hauteur cóme de 4. a 5. pieds. Led. canau s'en retourna à terre auertir ceux de son habitation, qui nous firét des fumees, & apperçeufmes 18. ou 20. fauges, qui vindrent fur le bort de la cofte, & fe mirent à danfer. Noftre canau fut à terre pour leur dóner quelques bagatelles, dont ils furent fort contens. Il en vint aucuns deuers nous qui nous prierent d'aller en leur riuiere. Nous leuafmes l'ancre pour ce faire, mais nous n'y peufmes entrer à caufe du peu d'eau que nous y trouuafmes eftans de baffe mer, & fufmes contrainéts de mouiller l'ancre à l'entree d'icelle. Ie defcendis à terre, où i'en vis quantité d'autres qui nous reçeurent fort gratieufement: & fus recognoiftre la riuiere, où n'y vey autre chofe qu'vn bras d'eau qui s'eftant quelque peu dans les terres, qui font en partie defertees; dedans lequel il n'y a qu'vn ruiffeau qui ne peut porter bafteaux, finon de pleine mer. Ce lieu peut auoir vne lieue de circuit. En l'vne des entrees duquel y a vne maniere d'icelle couuerte de bois, & principalemét de pins, qui tiét d'vn cofté à des dunes de fable, qui sót affez longues: l'autre cofté eft vne terre effez haute. Il y a deux iflets dans lad. baye, qu'on ne voit point fi l'on n'eft dedans, où autour la mer affeche prefque toute de baffe mer. Ce lieu eft fort remarquable de la mer; d'autant que la cofte eft fort baffe horfmis le cap de l'entree de la baye, qu'auons nommé, le port du cap fainét

LES VOYAGES

Louys, distant dud. cap deux lieues, & dix du cap aux isles. Il est environ par la hauteur du cap S. Louys.

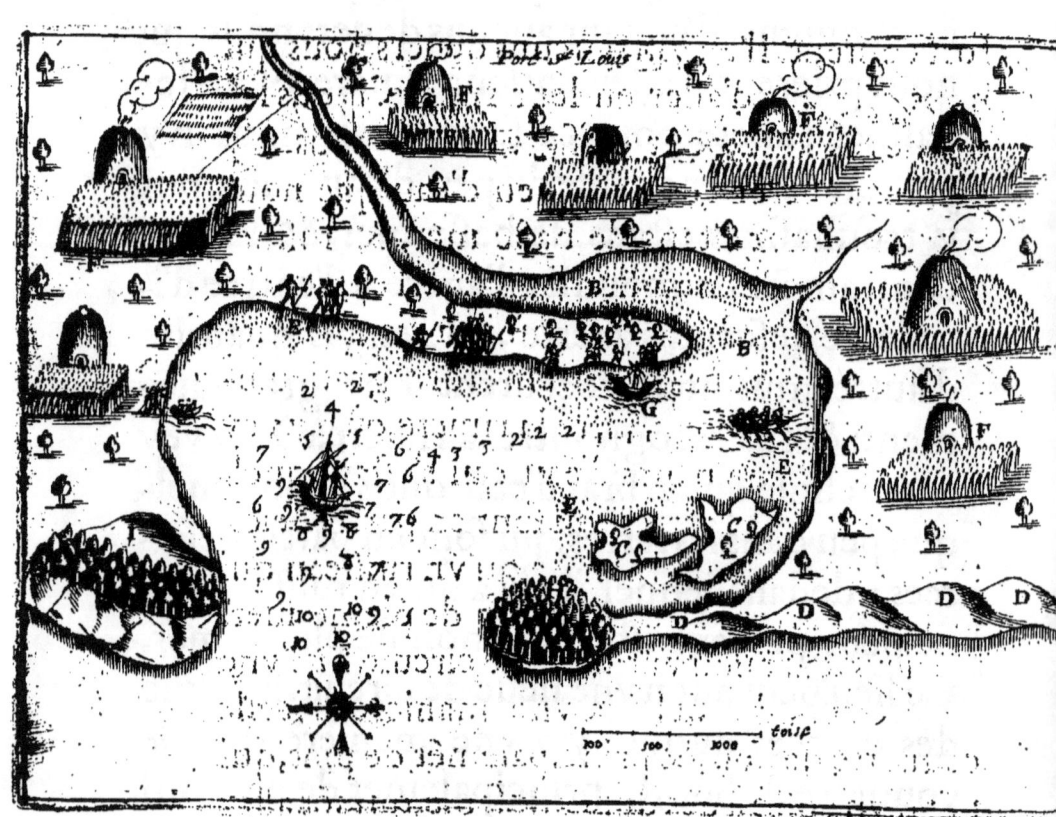

Les chifres montrent les brasses d'eau.

A Monstre le lieu où posent les vaisseaux.
B L'achenal.
C Deux isles.
D Dunes de sable.
E Basses.
F Cabannes où les sauuages labourent la terre.
G Le lieu où nous fusmes eschouer nostre barque.
H vne maniere d'isle remplie de bois tenant aux dunes de sable.
I Promontoire assez haut qui paroist de 4. a 5. lieues à la mer.

Le 19.

Le 19. du mois nous partiſmes de ce lieu. Rengeāt la coſte comme au ſu, nous fiſmes 4. a 5. lieues, & paſſames proche d'vn rocher qui eſt à fleur d'eau. Continuāt noſtre route nous apperceuſmes des terres que iugions eſtre iſles, mais en eſtans plus prés nous recogneuſmes que c'eſtoit terre ferme, qui nous demeuroit au nort nordoueſt, qui eſtoit le cap d'vne grāde baye contenāt plus de 18. à 19. lieues de circuit, où nous nous engouffraſmes tellement, qu'il nous falut mettre à l'autre bort pour doubler le cap qu'auions veu, lequel nous nommaſmes le cap blanc; pour ce que c'eſtoient ſables & dunes, qui paroiſſent ainſi. Le bon vent nous ſeruit beaucoup en ce lieu: car autrement nous euſſions eſté en danger d'eſtre iettés à la coſte. Ceſte baye eſt fort ſeine, pourueu qu'on n'approche la terre que d'vne bonne lieue, n'y ayāt aucunes iſles ny rochers que celuy dont i'ay parlé, qui eſt proche d'vne riuiere, qui entre aſſez auant dans les terres, que nommaſmes ſainɕte ſuzanne du cap blanc, d'où iuſques au cap S. Louis y a dix lièues de trauerſe. Le cap blanc eſt vne pointe de ſable qui va en tournoyant vers le ſu quelque ſix lieues. Ceſte coſte eſt aſſez haute eſleuee de ſables, qui ſont fort remarquables venant de la mer, où on trouue la ſonde à prés de 15. ou 18. lieues de la terre à

L

30. 40. 50. brasses d'eau iusques à ce qu'on vienne à 10. brasses en approchant de la terre, qui est tres seine. Il y a vne grande estenduë de pays descouuert sur le bort de la coste deuant que d'entrer dãs les bois, qui sont fort aggreables & plaisãs à voir. Nous mouillasmes l'acre à la coste, & vismes quelques sauuages, vers lesquels furent quatre de nos gens, qui cheminant sur vne dune de sable, aduiserent comme vne baye & des cabannes qui la bordoient tout à l'entour. Estãs enuiron vne lieue & demye de nous, il vint à eux tout dansant (à ce qu'ils nous ont raporté) vn sauuage qui estoit descendu de la haute coste, lequel s'en retourna peu aprés donner aduis de nostre venuë à ceux de son habitation.

Le lendemain 20. du mois fusmes en ce lieu que nos gens auoient aperçeu, que trouuasmes estre vn port fort dangereux, à cause des basses & bancs, où nous voiyons briser de toutes parts. Il estoit presque de basse mer lors que nous y entrasmes, & n'y auoit que quatre pieds d'eau par la passee du nort; de haute mer il y a deux brasses. Comme nous fusmes dedãs nous vismes ce lieu assez spatieux, pouuãt cõtenir 3. à 4. lieues de circuit, tout entouré de maisonnettes, à l'entour desquelles chacun a autant de terre qu'il luy est necessaire pour sa nourriture. Il y defcend vne petite riuiere, qui eft affez belle, où de baffe mer y a quelque trois pieds & demy d'eau. Il y a deux où trois ruiffeaux bordez de prairies. Ce lieu eft trefbeau, fi le haure eftoit bon. I'en prins la hauteur, & trouué 42. degrez de latitude & 18. degrez 40. minutes de declinaifon de la guide-aymāt. Il vint à nous quantité de fauuages, tant hommes que femmes, qui accouroiēt de toutes parts en danfant. Nous auons nommé ce lieu le port de Mallebarre.

Le lendemain 21. du mois le fieur de Mons prit refolutiō d'aller voir leur habitatiō, & l'accōpaignafmes neuf où dix auec nos armes: le refte demeura pour garder la barque. Nous fifmes enuirō vne lieue le lōg de la cofte. Deuant que d'arriuer à leurs cabannes, nous entrafmes dās vn chāp femé de bled d'Inde à la façon que nous auōs dit cy deffus. Le bled eftoit en fleur de la hauteur de 5. pieds & demy. Il y en auoit d'autre moins auancé qu'ils fement plus tart. Nous vifmes force febues du Brefil, & force citrouilles de plufieurs groffeurs, bōnes à manger, du petū & des racines, qu'ils cultiuent, lefquelles ont le gouft d'artichaut. Les bois sōt réplis de chefnes, noyers & de trefbeaux cyprés, qui font rougeaftres, & ont fort bonne odeur. Il y auoit auffi plufieurs champs qui n'eftoient

L ij

point cultiuez : d'autant qu'ils laiffent repofer les terres. Quand ils y veulent femer, ils mettent le feu dans les herbes, & puis labourent auec leurs beches de bois. Leurs cabannes font rondes, couuertes de groffes nattes, faictes de rofeaux, & par enhaut il y a au milieu enuiron vn pied & demy de defcouuert, par où fort la fumee du feu qu'ils y font. Nous leur demandafmes s'ils auoient leur demeure arreftee en ce lieu, & s'il y negeoit beaucoup; ce que ne peufmes bien fçauoir, pour ne pas entendre leur langage, bien qu'ils s'y efforçaffent par figne, en prenant du fable en leur main, puis l'efpandant fur la terre, & monftrant eftre de la couleur de nos rabats, & qu'elle venoit fur la terre de la hauteur d'vn pied : & d'autres nous monftroient moins, nous donnant auffi à entendre que le port ne geloit iamais : mais nous ne peufmes fçauoir fi la nege eftoit de lõgue duree. Ie tiens neãtmoins que le pays eft temperé, & que l'yuer n'y eft pas rude. Pendãt le temps que nous y fufmes, il fit vne tourmête de vent de nordeft, qui dura 4. iours, auec le têps fi couuert que le foleil n'aparoiffoit prefque point. Il y faifoit fort froid : ce qui nous fit prendre nos cappots, que nous auions delaiffez du tout : neantmoins ie croy que c'eftoit par accident, comme l'on void fouuent arriuer en d'autres lieux hors de saison.

Le 23. dud. mois de Iuillet, quatre ou cinq mariniers estans allés à terre auec quelques chaudieres, pour querir de l'eau douce, qui estoit dedans des dunes de sable, vn peu esloignee de nostre barque, quelques sauuages desirans en auoir aucunes, espierent l'heure que nos gens y alloyent, & en prirent vne de force entre les mains d'vn matelot, qui auoit puisé le premier, lequel n'auoit nulles armes : Vn de ses compagnons voulant courir aprés, s'en reuint tout court, pour ne l'auoir peu atteindre, d'autant qu'il estoit plus viste à la cource que luy. Les autres sauuages voyans que nos matelos accouroient à nostre barque en nous criant que nous tirassions quelques coups de mousquets sur eux, qui estoient en grand nombre, ils se mirét a fuir. Pour lors y en auoit quelques vns dans nostre barque, qui se ietterent à la mer, & n'en peusmes saisir qu'vn. Ceux en terre qui s'en estoiét fuis les apperceuât nager, retournerent droit au matelot à qui ils auoient osté la chaudiere, & luy tirerét plusieurs coups de fleches par derriere & l'abbatirent, ce que voyant ils coururent aussitost sur luy & l'accheuerent à coups de cousteau. Cependant on fit diligence d'aller à terre, & tira on des coups d'arquebuse de nostre barque, dont la mienne creua entre mes mains & me pença perdre. Les sauuages oyans ceste escopeterie se remirēt à la fuite, qu'ils doublerent quād ils virent que nous estions à terre: d'autāt qu'ils auoiēt peur nous voyās courir aprés eux. Il n'y auoit point d'apparence de les attraper: car ils sont vistes cōme des cheuaux. L'on apporta le mort qui fut enterré quelques heures aprés: Cependāt nous teniōs tousiours le prisonnier attaché par les pieds & par les mains au bort de nostre barque, creignant qu'il ne s'enfuist. Le sieur de Mons se resolut de le laisser aller, se persuadant qu'il n'y auoit point de sa faute, & qu'il ne sçauoit rien de ce qui s'estoit passé, ny mesme ceux qui estoient pour lors dedās & au tour de nostre barque. Quelques heures aprés il vint des sauuages vers nous, faisāt des excuses par signes & demonstrations, que ce n'estoit pas eux qui auoient fait ceste meschāceté, mais d'autres plus esloignez dans les terres. On ne leur voulut point faire de mal, bien qu'il fut en nostre puissance de nous venger.

 Tous ces sauuages depuis le cap des isles ne portent point de robbes, ny de fourrures, que fort rarement, encore les robbes sont faites d'herbes & de chanure, qui à peine leur couurēt le corps, & leur vont iusques aux iarrests. Ils ont seulement la nature cachee d'vne petite

peau, & les femmes auſſi, qui leur deſcédent vn
peu plus bas qu'aux hommes par derriere; tout
le reſte du corps eſt nud. Lors que les femmes
nous venoient voir, elles prenoient des robbes
ouuertes par le deuāt. Les hómes ſe coupent le
poil deſſus la teſte cóme ceux de la riuiere de
Chouacoet. Ie vey entre autres choſes vne fille
coiffee aſſez proprement, d'vne peau teinte de
couleur rouge, brodee par deſſus de petites pa-
tenoſtres de porceline: vne partie de ſes cheueux eſtoiét pendās par derriere, & le reſte en-
trelaſſé de diuerſes façons. Ces peuples ſe peindent le viſage de rouge, noir, & iaune. Ils
n'ont preſque point de barbe, & ſe l'arrachent à
meſure qu'elle croiſt. Ils ſont bien proportionnez de leurs corps. Ie ne ſçay qu'elle loy ils tié-
nent, & croy qu'en cela ils reſſemblent à leurs
voiſins, qui n'en ont point du tout. Ils ne ſçauent qu'adorer n'y prier. Ils ont bien quelques
ſuperſtitions comme les autres, que ie deſcri-
ray en leur lieu. Pour armes, ils n'ont que des
picques, maſſues, arcs & fleches. Il ſemble à les
voir qu'ils ſoient de bon naturel, & meilleurs
que ceux du nort: mais tous à bien parler ne-
vallent pas grande choſe. Si peu de frequenta-
tion que l'on ait auec eux, les fait incontinent
cognoiſtre. Ils ſont grands larrons; & s'ils ne
peuuent attraper auec les mains, ils y taſchent

auec les pieds, comme nous l'auons esprouué souuentefois. I'estime que s'ils auoient dequoy eschanger auec nous, qu'ils ne s'adōneroiēt au larrecin. Ils nous trocquerēt leurs arcs, fleches & carquois, pour des espingles & des boutōs, & s'ils eussent eu autre chose de meilleur ils en eussent fait autāt. Il se faut donner garde de ces peuples, & viure en mesfiance auec eux, toutefois sans leur faire apperçeuoir. Ils nous donnerent quantite de petum, qu'ils font secher, & puis le reduisent en poudre. Quand ils mangēt le bled d'Inde ils le font bouillir dedans des pots de terre qu'ils font d'autre maniere que nous. Ils le pilent aussi dans des mortiers de bois & le reduisent en farine, puis en font des gasteaux & galettes, comme les Indiens du Perou.

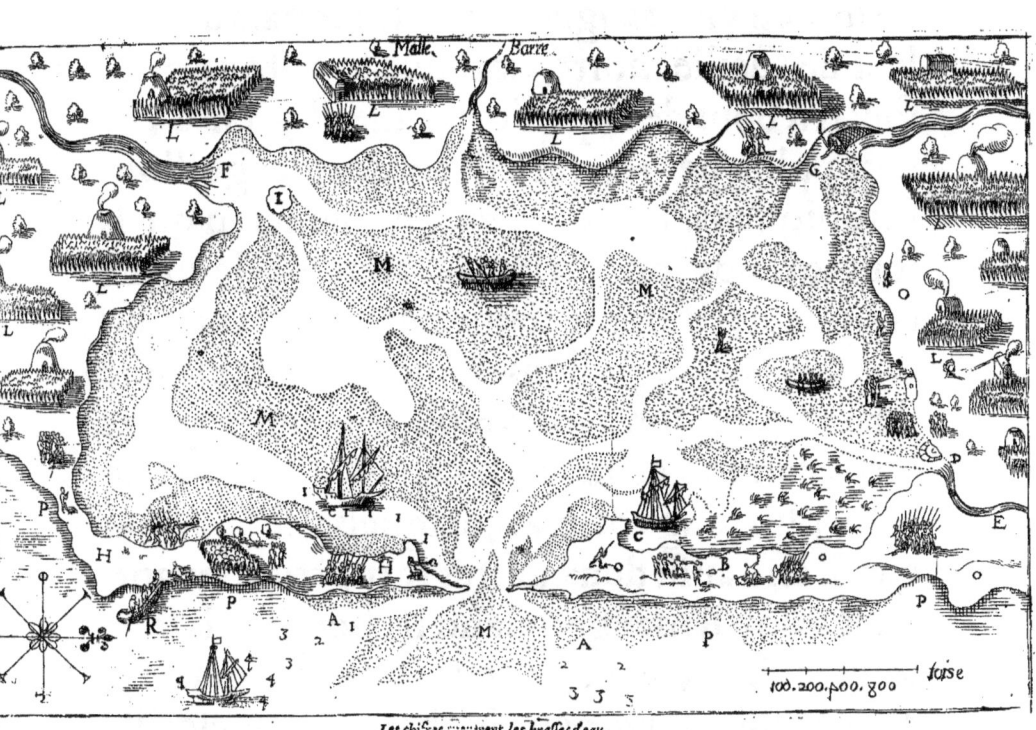

Les chiffres monstrent les brasses d'eau.

A Les deux entrées du port.
B Dunes de sable où les sauuages tuerent vn Matelot de la barque du sieur de Mons.
C les lieux où fut la barque du sieur de Mons audit port.
D Fontaine sur le bord du port.
E Vne riuiere descendant audit port.
F Ruisseau.
G petite riuiere où on prend quantité de poisson.
H Dunes de sable où il y a vn petit bois & force vignes.
I Isles à la pointe des dunes
L Les cabanes & habitations des sauuages qui cultiuent la terre
M Basses & bancs de sable tant à l'entrée que dedans ledit port.
O Dunes de sable.
P La coste de la mer.
Q La barque du sieur de Poitrincourt quand il y fut 2. ans apres le sieur de Mons.
R descente des gens du sieur de Poitrincourt.

En ce lieu, & en toute la coste, depuis Quinibequi, il y a quantité de siguenocs, qui est vn poisson portant vne escaille sur le dos, comme la tortue : mais diferente pourtant ; laquelle à au milieu vne rangee de petits piquâts de couleur de fueille morte, ainsi que le reste du poisson : Au bout de laquelle escaille il y en a vne autre plus petite, qui est bordee d'esguillons fort piquans. La queue est longue selon qu'ils sont grands ou petits du bout de laquelle ces peuples ferrent leurs fleches, ayant aussi vne rangee desguillons côme la grâde escaille sur laquelle sont les yeux. Il à huict petits pieds comme ceux d'vn cancre, & derriere deux plus longs & plats, desquels il se sert à nager. Il en a aussi deux autres fort petits deuant, auec quoy il mange : quand il chemine ils sont tous cachez, excepté les deux de derriere qui paroissent vn peu. Soubs la petite escaille il y a des membranes qui s'enflent, & ont vn battement comme la gorge des grenouilles, & sôt les vnes sur les autres en façon des tacettes d'vn pourpoint. Le plus grâd que i'aye veu, a vn pied de large, & pied & demy de long.

 Nous vismes aussi vn oiseau marin qui a le bec noir, le haut vn peu aquilin, & lôg de quatre poulces, fait en forme de lâcette, sçauoir la partie inferieure representant le manche & la superieure la lame qui est tenue, trenchante des deux costez & plus courte d'vn tiers que l'autre, qui donne de l'estonnement à beaucoup de personnes, qui ne peuuent comprendre comme il est possible que cet oiseau puisse manger auec vn tel bec. Il est de la grosseur d'vn pigeon, les aisles fort longues à proportiõ du corps, la queue courte & les iambes aussi, qui sõt rouges, les pieds petits & plats: Le plumage par dessus est gris brun, & par dessous fort blanc. Il va tousiours en troupe sur le riuage de la mer, comme font les pigeons pardeça.

Les sauuages en toutes ces costes où nous auons esté, disent qu'il vient d'autres oiseaux quand leur bled est à maturité, qui sont fort gros; & nous cõtrefaisoient leur chant semblable à celuy du cocq d'Inde. Ils nous en montrerent des plumes en plusieurs lieux, dequoy ils empannent leurs fleches & en mettent sur leurs testes pour parade ; & aussi vne maniere de poil qu'ils ont soubs la gorge, comme ceux qu'auons en France: & disent qu'ils leur tumbe vne creste rouge sur le bec. Ils nous les figurerent aussi gros qu'vne outarde, qui est vne espece d'oye; ayant le col plus long & deux fois plus gros que celles de pardeça. Toutes ces demonstrations nous firent iuger que c'estoient cocqs d'Inde. Nous eussions bien

M ij

desiré voir de ces oiseaux, aussi bien que de la plume, pour plus gráde certitude. Auparauant que i'eusse veu les plumes & le petit boquet de poil qu'ils ont soubs la gorge; & que i'eusse oy cótrefaire leur chát, ie croiyois que ce fussét de certains oiseaux, qui se trouuét en quelques endroits du Perou en forme de cocqs d'Inde, le lóg du riuage de la mer, mágeás les charógnes & autres choses mortes, comme font les corbeaux: mais ils ne font pas si gros, & n'ót pas la barbe si longue, ny le chát semblable aux vrais coqs d'Inde, & ne font pas bons à máger cóme sont ceux que les sauuages disent qui viennent en troupe en esté; & au commencement de l'yuer s'en vont aux pays plus chauts, où est leur demeure naturelle.

RETOVR DES DESCOVVERTVRES DE LA COSTE des Almouchiquois.

CHAP. IX.

Ayant demeuré plus de cinq sepmaines à esleuer trois degrez de latitude, nous ne peusmes estre plus de six sepmaines en nostre voyage; car nous n'auions porté des viures que pour ce téps là. Et aussi ne pouuás passer à cause des brumes & tempestes que iusques à Malleberre, où fusmes quelques iours attendans le temps propre pour sortir, & nous voyans pressez par la necessité des viures, le sieur de Mons delibera de s'en retourner à l'isle de sain-cte Croix, afin de trouuer autre lieu plus propre pour nostre habitation: ce que ne peusmes faire en toutes les costes que nous descouurismes en ce voyage.

Et partismes de ce port, pour voir ailleurs, le 25. du mois de Iuillet, où au sortir courusmes risque de nous pardre sur la barre qui y est à l'étree, par la faute de nos pilottes appelez Cramolet & Chapdoré Maistres de la barque, qui auoient mal ballize l'entree de l'achenal du costé du su, par où nous deuions passer. Ayans euité ce peril nous mismes le cap au nordest six lieues iusques au cap blanc: & de là iusques au cap des isles continuant 15. lieues au mesme vent: puis misme le cap à l'est nordest 16. lieues iusques à Chouacoet, où nous vismes le Capitaine sauuage Marchim, que nous auions esperé voir au lac de Quinibequy, lequel auoit la reputation d'estre l'vn des vaillans hommes de son pays: aussi auoit il la façon belle, où tous ses gestes paroissoient graues, quelque sauuage qu'il fut. Le sieur de Mons luy fit present de beaucoup de choses, dont il fut fort satisfait, & en recompense donna vn ieune garçon Etechemin, qu'il auoit prins en guerre, que nous emmenasmes auec nous, & partismes de ce lieu enſemblemẽt bons amis; & miſmes le cap au nordeſt quart de l'eſt 15. lieues, iuſques à Quinibequy, où nous arriuaſmes le 29. du mois, & où penſions trouuer vn ſauuage appelé Saſinou, dont i'ay parlé cy deſſus, que nous attendiſmes quelque temps, péſant qu'il deuſt venir, afin de retirer de luy vn ieune homme & vne ieune fille Etechemins, qu'il tenoit priſoniers. En l'atrédant il vint à nous vn capitaine appelé Anaſſou pour nous voir, lequel traicta quelque peu de pelleterie; & fiſmes allience auec luy. Il nous dit qu'il y auoit vn vaiſſeau à dix lieues du port, qui faiſoit peſche de poiſſon, & que ceux de dedans auoient tué cinq ſauuages d'icelle riuiere, ſoubs ombre d'amitié: & ſelon la façon qu'il nous deſpeignoit les gens du vaiſſeau, nous les iugeaſmes eſtre Anglois, & nómaſmes l'iſle où ils eſtoient la nef: pour ce que de loing elle en auoit le ſemblance. Voyãt que led. Saſinou ne venoit point nous miſmes le cap à l'eſt ſueſt 20. lieues iuſques à l'iſle haute où mouillaſmes l'ancre attendant le iour.

Le lendemain premier d'Aouſt nous le miſmes à l'eſt quelque 20. lieues iuſques au cap Corneille où nous paſſames la nuit. Le 2. du mois le mettant au nordeſt 7. lieues vinſmes à l'étree de la riuiere S. Croix du coſté de l'oueſt.

Ayant mouillé l'acre entre les deux premieres isles, le sieur de Mõs s'embarqua dans vn canau à six lieues de l'habitation S. Croix, où le lendemain nous arriuasmes auec nostre barque. Nous y trouuasmes le sieur des Antõs de sainct Maslo, qui estoit venu en l'vn des vaisseaux du sieur de Mõs, pour apporter des viures, & autres cõmoditez pour ceux qui deuoient yuerner en ce pays.

L'HABITATION QVI ESTOIT EN L'ISLE DE S.
Croix transportee au port Royal, & pourquoy.

CHAP. X.

LE sieur de Mõns se delibera de changer de lieu & faire vne autre habitation pour esuiter aux froidures & mauuais yuer qu'auiõs eu en l'isle saincte Croix. N'ayant trouué aucun port qui nous fut propre pour lors, & le peu de temps que nous auions à nous loger & bastir des maisõs à cest effect, nous fit equipper deux barques, que l'õ chargea de la charpēterie des maisons de saincte Croix, pour la porter au port Royal, à 25. lieues de là, où l'on iugeoit y estre la demeure beaucoup plus douce & temperee. Le Pont & moy partismes pour y aller; où estans arriuez cerchasmes vn lieu propre pour la situation de nostre logement

& à labry du norouest, que nous redoutions pour en auoir esté fort tourmentez.

Apres auoir bien cerché d'vn costé & d'autre, nous n'en trouuasmes point de plus propre & mieux scitué qu'en vn lieu qui est vn peu esleué, au tour duquel y a quelques marescages & bonnes sources d'eau. Ce lieu est deuant l'isle qui est à l'entree de la riuiere de la Guille : Et au nord de nous comme à vne lieue, il y a vn costau de montagnes, qui dure prés de dix lieues nordest & surouest. Tout le pays est rempli de forests tres-espoisses ainsi que i'ay dit cy dessus, horsmis vne pointe qui est à vne lieue & demie dans la riuiere, où il y a quelques chesnes qui y sont fort clairs, & quātité de lābruches, que l'on pourroit deserter aisement, & mettre en labourage, neantmoins maigres & sablōneuses. Nous fusmes presque en resolution d'y bastir : mais nous considerasmes qu'eussions esté trop engouffrez dans le port & riuiere : ce qui nous fit changer d'aduis.

Ayant donc recogneu l'assieté de nostre habitation estre bonne, on commença à deffricher le lieu, qui estoit plein d'arbres ; & dresser les maisons aū plustost qu'il fut possible : vn chacun si employa. Apres que tout fut mis en ordre, & la pluspart des logemens faits, le sieur de Mons se delibera de retourner en France

pour

pour faire vers sa Maiesté qu'il peust auoir ce qui seroit de besoin pour sō entreprise. Et pour commander audit lieu en son absence, il auoit volonté d'y laisser le sieur d'Oruille : mais la maladie de terre, dont il estoit atteint, ne luy peut permettre de pouuoir satisfaire au desir dudit sieur de Mons: qui fut occasion d'en parler au Pont-graué, & luy dōner ceste charge; ce qu'il eut pour aggreable : & fit paracheuer de bastir ce peu qui restoit en l'habitation. Et moy en pareil temps ie pris resolution d'y demeurer aussi, sur l'esperance que i'auois de faire de nouuelles descouuertures vers la Floride: ce que le sieur de Mons trouua fort bon.

CE QVI CE PASSA DEPVIS LE PARTEMENT DV sieur de Mons, iusqu'à ce que voyāt qu'on n'auoit point nouuelles de ce qu'il auoit promis, on partist du port Royal pour retourner en France.

Chap. XI.

Aussi tost que ledit sieur de Mons fut party, de 40. ou 45. qui resterent, vne partie commēça à faire des iardins. I'en fis aussi vn pour éuiter oisiueté, entouré de fossez plains d'eau, esquels y auoit de fort belles truites que i'y auois mises, & où descendoient trois ruisseaux de fort belle eaue courāte, dōt la pluspart de nostre habitation se fournissoit. I'y fis vne petite escluse contre le bort de la mer, pour escouler l'eau quand ie voulois. Ce lieu estoit tout enuironné des prairies, où i'accommoday vn cabinet auec de beaux arbres, pour y aller prendre de la fraischeur. I'y fis aussi vn petit reseruoir pour y mettre du poisson d'eau sallee, que nous prenions quand nous en auions besoin. I'y semay quelques graines, qui proffiterent bien: & y prenois vn singulier plaisir: mais auparauant il y auoit bien fallu trauailler. Nous y alions souuent passer le temps: & sembloit que les petits oiseaux d'alentour en eussent du contentement: car ils s'y amassoient en quātité, & y faisoient vn ramage & gasouillis si aggreable, que ie ne pense pas iamais en auoir ouy de semblable.

La plan de l'habitation estoit de 10. toises de long, & 8. de large, qui font trentesix de circuit. Du costé de l'orient est vn magazin de la largeur d'icelle, & vne fort belle caue de 5. a 6. pieds de haut. Du costé du Nord est le logis du sieur de Mons esleue d'assez belle charpenterie. Au tour de la basse court sont les logemens des ouuriers. A vn coing du costé de l'occident y a vne platte forme, où on mit quatre pieces de canon, & à l'autre coing vers l'orient est vne palissade en façon de platte forme: comme on peut veoir par la figure suiuante.

DV SIEVR DE CHAMPLAIN.

A Logemens des artisans.
B Plate forme où estoit le canon.
C Le magasin.
D Logemét du sieur de Pont-graué & Champlain.
E La forge.
F Palissade de pieux.
G Le four.
H La cuisine.
O Petite maisonnette où l'on retiroit les vtansiles de nos barques;que de puis le sieur de Poitrincourt fit rebastir, & y logea le sieur Boulay quand le sieur du Pont s'en reuint en France.
P La porte de l'abitation.
Q Le cemetiere.
R La riuiere.

Quelques iours aprés que les baſtiments furent acheuez, ie fus à la riuiere S. Iean, pour chercher le ſauuage appellé Secondon, lequel auoit mené les gens de Preuerd à la mine de cuiure, que i'auois deſia eſté chercher auec le ſieur de Mons, quand nous fuſmes au port au mines, & y perdiſmes noſtre temps. L'ayant trouué, ie le priay d'y venir auec nous: ce qu'il m'accorda fort librement: & nous la vint monſtrer. Nous y trouuaſmes quelques petits morceaux de cuiure de l'eſpoiſſeur d'vn ſold; & d'autres plus, enchaſſez dans des rochers griſaſtres & rouges. Le mineur qui eſtoit auec nous, appelle Maiſtre Iaques, natif d'Eſclauonie, hõmme bien entendu à la recherche des mineraux, fut tout au tour des coſtaux voir s'il trouueroit, de la gangue; mais il n'en vid point: Bien trouua il à quelques pas d'où nous auions prins les morceaux de cuiure ſuſdit, vne maniere de mine qui en approchoit aucunemét. Il dit que par l'apparéce du terrouer, elle pourroit eſtre bonne ſi on y trauailloit, & qu'il n'eſtoit croyable que deſſus la terre il y eut du cuiure pur, ſans qu'au fonds il n'y en eut en quãtité. La verité eſt, que ſi la mer ne couuroit deux fois le iour les mines, & qu'elles ne fuſſent en rochers ſi durs, on en eſpereroit quelque choſe.

Apres l'auoir recogneue, nous nous en retournasmes à nostre habitation, où nous trouuasmes de nos gens malades du mal de la terre, mais non si griefuemēt qu'en l'isle S. Croix, bien que de 45. que nous estions il en mourut 12. dont le mineur fut du nombre, & cinq malades, qui guerirent le printemps venant. Nostre Chirurgien appelle des Champs, de Honfleur, homme expert en son art, fit ouuerture de quelques corps, pour veoir s'il recognoistroit mieux la cause des maladies, que n'auoient fait ceux de l'annee precedente. Il trouua les parties du corps offencees comme ceux qui furent ouuerts en l'isle S. Croix, & ne peut on trouuer remede pour les guerir non plus que les autres.

Le 20. Decembre il commença à neger: & passa quelques glaces par deuant nostre habitation. L'yuer ne fut si aspre qu'il auoit esté l'annee d'auparauant, n'y les neges si grandes, n'y de si longue duree. Il fit entre autres choses vn si grand coup de vent le 20. de Feurier 1605. qu'il abbatit vne grande quantité d'arbres auec leurs racines, & beaucoup qu'il brisa. C'estoit chose estrange à veoir. Les pluyes furent assez ordinaires, qui fut occasion du peu d'yuer, au regard du passé, bien que du port Royal à S. Croix, n'y ait que 25. lieues.

Le premier iour de Mars, Pont-graué fit accommoder vne barque du port de 17. a 18. tonneaux, qui fut preste au 15. pour aller descouurir le long de la coste de la Floride.

Pour cet effect nous partismes le 16. ensuiuāt, & fusmes cōtraints de relascher à vne isle au su de Menasne, & ce iour fismes 18. lieues, & mouillasmes l'ancre dans vne ance de sable, à l'ouuert de la mer, où le vēt de su dōnoit, qui se renforça la nuit d'vne telle impetuosité que ne peusmes tenir à l'ancre, & fallut parforce aller à la coste, à la mercy de Dieu & des ondes, qui estoient si furieuses & mauuaises, que comme nous appareillions le bourcet sur l'ancre, pour aprés coupper le cable sur l'escubier, il ne nous en donna le loisir car aussitost il se rompit sans coup frapper. A la ressaque le vēt & la mer nous ietterent sur vn petit rocher, & n'attendions que l'heure de voir briser nostre barque, pour nous sauuer sur quelques esclats d'icelle, si eusiōs peu. En ce desespoir il vint vn coup de mer si grād & fauorable, aprés en auoir receu plusieurs autres, qu'il nous fit franchir le rocher, & nous ietta en vne petite playe de sable, qui nous guarentit pour ceste fois de naufrage.

La barque estant eschouee, l'on commença promptement à descharger ce qu'il y auoit dedans, pour voir où elle estoit offencee, qui ne fut pas tant que nous croyons. Elle fut racouftree próptemét par la diligence de Chápdoré Maiftre d'icelle. Eftant bien en eftat on la rechargea en attédant le beau téps, & que la fureur de la mer s'apaifaft, qui ne fut qu'au bout de quatre iours, fçauoir le 21. Mars, auquel fortifmes de ce malheureux lieu, & fufmes au port aux Coquilles, à 7. ou 8. lieues de là, qui eft à l'entree de la riuiere fainéte Croix, où y auoit grande quantité de neges. Nous y arreftafmes iufques au 29. dudit mois, pour les brumes & véts cótraires, qui sót ordinaires en ces faifons, que le Pont-graué print refolution de relafcher au port Royal, pour voir en quel eftat eftoient nos compagnons, que nous y auions laiffez malades. Y eftans arriués le Pont fut atteint d'vn mal de cœur, qui nous fit retarder iufques au 8. d'Auril.

Et le 9. du mefme mois il fembarqua, bien qu'il fe trouuaft encores maldifpofé, pour le defir qu'il auoit de voir la cofte de la Floride, & croyant que le changemét d'air luy rendroit la fanté. Ce iour fufmes mouiller l'ancre & paffer la nuit à l'entree du port, diftant de noftre habitation deux lieues.

Le lendemain deuant le iour Champdoré vint demander au Pont-graué s'il defiroit faire leuer l'ancre, lequel luy refpondit que s'il iugeoit le temps propre, qu'il partiſt. Sur ce propos Champdoré fit à l'inſtant leuer l'ancre & mettre le bourcet au vent, qui eſtoit nort nord-eſt, ſelon ſon rapport. Le temps eſtoit fort obſcur, pluuieux & plain de brumes, auec plus d'aparence de mauuais que de beau tẽps. Comme l'on vouloit ſortir de l'emboucheure du port, nous fuſmes tout à vn coup tranſportez par les marees hors du paſſage, & fuſmes pluſtoſt ſur les rochers du coſté de l'eſt noroueſt, que nous ne les euſmes apperceus. Le Pont & moy qui eſtions couchez, entendiſmes les matelots s'eſcriãs & diſans, Nous ſommes perdus: ce qui me fit biẽ toſt ietter ſur pieds, pour voir ce que c'eſtoit. Du Pont eſtoit encores malade, qui l'empeſcha de ſe leuer ſi promptemẽt qu'il deſiroit. Ie ne fus pas ſitoſt ſur le tillac, que la barque fut iettee à la coſté & le vent ſe trouua nort, qui nous pouſſoit ſur vne pointe. Nous deffrelaſmes la grande voille, que l'on mit au vent, & la hauſſa l'on le plus qu'il fut poſſible pour nous pouſſer touſiours ſur les rochers, de peur que le reſſac de la maree, qui perdoit de bonne fortune, ne nous attiraſt dedans, d'où il euſt eſté impoſſible de nous ſauuer. Du premier coup que noſtre barque dõna ſur les rochers le gouuernail fut rompu; vne partie de la quille, & trois ou quatre planches enfon-

cees,

cees, auec quelques membres brifez, qui nous donna eftonnemét: car noftre barque femplit incontinent; & ce que nous peufmes faire, fut d'attendre que la mer fe retiraft de deffoubs, pour mettre pied à terre: car autrement nous courions rifque le la vie, à caufe de la houlle qui eftoit fort grande & furieufe au tour de nous. La mer eftant donc retiree nous defcendifmes à terre par le téps qu'il faifoit, où promptement on defchargea la barque de ce qu'il y auoit, & fauuafmes vne bonne partie des commoditez qui y eftoient, à l'aide du Capitaine fauuage Secondon, & de fes compagnons, qui vindrét à nous auec leurs canots, pour reporter en noftre habitation ce que nous auions fauué de noftre barque, laquelle toute fracaffee s'en alla au retour dela mer en plufieurs pieces: & nous bien heureux d'auoir la vie fauue retournafmes en noftre habitation auec nos paures fauuages, qui y demeurerent prefque vne bonne partie de l'yuer, où nous louafmes Dieu de nous auoir preferuez de ce naufrage, dont n'efperions fortir à fi bon marché.

La perte de noftre barque nous fit vn grand defplaifir, pour nous voir, à faute de vaiffeau, hors d'efperáce de parfaire le voyage que nous auiós entreprins, & de n'en pouuoir fabriquer vn autre; car le temps nous preffoit, bien qu'il

O

y eust encore vne barque sur les chantiers: mais elle eut esté trop long temps à mettre en estat, & ne nous en eussions peu seruir qu'au retour des vaisseaux de France, qu'attendions de iour en autre.

Ce fut vne grande disgrace, & faute de preuoyance au Maistre, qui estoit opiniastre & peu entédu au fait de la marine, qui ne croioit que sa teste. Il estoit bon Charpentier, adroit à fabriquer des vaisseaux, & soigneux de les accommoder de choses necessaires: mais il n'estoit nullement propre à les conduire.

Le Pont estant a l'habitation, fit informer à l'encontre de Champdoré, qui estoit accusé d'auoir malicieusement mis nostre barque à la coste; & sur ses informatiõs fut emprisonné & emmenotté, d'autãt qu'on le vouloit mener en France pour le mettre entre les mains du sieur de Mons, & en requerir iustice.

Le 15. de Iuin le Pont voyant que les vaisseaux de France ne reuenoiét point, fit desémenotter Champdoré pour paracheuer la barque qui estoit sur les chantiers, lequel s'aquitta fort bien de son deuoir.

Et le 16. Iuillet, qui estoit le temps que nous nous deuions retirer, au cas que les vaisseaux ne fussent reuenus, ainsi qu'il estoit porté par la commission qu'auoit donnée le sieur de Monts

DV SIEVR DE CHAMPLAIN. 107

au Pont, nous partifmes de noftre habitation pour aller au cap Breton ou à Gafpe, chercher le moyē de retourner en France, puis que nous n'en n'auions aucunes nouuelles.

Il y euft deux de nos hommes qui demeurerēt de leur propre volōté pour prendre garde à ce qui reftoit des commoditez en l'habitation, à chacun defquels le Pont promit cinquante efcus en argent, & cinquāte autres qu'il deuoit faire valoir leur practique, en les venant requerir l'annee fuiuante.

Il y eut vn Capitaine des fauuages appellé Mabretou qui promit de les maintenir, & qu'ils n'auroient non plus de deplaifir que s'ils eftoiēt fes propres enfans. Nous l'auions recogneu pour bon fauuage en tout le temps que nous y fufmes, bien qu'il euft le renom d'eftre le plus mefchant & traiftre qui fut entre ceux de fa nation.

PARTEMENT DV PORT ROYAL POVR RETOVRner en France. Rencontre de Ralleau au cap de Sable, qui fit rebrouffer chemin.

CHAP. XII.

LE 17. du mois, fuiuant la refolution que nous auions prife, nous partifmes de l'emboucheure du port Royal auec deux barques, l'vne du port de 18. tonneaux, & l'autre

O ij

de 7. à 8. pour parfaire la routte du cap Breton ou de Capseau & vinsmes mouiller l'ancre au destroit de l'isle Longue, où la nuit nostre cable rompit & courusmes risque de nous perdre par les grandes marees qui iettent sur plusieurs pointes de rochers, qui sont dans & à la sortie de ce lieu : Mais par la diligence d'vn chacun on y remedia & fit on en sorte qu'on en sortit pour ceste fois.

Le 21. du mois il vint vn grand coup de vent qui rompit les ferremens de nostre gouuernail entre l'isle Longue & le cap fourchu, & nous mit en telle peine, que nous ne sçauiós de quel bois faire flesches: car d'aborder la terre, la furie de la mer ne le permettoit pas, par ce qu'elbrisoit haute comme des montaignes le long le de la coste: de façó que nous resolusmes plustost mourir à la mer, que d'aborder la terre, sur l'esperance que le vent & la tourmente s'appaiseroit, pour puis apres ayant le vent en pouppe aller eschouer en quelque playe de sable. Comme chacun pensoit à part soy à ce qui seroit de faire pour nostre seureté, vn matelot dit, qu'vne quátité de cordages attachez au derriere de la barque, & trainant en l'eau, nous pourroit aucunement seruir pour gouuerner nostre vaisseau, mais ce fut si peu que rien, & vismes bien que si Dieu ne nous aidoit d'autres moyens, celuy là ne nous eust guarétis du naufrage. Comme nous estions pensifs à ce qu'on pourroit faire pour nostre seureté, Chāpdoré, qu'on auoit de rechef emmenotté, dit à quelques vns de nous, que si le Pont vouloit qu'il trouueroit moyen de faire gouuerner nostre barque: ce que nous rapportasmes au Pont, qui ne refusa pas ceste offre, & les autres encore moins. Il fut donc desemmenotté pour la seconde fois, & quant & quant prist vn cable qu'il coupa, & en accommoda fort dextrement le gouuernail & le fit aussi bien gouuerner que iamais il auoit fait; & parce moyen repare les fautes qu'il auoit commises à la premiere barque qui fut perdue: & fut liberé de ce dōt il auoit esté accusé, par les prieres que nous en fismes au Pont-graué qui eut vn peu de peine à s'y resoudre.

Ce iour mesme fusmes mouiller l'ancre prez la baye courante, à deux lieues du cap fourchu, & là fut racommodee la barque.

Le 23. du mois de Iuillet fusmes proche du cap de Sable.

Le 24. dudit mois sur les deux heures du soir nous apperçeusmes vne chalouppe, proche de l'isle aux cormorans, qui venoit du cap de Sable, qu'aucuns iugeoient estre des sauuages qui se retiroient du cap Breton, ou de l'isle de

O iij

Cápseau : D'autres disoiēt que se pouuoit estre des chalouppes qu'on enuoyoit de Campseau pour sçauoir de nos nouuelles. Enfin approchant plus prez on vid que s'estoiēt François, ce qui nous resiouit fort : Et cōme elle nous eust presque ioints, nous recogneusmes Ralleau Secretaire du sieur de Mós, ce qui nous redoubla le contentement. Il nous fit entendre que le sieur de Mons enuoyoit vn vaisseau de six vingts tonneaux, & que le sieur de Poitrincourt y commandoit, & estoit venu pour Lieutenant general, & demeurer au pays auec cinquante hommes : & qu'il auoit mis pied à terre à Campseau, d'ou ledit vaisseau auoit pris la plaine mer, pour voir s'il ne nous descouuriroit point, cependant que luy s'en venoit le long de la coste dans vne chalouppe pour nous rencontrer au cas qu'y fussions en chemin, croyás que serions partis du port Royal, comme il estoit bien vray : Et en cela firent fort sagement. Toutes ces nouuelles nous firēt rebrousser chemin ; & arriuasmes au port Royal le 25. du mois, où nous trouuasmes led. vaisseau, & le sieur de Poitrincourt, ce qui nous apporta beaucoup de resiouissance, pour voir renaistre ce qui estoit hors d'esperāce. Il nous dit que ce qui auoit causé son retardement estoit vn accident qui estoit suruenu au vaisseau, au sortir de la chaine de la Rochelle, d'où il estoit party, & auoit esté contrarié du mauuais temps sur son voyage.

Le lendemain le sieur de Poitrincourt commença à discourir de ce qu'il deuoit faire, & auec l'aduis d'vn chacun se resolut de demeurer au port Royal pour ceste annee, d'autant que l'on n'auoit descouuert aucune chose depuis le sieur de Mons, & que quatre mois qu'il y auoit iusques à l'yuer n'estoit assez pour chercher & faire vne autre habitation: encore auec vn grand vaisseau, qui n'est pas comme vne barque, qui tire peu d'eau, furette par tout, & trouue des lieux à souhait pour faire des demeures: mais que durant ce temps on iroit seulement recognoistre quelque endroit plus commode pour nous loger.

Sur ceste resolution le sieur de Poitrincourt enuoya aussitost quelques gés de trauail au labourage de la terre, en vn lieu qu'il iugea propre, qui est dedans la riuiere, à vne lieue & demie de l'habitation du port Royal, où nous pensames faire nostre demeure, & y fit semer du bled, seigle, chanure, & plusieurs autres graines, pour voir ce qu'il en reüssiroit.

Le 22. d'Oust, on aduisa vne petite barque qui tiroit vers nostre habitation. C'estoit des Antons de S. Maslo, qui venoit de Campseau, où estoit son vaisseau, à la pesche du poisson, pour nous donner aduis qu'il y auoit quelques vaisseaux au tour du cap Bretõ qui traittoiét de pelleterie, & que si on vouloit enuoyer nostre nauire, il les prendroit en s'en retournant en France: ce qui fut resolu aprés qu'il seroit deschargé des commodités qui estoient dedans.

Ce qu'estant fait, du Pont-graué s'enbarqua dedans auec le reste de ses compagnons qui auoient demeuré l'yuer auec luy au port Royal, horsmis quelques vns, qui fut Champdoré & Foulgeré de Vitré. I'y demeuray aussi auec le sieur de Poitrincourt, pour moyennant l'ayde de Dieu, parfaire la carte des costes & pays que i'auois commécé. Toutes choses mises en ordre en l'habitatiõ, le sieur de Poitrincourt fit charger des viures pour nostre voyage de la costé de la Floride.

Et le 29. d'Aoust partismes du port Royal quant & Pont-graué, & des Antons qui alloient au cap Breton & à Campseau pour se saisir des vaisseaux qui fesoient traitte de pelleterie, comme i'ay dit cy dessus. Estans à la mer nous fusmes contraints de relascher au port pour le mauuais vent qu'auions. Le grand vaisseau tint tousiours sa route & bientost le perdismes de veuë.

LE

DV SIEVR DE CHAMPLAIN.

LE SIEVR DE POITRINCOVRT PART DV PORT Royal pour faire des defcouurtures. Tout ce que l'on y vid: & ce qui y arriua iufques à Male-barre.

CHAP. XIII.

LE 5. Septembre, nous partifmes de rechef du port Royal.

Le 7. nous fufmes à l'entree de la riuiere S. Croix, où trouuafmes quantité de fauuages, entre autres Secondon & Meſſamouet. Nous nous y penfames perdre contre vn iſlet de rochers, par l'opiniaſtreté de Champdoré, à quoy il eſtoit fort ſubiect.

Le lendemain fufmes dedás vne chalouppe à l'iſle de S. Croix, où le ſieur de Mons auoit yuerné, voir ſi nous trouueriós quelques eſpics du bled, & autres graines qu'il y auoit fait ſemer. Nous trouuafmes du bled qui eſtoit tombé en terre, & eſtoit venu auſſi beau qu'on eut ſceu deſirer, & quantité d'herbes potageres qui eſtoient venues belles & grádes: cela nous reſiouit infiniment, pour voir que la terre y eſtoit bonne & fertile.

Apres auoir viſité l'iſle, nous retournaſmes à noſtre barque, qui eſtoit du port de 18. tonneaux, & en chemin priſmes quantité de maquereaux, qui y ſont en abondance en ce temps là; & ſe reſolut on de continuer le voyage le long de la coste, ce qui ne fut pas trop bié cõsideré: d'autant que nous perdismes beaucoup de temps à repasser sur les descouuertures que le sieur de Mons auoit faites iusques au port de Malebarre, & eut esté plus à propos, selon mon opinion, de trauerser du lieu où nous estions iusques aud. Malebarre, dont on sçauoit le chemin, & puis employer le temps iusques au 40. degré, ou plus su, & au retour reuoir toute la coste à son plaisir.

Aprés ceste resolution nous prismes auec nous Secondon & Messamouët, qui vindrent iusques à Chouacoet dedans vne chalouppe, où ils vouloient aller faire amitié auec ceux du pays en leur faisant quelques presens.

Le 12. de Septembre nous partismes de la riuiere saincte Croix.

Le 21. arriuasmes à Chouacoet, où nous vismes Onemechin chef de la riuiere, & Marchin, lesquels auoient fait la cueillette de leur bleds. Nous vismes des raisins à l'isle de Bacchus qui estoiét meurs & assez bõs: & d'autres qui ne l'estoient pas, qui auoient le grain aussi beau que ceux de France, & m'asseure que s'ils estoient cultiuez, on en feroit de bon vin.

En ce lieu le sieur de Poitrincourt retira vn prisonnier qu'auoit Onemechin, auquel Messamouet fit des presens de chaudieres, haches cousteaux, & autres choses. Onemechin luy en fit au reciproque, de bled d'Inde, cytrouilles, febues du Bresil: ce qui ne contenta pas beaucoup ledit Messamouet, qui partit d'auec eux fort malcontent, pour ne l'auoir pas bien recogneu, de ce qu'il leur auoit donné, en dessein de leur faire la guerre en peu de temps: car ces nations ne donnent qu'en donnant, si ce n'est à personnes qui les ayent bien obligez, comme de les auoir assistez en leurs guerres.

Continuant nostre routte, nous allasmes au cap aux isles, où fusmes vn peu contrariez du mauuais temps & des brumes; & ne trouuasmes pas beaucoup d'apparence de passer la nuit: d'autant que le lieu n'y estoit pas propre. Comme nous estions en ceste peine, il me resouuint, que rengeât la coste auec le sieur de Môs, i'auois à vne lieue de là, remarqué en ma carte vn lieu, qui auoit apparence d'estre bon pour vaisseaux, où n'entrasmes point à cause que nous auions le vent propre à faire nostre routte, lors que nous y passames. Ce lieu estoit derriere nous, qui fut occasion que ie dis au sieur de Poitrincourt qu'il faloit relascher à vne pointe que nous y voiyôs, où estoit le lieu dont il estoit question, lequel me sembloit estre propre pour y passer la nuit. Nous fusmes mouiller l'ancre à l'entree, & le lendemain entrasmes dedans.

Le sieur de Poitrincourt y mit pied à terre auec huit ou dix de nos compagnons. Nous vismes de fort beaux raisins qui estoiét à maturité, pois du Bresil, courges, cytrouilles, & des racines qui sont bónes, tirãt sur le goust de cardes, que les sauuages cultiuét. Il nous en firent quelques presens en contr'eschange d'autres petites bagatelles qu'ó leur dóna. Ils auoiét desia fait leur moisson. Nous vismes 200. sauuages en ce lieu, qui est assez aggreable, & y a quantité de noyers, cyprès, sasafras, chesnes, fresnes & hestres, qui sót tresbeaux. Le chef de ce lieu s'appelle Quiouhamenec, qui nous vint voir auec vn autre sien voisin nómé Cohoüepech, à qui nous fismes bonne chere. Onemechin chef de Chouacoet nous y vint aussi voir, à qui on dóna vn habit qu'il ne garda pas lon temps, & en fit present à vn autre, à cause qu'estant gesné dedans il ne s'en pouuoit accommoder. Nous vismes aussi en ce lieu vn sauuage qui se blessa tellemét au pied, & perdit tant de sang, qu'il en tóba en syncope, autour duquel enuint nombre d'autres chantans vn espace de temps deuant que de luy toucher : aprés firent quelques gestes des pieds & des mains, & luy secouerét la teste, puis le soufflant il reuint à luy.

Noſtre chirurgien le penſa,& ne laiſſa aprés de s'en aller gayement.

Le lendemain comme on calfeuſtroit noſtre chaloupe, le ſieur de Poitrincourt apperceut dans le bois quantité de ſauuages, qui venoyét en intention de nous faire quelque deſplaiſir, ſe réde à vn petit ruiſſeau qui eſt ſur le deſtroit d'vne chauſſee, qui va à la grande terre, où de nos gés blanchiſſoient du linge. Comme ie me pourmenois le long d'icelle chauſſee ces ſauuages m'apperçeurét,& pour faire bóne mine, à cauſe qu'ils virent bié que ie les auois deſcouuers en pareil temps, ils commancerent à ſeſcrier & ſe mettre à danſer: puis s'en vindrent à moy auec leurs arcs, fleſches, carquois & autres armes. Et d'autant qu'il y auoit vne prairie entre eux & moy, ie leur fis ſigne qu'ils redáſaſſent; ce qu'ils firent en rond, mettant toutes leurs armes au milieu d'eux. Ils ne faiſoient preſque que commécer, qu'ils aduiſerent le ſieur de Poitrincourt dedans le bois auec huit arquebuſiers,ce qui les eſtonna: toutesfois ne laiſſerent d'acheuer leur danſe, laquelle eſtant finie, ils ſe retirerent d'vn coſté & d'autre, auec apprehention qu'on ne leur fit quelque mauuais party: Nous ne leur diſmes pourtant rien, & ne leur fiſmes que toutes demonſtrations de reſiouiſſance; puis nous re-

P iij

LES VOYAGES

uinfmes à noftre chalouppe pour la mettre à l'eaue, & nous en aller. Ils nous prierent de retarder vn iour, difans qu'il viendroit plus de deux mil hommes pour nous voir : mais ne pouuans perdre temps, nous ne voulufmes diferer d'auátage. Ie croy que ce qu'ils en fefoiét eftoit pour nous furprendre. Il y a quelques terres desfrichees, & en desfrichoient tous les iours. en voicy la façon. Ils couppét les arbres à la hauteur de trois pieds de terre, puis font brufler les branchages fur le tronc, & fement leur bled entre ces bois couppez: & par fucceffion de temps oftent les racines. Il y a auffi de belles prairies pour y nourrir nombre de beftail. Ce port eft trefbeau & bon, où il y a de l'eau affez pour les vaiffeaux, & où on fe peut mettre à l'abry derriere des ifles. Il eft par la hauteur de 43. degrez de latitude; & l'auons nommé le Beau-port.

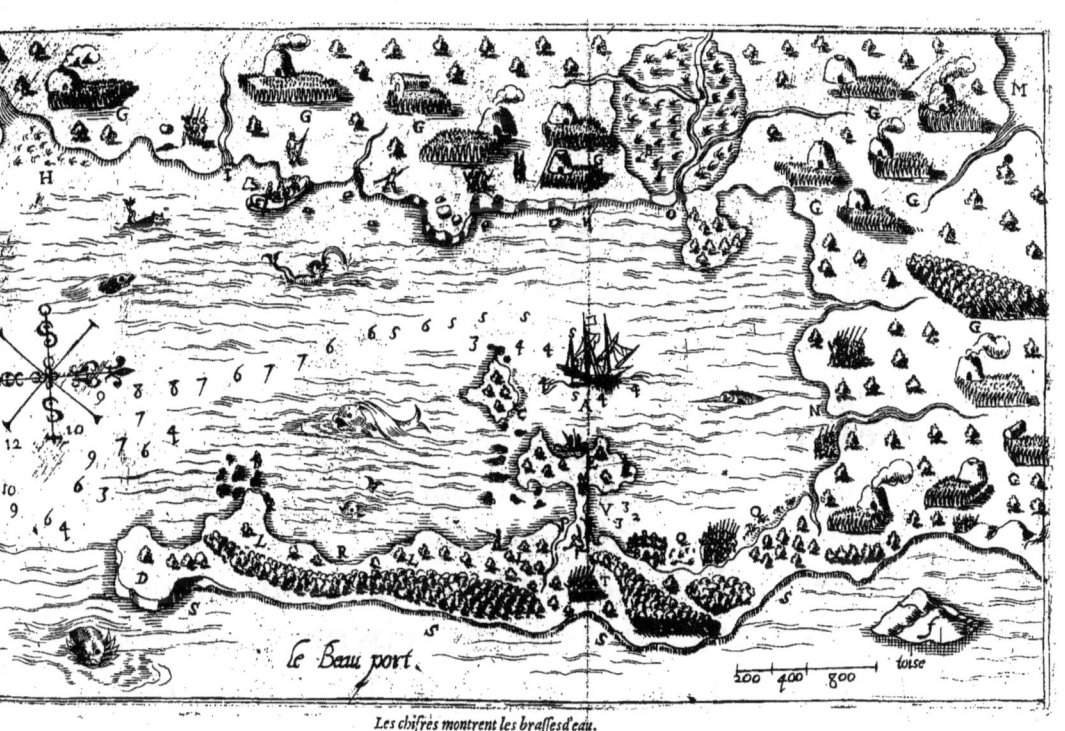

Les chiffres montrent les brasses d'eau.

A Le lieu où estoit nostre barque.
B Prairies.
C Petite isle.
D Cap de rocher.
E Le lieu où l'on faisoit calfeutrer nostre chalouppe.
F Petit islet de rochers assez haut à la coste.
G Cabanes des sauuages, & où ils labourent la terre.
H Petite riuiere où il y a des prairies.
I Ruisseau.
L Langue de terre plaine de bois où il y a quantité de safrans, noyers & vignes.
M La mer d'vn cul desac en tournant le cap aux isles.
N petite riuiere.
O petit ruisseau venant des preries.
P autre petit ruisseau où l'on blanchissoit le linge.
Q Troupe de sauuages venant pour nous surprendre.
R playe de sable.
S La coste de la mer.
T Le sieur de Poitrincourt en embuscade auec quelque 7, ou 8. arquebusiers.
V Le sieur de Champlain apperceuant les sauuages.

pour la page 119.

Le dernier de Septembre nous partifmes du beau port, & paffames par le cap S. Louys, & fifmes porter toute la nuit pour gaigner le cap blanc. Au matin vne heure deuãt le iour nous nous trouuafmes à vau le vent du cap blanc en la baye blanche à huict pieds d'eau, efloignez de la terre vne lieue, où nous mouillafmes l'ancre, pour n'en approcher de plus prés, en attẽdant le iour; & voir comme nous eftions de la maree. Cependant enuoyafmes fonder auec noftre chalouppe, & ne trouua on plus de huit pieds d'eau : de façon qu'il fallut deliberer attendant le iour ce que nous pourrions faire. L'eau diminua iufques à cinq pieds, & noftre barque talonnoit quelquefois fur le fable: toutesfois fans s'offencer n'y faire aucun dommage: Car la mer eftoit belle, & neufmes point moins de trois pieds d'eau foubs nous, lors que la mer commuça à croiftre, qui nous donna beaucoup d'efperance.

Le iour eftant venu nous apperceufmes vne cofte de fable fort baffe, où nous eftions le trauers plus à vau le vẽt, & d'où on enuoya la chalouppe pour sõder vers vn terrouer, qui eft affez haut, où on iugeoit y auoir beaucoup d'eau; & de fait on y en trouua fept braffes. Nous y fufmes mouiller l'ancre, & auffitoft appareillafmes la chalouppe auec neuf ou dix hõmes,

pour

pour aller à terre voir vn lieu où iugiōs y auoir vn beau & bon port pour nous pouuoir fauuer si le vent se fut esleué plus grand qu'il n'estoit. Estant recogneu nous y entrasmes à 2. 3. & 4. brasses d'eau. Quand nous fusmes dedans, nous en trouuasmes 5. & 6. Il y auoit force huistres qui estoient tresbonnes, ce que n'auions encores apperceu, & le nommasmes le port aux Huistres: & est par la hauteur de 42. degrez de latitude. Il y vint à nous trois canots de sauuages. Ce iour le vent nous vint fauorable, qui fut cause que nous leuasmes l'ancre pour aller au Cap blanc, distant de ce lieu de 5. lieues, au Nord vn quart du Nordest, & le doublasmes.

Le lendemain 2. d'Octobre arriuasmes deuant Malebarre, où seiournasmes quelque temps pour le mauuais vent qu'il faisoit, durant lequel, le sieur de Poitrincourt auec la chalouppe accompagné de 12. a 15. hommes, fut visiter le port, où il vint audeuant de luy quelque 150. sauuages, en chantant & dansant, selon leur coustume. Apres auoir veu ce lieu nous nous en retournasmes en nostre vaisseau, où le vent venant bon, fismes voille le long de la coste courant au Su.

Q

CONTINVATION DES SVSDITES DESCOVVER-
tures; & ce qui y fut remarqué de singulier.

Chap. XIV.

COmme nous fusmes à quelque six lieues de Malebarre, nous mouillasmes l'ancre proche de la coste, d'autant que n'auions bon vent. Le long d'icelle nous aduisames des fumees que faisoient les sauuages: ce qui nous fit deliberer de les aller voir: pour cet effect on esquipa la chalouppe: Mais quád nous fusmes proches de la coste qui est areneuse, nous ne peusmes l'aborder: car la houlle estoit trop grande: ce que voyant les sauuages, ils mirent vn canot à la mer, & vindrent à nous 8. ou 9. en chantans, & faisans signes de la ioye qu'ils auoient de nous voir, & nous monstrerent que plus bas il y auoit vn port, où nous pourrions mettre nostre barque en seureté.

Ne pouuant mettre pied à terre, le chalouppe s'en reuint à la barque, & les sauuages retournerent à terre, qu'on auoit traicté humainement.

Le lendemain le vent estant fauorable nous cótinuasmes nostre routte au Nord 5. lieues, & neusmes pas plustost fait ce chemin, que nous trouuasmes 3. & 4. brasses d'eau estans esloignez vne lieue & demie de la coste: Et allans vn peu de l'auant, le fonds nous haussa tout à coup à brasse & demye & deux brasses, ce qui nous donna de l'apprehentiõ, voyant la mer briser de toutes parts, sans voir aucun passage par lequel nous pussions retourner sur nostre chemin: car le vent y estoit, entierement contraire.

De façon qu'estans engagez parmy des brisans & bancs de sable, il fallut passer au hasart, selon que l'on pouuoit iuger y auoir plus d'eau pour nostre barque, qui n'estoit que quatre pieds au plus: & vinsmes parmy ces brisans iusques à 4. pieds & demy: Enfin nous fismes tant, auec la grace de Dieu, que nous passames par dessus vne pointe de sable, qui iette prés de trois lieues à la mer, au Su Suest, lieu fort dangereux. Doublant ce cap que nous nõmasmes le cap batturier, qui est à 12. au 13. lieues de Malebarre, nous mouillasmes l'ancre à deux brasses & demye d'eau, d'autant que nous nous voiyons entournez de toutes parts de brisans & battures, reserué en quelques endroits où la mer ne fleurissoit pas beaucoup. On enuoya la chalouppe pour trouuer vn achenal, à fin d'aller à vn lieu que iugions estre celuy que les sauuages nous auoient donné à entendre: & creusmes aussi qu'il y auoit vne riuiere, où pourrions estre en seureté.

Nostre chalouppe y estant, nos gens mirent pied à terre, & considererēt le lieu, puis reuinrent auec vn sauuage qu'ils amenerent, & nous dirent que de plaine mer nous y pourrions entrer, ce qui fut resolu; & aussitost leuasmes l'ancre, & fusmes par la conduite du sauuage, qui nous pilotta, mouiller l'ancre à vne rade qui est deuant le port à six brasses d'eau & bon fonds : car nous ne peusmes entrer dedans à cause que la nuit nous surprint.

Le lendemain on enuoya mettre des balises sur le bout d'vn banc de sable qui est à l'embouchure du port : puis la plaine mer venant y entrasmes à deux brasses d'eau. Comme nous y fusmes, nous louasmes Dieu d'estre en lieu de seureté. Nostre gouuernail s'estoit rompu, que l'on auoit accommodé auec des cordages, & craignions que parmy ces basses & fortes marees il ne rōpist de rechef, qui eut esté cause de nostre perte. Dedās ce port il n'y a qu'vne brasse d'eau, & de plaine mer deux brasses, à l'Est y a vne baye qui refuit au Nort quelque trois lieues, dans laquelle y a vne isle & deux autres petits culs de sac, qui decorent le pays, ou il y a beaucoup de terres defrichees, & force petits costaux, où ils font leur labourage de bled & autres grains, dont ils viuent. Il y a aussi de tresbelles vignes, quantité de noyers, chesnes, cyprés, & peu de pins. Tous les peuples de ce lieu sont fort amateurs du labourage, & font prouisiõ de bled d'Inde pour l'yuer, lequel ils conseruent en la façon qui ensuit.

Ils font des fosses sur le penchant des costaux dans le sable quelque cinq à six pieds plus ou moins, & prennent leurs bleds & autres grains qu'ils mettent dans de grands sacs d'herbe, qu'ils iettent dedans lesdites fosses, & les couurent de sable trois ou quatre pieds par dessus le superfice de la terre, pour en prendre à leur besoin, & ce conserue aussi bien qu'il sçauroit faire en nos greniers.

Nous vismes en ce lieu quelque cinq à six cens sauuages, qui estoient tous nuds, horsmis leur nature, qu'ils couurent d'vne petite peau de faon, ou de loup marin. Les femmes le font aussi, qui couurẽt la leur comme les hommes de peaux ou de fueillages. Ils ont les cheueux bien peignez & entrelassez en plusieurs façons, tant hõmes que femmes, à la maniere de ceux de Chouacoet, & sont bien proportionnez de leurs corps, ayãs le teinct oliuastre. Ils se parent de plumes, de patenostres de porceline, & autres ioliuetés qu'ils accommodent fort proprement en façon de broderie. Ils ont

Q iiij

pour armes des arcs, flesches & massues. Ils ne sont pas si grands chasseurs comme bons pescheurs & laboureurs.

Pour ce qui est de leur police, gouuernement & creance, nous n'en auons peu iuger, & croy qu'ils n'en ont point d'autre que nos sauuages Souriquois, & Canadiens, lesquels n'adorent n'y la lune n'y le soleil, ny aucune chose, & ne prient non plus que les bestes : Bien ont ils parmy eux quelques gens qu'ils disent auoir intelligence auec le Diable, à qui ils ont grande croyance, lesquels leur disent tout ce qui leur doit aduenir, où ils mentent le plus souuent : Quelques fois ils peuuét bien rencontrer, & leur dire des choses semblables à celles qui leur arriuent ; c'est pourquoy ils ont croyance en eux, comme s'ils estoient Prophetes, & ce ne sont que canailles qui les eniaulét comme les Ægyptiens & Bohemiens font les bonnes gens de vilage. Ils ont des chefs à qui ils obeissent en ce qui est de la guerre, mais non autrement, lesquels trauaillent, & ne tiennent non plus de rang que leurs compagnons. Chacun n'a de terre que ce qui luy en faut pour sa nourriture.

Leurs logemens sont separez les vns des autres selon les terres que chacun d'eux peut occuper, & sont grands, faits en rond, couuerts de natte faite de fenne ou fueille de bled d'Inde, garnis seulement d'vn lict ou deux, esleués vn pied de terre, faicts auec quantité de petits bois qui sont pressez les vns contre les autres, dessus lesquels ils dressent vn estaire à la façon d'Espaigne (qui est vn maniere de natte espoisse de deux ou trois doits) sur quoy ils se couchent. Ils ont grand nombre de pulces en esté, mesme parmy les champs: Vn iour en nous allant pourmener nous en prismes telle quātité, que nous fusmes contraints de changer d'habits.

Tous les ports, bayes & costes depuis Chouacoet sont remplis de toutes sortes de poisson, semblable à celuy que nous auons deuers nos habitations; & en telle abondāce, que ie puis asseurer qu'il n'estoit iour ne nuict que nous ne vissions & entendissions passer aux costez de nostre barque, plus de mille marsouins, qui chassoient le menu poisson. Il y a aussi quantité de plusieurs especes de coquillages, & principalement d'huistres. La chasse des oyseaux y est fort abondante.

Ce serit vn lieu fort propre pour y bastir & ietter les fondemens d'vne republique si le port estoit vn peu plus profond & l'entree plus seure qu'elle n'est.

Deuant que sortir du port l'on accommoda noſtre gouuernail, & fit on faire du pain de farines qu'auions apportees pour viure, quand noſtre biſcuit nous manqueroit. Cependant on enuoya la chalouppe auec cinq où ſix hommes & vn ſauuage, pour voir ſi on pourroit trouuer vn paſſage plus propre pour ſortir, que celuy par où nous eſtions venus.

Ayant fait cinq ou ſix lieues & abbordāt la terre, le ſauuage s'en fuit, qui auoit eu crainte que l'ō ne l'ēmenaſt à d'autres ſauuages plus au midy, qui ſont leurs ennemis, à ce qu'il donna à entendre à ceux qui eſtoient dans la chalouppe, leſquels eſtans de retour, nous firent rapport que iuſques où ils auoient eſté il y auoit au moins trois braſſes d'eau, & que plus outre il n'y auoit ny baſſes ny battures.

On fit donc diligence d'accommoder noſtre barque & faire du pain pour quinze iours. Cependant le ſieur de Poitrincourt accompagné de dix ou douze arquebuſiers viſita tout le pays circonuoiſin, d'où nous eſtions, lequel eſt fort beau, comme i'ay dit cy deſſus, où nous vimes quantité de maiſonnettes çà & la.

Quelque 8. ou 9. iours aprés le ſieur de Poitrincourt s'allant pourmener, comme il auoit fait auparauant, nous apperceuſmes que les ſauuages abbatoient leurs cabannes &
embar-

enuoyoient dans les bois leurs femmes, enfans & prouisions, & autres choses qui leur estoient necessaires pour leur vie, qui nous donna soubçon de quelque mauuaise intentió,& qu'ils vouloyét entreprédre sur nos gens qui trauailloient à terre,& où ils demeuroient toutes les nuits, pour conseruer ce qui ne se pouuoit embarquer le soir qu'auec beaucoup de peine; ce qui estoit bié vray: car ils resolurét entre eux, qu'aprés que toutes leurs commoditez seroient en seureté, ils les viendroient surprendre à terre à leur aduantage le mieux qu'il leur seroit possible, & enleuer tout ce qu'ils auoient. Que si d'auenture ils les trouuoiét sur leurs gardes, ils viendroient en signe d'amitié comme ils souloiét faire, en quittant leurs arcs & flesches.

Or sur ce que le sieur de Poitrincourt auoit veu, & l'ordre qu'on luy dit qu'ils tenoient quand ils auoiét enuie de iouer quelque mauuais tour, nous passames par des cabannes, où il y auoit quantité de femmes, à qui on auoit donné des bracelets, & bagues pour les tenir en paix, & sans crainte; & à la plus part des hommes apparens & antiens des haches, cousteaux, & autres choses, dont ils auoiét besoing: ce qui les contentoit fort, payant le tout en danses & gambades, auec des harangues

R

que nous n'entendiós point. Nous paſſames par tout ſans qu'ils euſſent aſſeurance de nous rien dire : ce qui nous reſiouiſt fort, les voyans ſi ſimples en apparence, comme ils montroient.

Nous reuinmes tout doucement à noſtre barque, accompagnez de quelques ſauuages. Sur le chemin nous en rencõtraſmes pluſieurs petites trouppes qui s'amaſſoient peu à peu auec leurs armes, & eſtoient fort eſtonnez de nous voir ſi auant dans le pays ; & ne penſoient pas que vinſſions de faire vne ronde de prés de 4. à 5. lieues de circuit au tour de leur terre, & paſſans prés de nous ils trembloiét de crainte que on ne leur fiſt deſplaiſir, comme il eſtoit en noſtre pouuoir; mais nous ne le fiſmes pas, bien que cognuſſions leur mauuaiſe volonté. Eſtans arriuez où nos ouuriers trauailloient, le ſieur de Poitrincourt demanda ſi toutes choſes eſtoient en eſtat pour s'oppoſer aux deſſeins de ces canailles.

Il commanda de faire embarquer tout ce qui eſtoit à terre : ce qui fut fait, horſmis celuy qui faiſoit le pain qui demeura pour acheuer vne fournee, qui reſtoit, & deux autres hommes auec luy. On leur dit que les ſauuages auoient quelque mauuaiſe intention & qu'ils fiſſent diligence, afin de s'embarquer le ſoir enſuiuant, ſcachans qu'ils ne mettroient en execution leur volonté que la nuit, ou au point du iour, qui est l'heure de leur surprinse en la plufpart de leurs deſſeins.

Le ſoir eſtant venu, le ſieur de Poitrincourt commanda qu'on enuoyaſt la chalouppe à terre pour querir les hommes qui reſtoient: ce qui fut fait auſſitoſt, que la maree le peut permettre, & dit on à ceux qui eſtoient à terre, qu'ils euſſent à s'embarquer pour le ſubiect dont l'on les auoit aduertis, ce qu'ils refuſerét, quelques remonſtráces qu'on leur peuſt faire, & des riſques où ils ſe mettoient, & de la deſobeiſſance qu'ils portoient à leur chef. Ils n'en feirét aucũ eſtat, horſmis vn ſeruiteur du ſieur de Poitrincourt, qui s'embarqua, mais deux autres ſe deſembarquerent de la chalouppe qui furent trouuer les trois autres, qui eſtoient à terre, leſquels eſtoient demeurez pour manger des galettes qu'ils prindrent ſur le pain, que l'on auoit fait. Ne voulans donc faire ce qu'on leur diſoit, la chalouppe s'en reuint à bort ſans le dire au ſieur de Poitrincourt qui repoſoit & penſoit qu'ils fuſſent tous dedans le vaiſſeau.

Le lendemain au matin 15. d'Octobre les ſauuages ne faillirét de venir voir en quel eſtat eſtoient nos gens, qu'ils trouuerent endormis, horſmis vn qui eſtoit auprés du feu. Les voyás en cet eftat ils vindrent doucement par deffus vn petit coftau au nombre de 400. & leur firent vne telle falue de flefches, qu'ils ne leur donnerent pas le loifir de fe releuer, fans eftre frappez à mort: & fe fauuant le mieux qu'ils pouuoient vers noftre barque, crians, à l'ayde on nous tuë, vne partie tomba morte en l'eau: les autres eftoient tout lardez de coups de flefches, dont l'vn mourut quelque temps aprés. Ces fauuages menoient vn bruit defefperé, auec des hurlemens tels que c'eftoit chofe efpouuantable à ouir.

Sur ce bruit, & celuy de nos gens, la fentinelle qui eftoit en noftre vaiffeau s'efcria, aux armes l'on tue nos gens: Ce qui fit que chacun fe faifit promptemét des fiennes, & quant & quant nous nous embarquafmes en la chalouppe quelque 15. ou 16. pour aller à terre: Mais ne pouuans l'abborder à caufe d'vn banc de fable qu'il y auoit entre la terre & nous, nous nous iettafmes en l'eau & paffames à gay de ce banc à la grád terre la portee d'vn moufquet. Auffitoft que nous y fufmes, ces fauuages nous voyans à vn trait d'arc, prirent la fuitte dans les terres: De les pourfuiure c'eftoit en vain, car ils font merueilleufement viftes. Tout ce que nous peufmes faire, fut de retirer les corps morts, & les enterrer aupres d'vne croix

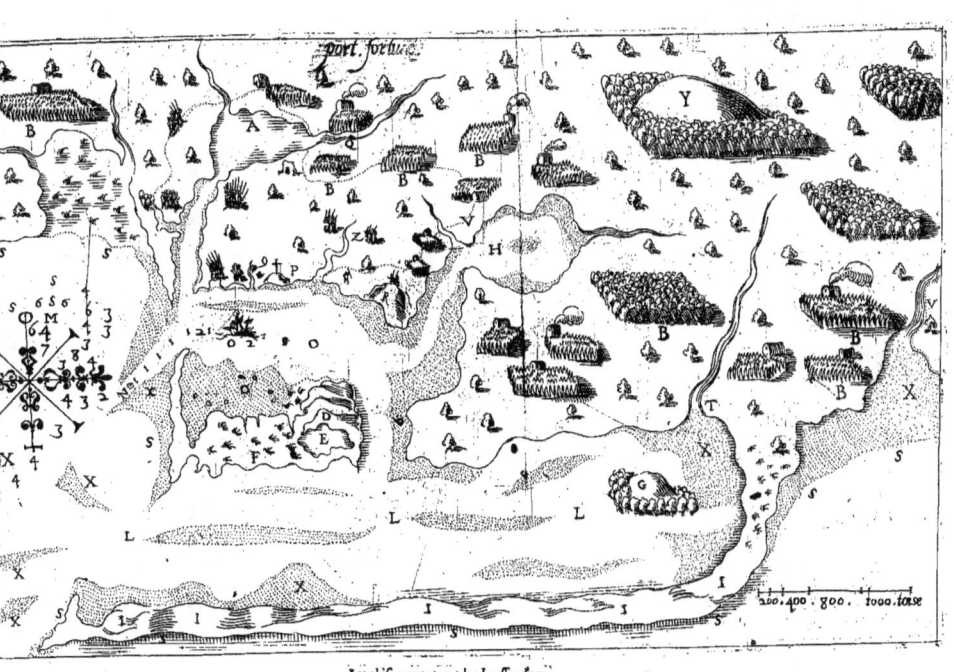

Les chifres montrent les brasses d'eau.

A Estang d'eau sallée.
B Les cabannes des sauuages & leur terres où ils labourent.
C Prairies où il y a 2. petis ruisseaux.
C Prairies à l'isle qui couurent à toutes les marées.
D Petis costeaux de montaignes en l'isle replis de bois, vignes, & pruniers.
E Etan d'eau douce où il y a câtité de gibier.
F Manieres de prairies en l'isle.
G Isle remplie de bois dedans vn grand cu de sac.
H Maniere d'estang d'eau salée & où il y a force coquillages, entre autres quantité d'huitres.
I Dunes de sable sur vne lenguette de terre.
L Cu de sac.
M Rade ou mouillasmes l'ancre deuant le port.
N Entrée du port.
O Le port & lieu où estoit nostre barque.
P La croix que l'on planta.
Q petis ruisseau.
R Montaigne qui descoure de fort loin.
S La coste de la mer.
T petite riuiere.
V Chemin que nous fismes en leur païs autour de leurs logement, il est pointé de petits points.
X Bans & baze.
Y Petite montagne qui paroit dans les terres.
Z Petits ruisseaux.
9 Landroit ou nos gens furent tués par les sauuages pres la Croix.

qu'on auoit plantee le iour d'auparauant, puis d'aller d'vn costé & d'autre voir si nous n'é verrions point quelques vns, mais nous perdismes nostre temps: Quoy voyans, nous nous en retournasmes. Trois heures aprés ils reuindrent à nous sur le bord de la mer. Nous leur tirasmes plusieurs coups de petits espoirs de fonte verte: & cóme ils entendoient le bruit ils se tapissoient en terre pour éuiter le coup. En derision de nous ils abbatirent la croix, & desenterrerent les corps: ce qui nous donna vn grand desplaisir, & fit que nous fusmes a eux pour la seconde fois: mais ils s'en fuirent comme ils auoient fait auparauant. Nous redressasmes la croix & renterrasmes les morts qu'ils auoient iettés çà & la parmy des bruieres, où ils mirent le feu pour les brusler, & nous en reuinsmes sans auoir rien fait cótre eux non plus que l'autre fois, voyans bien qu'il n'y auoit gueres d'apparéce de s'en véger pour ce coup, & qu'il falloit remettre la partie quand il plairoit à Dieu.

Le 16. du mois nous partismes du port Fortuné qu'auions nommé de ce nom pour le malheur qui nous y arriua. Ce lieu est par la haulteur de 41. degré & vn tiers de latitude, & à quelque 12. ou 13. lieues de Malebarre.

L'INCOMMODITE DV TEMPS NE NOVS PERMETtant, pour lors, de faire d'auantage de descouuertures, nous fit resoudre de retourner en l'habitation. Et ce qui nous arriua iusques en icelle.

CHAP. XV.

COmme nous eusmes fait quelques six ou sept lieues nous eusmes cognoissance d'vne isle que nous nommasmes la soupçonneuse, pour auoir eu plusieurs fois croyance de loing que se fut autre chose qu'vne isle, puis le vent nous vint contraire, qui nous fit relascher au lieu d'où nous estions partis, auquel nous fusmes deux ou trois iours sans que durant ce temps il vint aucū sauuage se presenter à nous.

Le 20. partismes de rechef, & rengeant la coste au Surouest prés de 12. lieues, où passames proche d'vne riuiere qui est petite & de difficile abord, a cause des basses & rochers qui sont à l'entree, que i'ay nommée de mon nom. Ce que nous vismes de ces costes, sont terres basses & sablonneuses. Le vent nous vint de rechef contraire, & fort impetueux, qui nous fit mettre vers l'eau, ne pouuans gaigner ny d'vn costé ny d'autre, lequel enfin s'apaisa vn peu, & nous fut fauorable: mais ce ne fut que pour relascher encore au port Fortuné, dont la coste, bien qu'elle soit basse, ne laisse d'estre belle & bonne, toutesfois de difficile abbord, n'ayant aucunes retraictes, les lieux fort batturiers, & peu d'eau à prés de deux lieues de terre. Le plus que nous en trouuasmes, ce fut en quelques fosses 7. à 8. brasses encore, cela ne duroit que la longueur du cable, aussi tost l'on reuenoit à 2. ou 3. brasses, & ne s'y fie qui voudra qu'il ne l'aye bien recogneuë la sonde à la main.

Estant relaschez au port, quelques heures aprés le fils de Pontgraué appelé Robert, perdit vne main en tirant vn mousquet qui se creua en plusieurs pieces sans offencer aucun de ceux qui estoient auprés de luy.

Or voyant tousiours le vent contraire & ne nous pouuans mettre en la mer. Nous resolumes cependant d'auoir quelques sauuages de ce lieu pour les emmener en nostre habitation & leur faire moudre du bled à vn moulin abras, pour punition de l'assacinat qu'ils auoiét commis en la personne de cinq ou six de nos gens: mais que cela ce peust faire les armes en la main, il estoit fort malaysé, d'autāt que quād on alloit à eux en deliberation de se battre, ils prenoient la fuite, & s'en alloient dans les bois, où on ne les pouuoit attraper. Il fallut donc auoir recours aux finesses: & voicy comme nous aduisames, Qu'il failloit lors qu'ils viendroiét pour rechercher amitié auec nous les amadouer en leur montrant des patinoſtres & autres bagatelles, & les aſſeurer pluſieurs fois: puis prendre la chalouppe bien armée, & des plus robuſtes & forts hommes qu'euſſiós, auec chacun vne chaine de patinoſtres & vne braſſe de meche au bras, & les mener à terre, où eſtans, & en faiſant ſemblant de petuner auec eux (chacun ayant vn bout de ſa meche allumé, pour ne leur donner ſoupçon, eſtát l'ordinaire de porter du feu au bout d'vne corde pour allumer le petum). les amadoueroient par douces paroles pour les attirer dans la chalouppe; & que s'ils n'y vouloient entrer, que s'en aprochát chacun choiſiroit ſon homme, & en luy mettant les patinoſtres au col, luy mettroit auſſi en meſme temps la corde pour les y tirer par force: Que s'ils tempeſtoient trop, & qu'on n'en peuſt venir à bout; tenant bien la corde on les poignarderoit: Et que ſi d'auanture il en eſchapoit quelques vns, il y auroit des hommes à terre pour charger à coups d'eſpee ſur ceux: Cependant en noſtre barque on tiendroit preſtes les petites pieces pour tirer ſur leurs compagnons, au cas qu'il en vint les ſecourir; à la faueur deſquelles la chalouppe ſe pourroit retirer en aſſeurance. Ce qui fut fort bien executé ainſi qu'on l'auoit propoſé.

Quel-

A Le lieu ou estoiēt les Fran-
 çois faisans le pain.
B Les sauuages surprenans
 les François en tirant sur
 eux à coups de flesches.
C François bruslez par les
 sauuages.
D François s'enfuians à la
 barque tout lardés de fle-
 sches.
E Trouppes de sauuages fai-
 sans brusler les François
qu'ils auoient tués.
F Montaigne sur le port.
G Cabannes des sauuages.
H François à terre chargeans
 les sauuages.
I Sauuages desfaicts par les
 François.
L Chalouppe où estoient les
 François.
M Sauuages autour de la
 chalouppe qui furent sur-
 pris par nos gens.
N Barque du sieur de Poi-
 trincourt.
O Le port.
P Petit ruisseau.
Q François tombez morts
 dans l'eau pensans se sauuer
 à la barque.
R Ruisseau venant de certins
 marescages.
S Bois par où les sauuages
 venoient à couuert.

Quelques iours aprés que ces choses furent passees, il vint des sauuages trois à trois, quatre à quatre sur le bort de la mer, faisans signe que nous allassions à eux : mais nous voiyons bien leur gros qui estoit en embuscade au dessoubs d'vn costau derriere des buissons, & croy qu'ils ne desiroient que de nous attraper en la chalouppe pour descocher vn nombre de flesches sur nous, & puis s'en fuir : toutesfois le sieur de Poitrincourt ne laissa pas d'y aller auec dix de nous autres, biē equipez & en resolutiō de les cōbatre si l'occasiō se presentoit. Nous fusmes dessendre par vn endroit que iugiōs estre hors de leur ēbuscade, où ils ne nous pouuoiēt surprēdre. Nous y mismes trois ou quatre pied à terre auec le sieur de Poitrincourt : le reste ne bougea de la chalouppe pour la cōseruer & te-nir preste à vn besoin. Nous fusmes sur vne but-te & autour des bois pour voir si nous descou-uririons plus à plain ladite embuscade. Comme ils nous virent aller si librement à eux ils leue-

S

rent le siege & furent en autres lieux, que ne peusmes descouurir, & des quatre sauuages n'en vismes plus que deux, qui s'en alloient tout doucement. En se retirant ils nous faisoient signe qu'eussions à mener nostre chalouppe en autre lieu, iugeant qu'elle n'estoit pas à propos pour leur dessein. Et nous voyans aussi qu'ils n'auoient pas enuie de venir à nous, nous nous rebarquasmes & allasmes où ils nous monstroient, qui estoit la seconde embuscade qu'ils auoient faite, taschant de nous attirer en signe d'amité à eux, sans armes : ce qui pour lors ne nous estoit permis : neantmoins nous fusmes assez proches d'eux sans voir ceste embuscade, qui n'en estoit pas esloignee, à nostre iugement. Comme nostre chalouppe approcha de terre, ils se mirent en fuitte, & ceux de l'embuscade aussi, aprés qui nous tirasmes quelques coups de mousquets, voyant que leur intention ne tendoit qu'à nous deceuoir par caresses, en quoy ils se trompoient : car nous recognoissions bien qu'elle estoit leur volonté, qui ne tendoit qu'à mauuais fin. Nous nous retirasmes à nostre barque aprés auoir fait ce qu'il nous fut possible.

Ce iour le sieur de Poitrincourt resolut de s'en retourner à nostre habitation pour le subiect de 4. ou 5. mallades & blessez, à qui les playes empiroient à faute d'onguens; car noſtre Chirurgien n'en auoit aporté que bié peu, qui fut grāde faute à luy, & deſplaiſir aux malades & à nous auſſi: d'autant que l'infection de leurs bleſſeures eſtoit ſi grāde en vn petit vaiſſeau comme le noſtre, qu'on ne pouuoit preſque durer: & craignions qu'ils engendraſſent des maladies: & auſſi que n'auiós plus de viures que pour faire 8. ou 10. iournees de l'aduant, quelque retranchemēt que l'on fiſt, & ne ſçachans pas ſi le retour pourroit eſtre auſſi long que l'aller, qui fut prés de deux mois.

Pour le moins noſtre deliberation eſtant prinſe, nous ne nous retiraſmes qu'auec le contentement que Dieu n'auoit laiſſé impuny le mesfait de ces barbares. Nous ne fuſmes que iuſques au 41. degré & demy; qui ne fut que demy degré plus que n'auoit fait le ſieur de Mons à ſa deſcouuerture. Nous partiſmes donc de ce port.

Et le lendemain vinſmes mouiller l'ancre proche de Malebarre, où nous fuſmes iuſques au 28. du mois que nous miſmes à la voile. Ce iour l'air eſtoit aſſez froid, & fit vn peu de neige. Nous priſmes la trauerſe pour aller à Norambegue, ou à l'iſle Haute. Mettant le cap à l'Eſt Nordeſt fuſmes deux iours ſur la mer ſans voir terre, contrariez du mauuais temps. La nuict ensuiuant eusmes cognoissance des isles qui sont entre Quinibequi & Narembegue. Le vent estoit si grand que fusmes contraincts de nous mettre à la mer pour attendre le iour, où nous nous esloignasmes si bien de la terre, quelque peu de voiles qu'eussiõs, que ne la peusmes reuoir que iusques au lendemain, que nous vismes le trauers de l'isle Haute.

Ce iour dernier d'Octobre, entre l'isle des Montsdeserts, & le cap de Corneille, nostre gouuernail se rompit en plusieurs pieces, sans sçauoir le subiect. Chacũ en disoit son opinion. La nuit venant auec beau frais, nous estions parmy quantité d'isles & rochers, où le vent nous iettoit, & resolumes de nous sauuer, s'il estoit possible, à la premiere terre que rencontrerions.

Nous fusmes quelque temps au gré du vent & de la mer, auec seulemét le bourcet de deuãt: mais le pis fut que la nuit estoit obscure & ne sçauions où nous allions: car nostre barque ne gouuernoit nullemét, bien que l'on fit ce qu'õ pouuoit, tenant les escouttes du bourcet à la main, qui quelquefois la faisoiét vn peu gouuerner. Tousiours on sondoit si l'on pourroit trouuer fonds pour mouiller l'ancre & se preparer à ce qui pourroit subuenir. Nous n'en trouuasmes point; enfin allant plus viste que ne desirions, l'on aduisa de mettre vn auiron par derriere auec des hommes pour faire gouuerner à vne isle que nous apperceusmes, afin de nous mettre à l'abry du vent. On mit aussi deux autres auirons sur les costés au derriere de la barque, pour ayder à ceux qui gouuernoient, à fin de faire arriuer le vaisseau d'vn costé & d'autre. Ceste inuétió nous seruit si bié que mettiós le cap ou desirions, & fusmes derriere la pointe de l'isle qu'auiós apperceuë, mouiller l'ancre à 21. brasse d'eau, attendant le iour, pour nous recognoistre & aller chercher vn endroit pour faire vn autre gouuernail. Le vét s'appaisa. Le iour estát venu nous nous trouuasmes proches des isles Rágees, tout enuirónés de brisans; & louasmes Dieu de nous auoir conserués si miraculeusemét parmy tant de perils.

Le premier de Nouembre nous allasmes en vn lieu que nous iugeasmes propre pour eschouer nostre vaisseau & refaire nostre timon. Ce iour ie fus à terre, & y vey de la glace espoisse de deux poulces, & pouuoit y auoir huit ou dix iours qu'il y auoit gelé, & vy bien que la temperature du lieu differoit de beaucoup à celle de Malebarre & port Fortuné: car les fueilles des arbres n'estoient pas encores mortes ny du tout tombees quand nous en partismes, & en ce lieu elles estoient tou-

S iij

tes tombee, & y faisoit beaucoup plus de froid qu'au port Fortuné.

Le lendemain comme on alloit eschouer la barque, il vint vn canot où y auoit des sauuages Etechemins qui dirent à celuy que nous auions en nostre barque, qui estoit Secondon, que Iouaniscou auec ses compagnons auoit tué quelques autres sauuages & emmené des femmes prisonnieres, & que proche des isles des Montsdeserts ils auoiēt fait leur executiō.

Le neufiesme du mois nous partismes d'auprés du cap de Corneille & le mesme iour vinsmes mouiller l'ancre au petit passage de la riuiere saincte Croix.

Le lendemain au matin mismes nostre sauuage à terre auec quelques commoditez qu'on luy dōna, qui fut tres-aise & satisfait d'auoir fait ce voyage auec nous, & emporta quelques testes des sauuages qui auoient esté tuez au port Fortuné. Led. iour allasmes mouiller l'ancre en vne fort belle ance au Su de l'isle de Menasne.

Le 12. du mois fismes voile, & en chemin la chalouppe que nous traisnions derriere nostre barque y donna vn si grand & si rude coup qu'elle fit ouuerture & brissa tout le haut de la barque: & de rechef au resac rompit les ferremens de nostre gouuernail, & croiyons du commencement qu'au premier coup qu'elle

DV SIEVR DE CHAMPLAIN.

auoit donné, qu'elle eut enfoncé quelques plāches d'embas, qui nous eut fait submerger: car le vent estoit si esleué, que ce que pouuiõs faire estoit de porter nostre misanne : Mais aprés auoir veu le dommage qui estoit petit, & qu'il n'y auoit aucun peril, on fit en sorte qu'auec des cordages on accommoda le gouuernail le mieux qu'on peut, pour paracheuer de nous conduire, qui ne fut que iusques au 14. de Nouembre, où à l'entree du port Royal pensames nous perdre sur vne pointe: mais Dieu nous deliura tant de ce peril que de beaucoup d'autres qu'auions courus.

RETOVR DES SVSDITES DESCOVVERTVRES ET ce qui ce passa durant l'hyuernement.

CHAP. XVI.

A Nostre arriuee l'Escarbot qui estoit demeuré en l'habitation nous fit quelques gaillardises auec les gens qui y estoient restez pour nous resiouir.

Estans à terre, & ayans repris halaine chacun commença à faire de petits iardins, & moy d'entretenir le mien, attendant le printemps, pour y semer plusieurs sortes de graines, qu'on auoit apportees de France, qui vindrent fort bien en tous les iardins.

Le sieur de Poitrincourt, d'autre part fit faire vn moulin à eau à prés d'vne lieue & demie de nostre habitation, proche de la pointe où on auoit semé du bled. Le moulin estoit basty auprés d'vn saut d'eau, qui vient d'vne petite riuiere qui n'est point nauigable pour la quantité de rochers qui y sont, laquelle se va rendre dans vn petit lac. En ce lieu il y a vne telle abbondance de harens en sa saison, qu'on pourroit en charger des chalouppes, si on vouloit en prendre la peine, & y apporter l'inuention qui y seroit requise. Aussi les sauuages de ces pays y viennent quelquesfois faire la pesche. On fit aussi quantité de charbon pour la forge. Et l'yuer pour ne demeurer oisifs i'entreprins de faire vn chemin sur le bort du bois pour aller à vne petite riuiere qui est comme vn ruisseau, que nōmasmes la truittiere, à cause qu'il y en auoit beaucoup. Ie demanday deux ou trois hommes au sieur de Poitrincourt, qu'il me dōna pour m'ayder à y faire vne allee. Ie fis si bié qu'en peu de temps ie la rendy nette. Elle va iusques à la truittiere, & contient prés de deux mille pas, laquelle seruoit pour nous pourmener à l'ombre des arbres, que i'auois laissé d'vn costé & d'autre. Cela fit prendre resolutiō au sieur de Poitrincourt d'en faire vne autre au trauers des bois, pour trauerser droit
à l'em-

DV SIEVR DE CHAMPLAIN. 145

à l'emboucheure du port Royal, où il y a prés de trois lieues & demie par terre de noſtre habitation, & la fit commencer de la truittiere enuiron demie lieue, mais il ne l'aſcheua pas pour eſtre trop penible, & s'occupa à d'autres choſes plus neceſſaires pour lors. Quelque temps aprés noſtre arriuee, nous apperceuſmes vne chalouppe, où il y auoit des ſauuages, qui nous dirent que du lieu d'où ils venoient, qui eſtoit Norembegue, on auoit tué vn ſauuage qui eſtoit de nos amis, en vengeáce de ce que Iouaniſcou auſſi ſauuage, & les ſiens auoiét tué de ceux de Norembegue, & de Quinibequi, cóme i'ay dit cy deſſus; & que des Etechemins l'auoient dit au ſauuage Secondon qui eſtoit pour lors auec nous.

Celuy qui commandoit en la chalouppe eſtoit le ſauuage appellé Ouagimou, qui auoit familiarité auec Beſſabes chef de la riuiere de Norébegue, à qui il demáda le corps de Panounia qui auoit eſté tué: ce qu'il luy octroya, le priant de dire à ſes amis qu'il eſtoit bien faſché de ſa mort, luy aſſeurant que c'eſtoit ſans ſon ſçeu qu'il auoit eſté tué, & que n'y ayant de ſa faute, il le prioit de leur dire qu'il deſiroit qu'ils demeuraſſent amis comme auparauant: ce que Ouagimou, luy promit faire quand il ſeroit de retour. Il nous dit qu'il luy

T

ennuya fort qu'il n'eſtoit hors de leur compagnie, quelque amitié qu'on luy mõſtraſt, comme eſtans ſubiects au changement, craignant qu'ils ne luy en fiſſent autant comme au deffunct : auſſi n'y arreſta il pas beaucoup aprés ſa deſpeche. Il emmena le corps en ſa chalouppe depuis Norembegue iuſques à noſtre habitation, d'où il y a 50. lieues.

Auſſi toſt que le corps fut à terre ſes parens & amis commencerent à crier au prés de luy, s'eſtans peints tout le viſage de noir, qui eſt la façon de leur dueil. Aprés auoir bien pleuré, ils prindrent quantité de petum, & deux ou trois chiens, & autres choſes qui eſtoient au deffunct, qu'ils firent bruſler à quelque mille pas de noſtre habitation ſur le bort de la mer. Leurs cris continuerent iuſques à ce qu'ils fuſſent de retour en leur cabanne.

Le lendemain ils prindrent le corps du deffunct, & l'enuelopperent dedans vne catalougue rouge, que Mabretou chef de ſes lieux m'inportuna fort de luy dõner, d'autant qu'elle eſtoit belle & grãde, laquelle il donna aux parés dud. deffunct, qui m'en remercierét bien fort. Aprés dõc auoir emmaillotté le corps, ils le parerét de pluſieurs ſortes de *matachiats*, qui ſont patinoſtres & bracelets de diuerſes couleurs, luy peinrent le viſage, & ſur la teſte luy mirent plusieus plumes & autres choses qu'ils auoient de plus beau, puis mirent le corps à genoux au milieu de deux bastons, & vn autre qui le soustenoit soubs les bras: & au tour du corps y auoit sa mere, sa femme & autres de ses parens & amis, tant femmes que filles, qui hurloient comme chiens.

Cependant que les femmes & filles crioient le sauuage appelé Mabretou, faisoit vne harangue à ses compagnōs sur la mort du deffunct, en incitant vn chacun d'auoir vengeance de la meschanceté & trahison commise par les subiects de Bessabes, & leur faire la guerre le plus promptement que faire se pourroit. Tous luy accorderent de la faire au printemps.

La harange faitte & les cris cessez, ils emporterēt le corps du deffunct en vne autre cabanne. Aprés auoir petuné, le renueloperent dās vne peau d'Eslan, & le lierent fort bien, & le conseruerent iusques à ce qu'il y eust plus grande compagnie de sauuages, de chacun desquels le frere du defunct esperoit auoir des presens, comme c'est leur coustume d'en donner à ceux qui ont perdu leurs peres, meres, femmes, freres, ou sœurs.

La nuit du 26. Decembre il fist vn vent de Surest, qui abbatit plusieurs arbres.

Le dernier Decembre il commença à neger,

& cela dura iufqu'au lendemain matin.

Le 16. Ianuier enfuiuant 1607. le fieur de Poitrincourt voulant aller au haut de la riuiere de l'Equille la trouua feelee de glaces à quelque deux lieues de noftre habitation, qui le fit retourner pour ne pouuoir paffer.

Le 8. Feurier il commença à defcendre quelques glaces du haut de la riuiere dans le port qui ne gele que le long de la cofte.

Le 10. de May enfuyuant, il negea toute la nuict, & fur la fin du mois faifoit de fortes gelees blanches, qui durerent iufques au 10. & 12. de Iuin, que tous les arbres eftoiét couuerts de fuilles, horfmis les chefnes qui ne iettent les leur que vers le 15.

L'yuer ne fut fi grand que les annees precedentes, ny les neges auffi ne furent fi long téps fur la terre. Il pleuft affez fouuent, qui fut occafion que les fauuages eurent vne grande famine, pour y auoir peu de neges. Le fieur de Poitrincourt nourrift vne partie de ceux qui eftoient auec nous, fçauoir Mabretou, fa femme & fes enfans, & quelques autres.

Nous paffames ceft yuer fort ioyeufement, & fifmes bonne chere, par le moyen de l'ordre de bontéps que i'y eftablis, qu'vn chacú trouua vtile pour la fante, & plus profitable que toutes fortes de medicines, dont on euft peu vfer. Cefte ordre eftoit vne chaine que nous mettions auec quelques petites ceremonies au col d'vn de nos gens, luy donnant la charge pour ce iour d'aller chaffer: le lendemain on la bailloit à vn autre, & ainfi confecutiuement: tous lefquels s'efforçoient à l'enuy à qui feroit le mieux & aporteroit la plus belle chaffe: Nous ne nous en trouuafmes pas mal, ny les fauuages qui eftoient auec nous.

Il y eut de la maladie de la terre parmy nos gens, mais non fi afpre qu'elle auoit efté aux annees precedétes: Neantmoins il ne laiffa d'en mourir fept; & vn autre d'vn coup de flefche qu'il auoit receu des fauuages au port Fortuné.

Noftre chirurgien appelé maiftre Eftienne, fit ouuerture de quelques corps, & trouua prefque toutes les parties de dedans offencees, comme on auoit fait aux autres les annees precedentes. Il y en eut 8. ou 10. de malades qui guerirent au printemps.

Au commencement de Mars & d'Auril, chacun fe mit à preparer les iardins pour y femer des graines en May, qui eft le vray téps, lefquelles vindrét auffi bien qu'elles euffent peu faire en Fráce, mais quelque peu plus tardiues: & trouue que la France eft au plus vn mois & demy plus aduancee: & comme i'ay dit, le temps eft de femer en May, bien qu'on peut femer quelquefois en Auril, mais ces semences n'aduancét pas plus que celles qui sont semees en May, & lors qu'il n'y a plus de froidures qui puisse offencer les herbes, sinon celles qui sont fort tendres, comme il y en a beaucoup qui ne peuuent resister aux gelees blanches, si ce n'est auec vn grand soin & trauail.

Le 24. de May apperceusmes vne petite barque du port de 6. a 7. tonneaux qu'on enuoya recognoistre, & trouua on que c'estoit vn ieune homme de sainct Maslo appelé Cheualier qui apporta lettres du sieur de Mons au sieur de Poitrincourt, par lesquelles il luy mandoit de ramener ses compagnons en France, & nous dit la naissance de Monseigneur le Duc d'Orleás, qui nous apporta de la resiouissance, & en fismes les feu de ioye, & châtasmes le *Te deum*.

Depuis le commencement de Iuin iusqu'au 20. du mois, s'assemblerent en ce lieu quelque 30. ou 40. sauuages, pour s'en aller faire la guerre aux Almouchiquois, & venger la mort de Panouuia, qui fut enterré par les sauuages selon leur coustume, lesquels donnerét en aprés quantité de pelleterie à vn sien frere. Les presens faicts, ils partirent tous de ce lieu le 29. de Iuin pour aller à la guerre à Chouacoet, qui est le pays des Almouchiquois.

Quelques iours aprés l'arriuee dudict Cheualier, le sieur de Poitrincourt l'enuoya à la riuiere S. Iean & saincte Croix pour traicter quelque pelleterie: mais il ne le laissa pas aller sans gés pour ramener la barque, d'autāt que quelques vns auoient raporté qu'il desiroit s'en retourner en Fráce auec le vaisseau où il estoit venu, & nous laisser en nostre habitatió. L'Escarbot estoit de ceux qui l'accompagnerét, lequel n'auoit encores sorty du port Royal; c'est le plus loin qu'il ayt esté, qui sont seulement 14. à 15. lieues plus auant que ledit port Royal.

Attendant le retour dudit Cheualier, le sieur de Poitrincourt fut au fonds de la baye Françoise dans vne chalouppe auec 7. à 8. hommes. Sortant du port & mettant le cap au Nordest quart de l'Est le long de la coste quelque 25. lieues, fusmes à vn cap, où le sieur de Poitrincourt voulut monter sur vn rocher de plus de 30. thoises de haut, où il courut fortune de sa vie: d'autant qu'estant sur le rocher, qui est fort estroit, où il auoit monté auec assez de difficulté, le sommet trembloit soubs luy: le subiect estoit que par succession de temps il s'y estoit amassé de la mousse de 4. à 5. pieds d'espois laquelle n'estant solide, trembloit quand on estoit dessus, & bien souuent quand on mettoit le pied sur vne pierre il en tomboit 3. ou 4. autres: de sorte que s'il y monta auec peine, il descendit auec plus grande difficulté, encore que quelques matelots, qui sont gens assez adroits à grimper, luy eussét porté vne haussiere (qui est vne corde de moyenne grosseur) par le moyen de laquelle il descendit. Ce lieu fut nommé le cap de Poitrincourt, qui est par la hauteur de 45. degrez deux tiers de latitude.

Nous fusmes au fonds d'icelle baye, & ne vismes autre chose que certaines pierres blanches à faire de la chaux: Mais en petite quátité, & force mauues, qui sont oiseaux, qui estoient dás des isles: Nous en prismes à nostre volóté, & fismes le tour de la baye pour aller au port aux mines, où i'auois esté auparauant, & y menay le sieur de Poitrincourt, qui y print quelques petits morceaux de cuiure, qu'il eut auec bien grand peine. Toute ceste baye peut contenir quelque 20. lieues de circuit, où il y a au fonds vne petite riuiere, qui est fort platte & peu d'eau. Il y a quantité d'autres petits ruisseaux & quelques endroits, où il y a de bons ports, mais c'est de plaine mer, où l'eau móte de cinq brasses. En l'vn de ces ports 3. a 4. lieues au Nort du cap de Poitrincourt trouuasmes vne Croix qui estoit fort vieille, toute couuerte de mousse & presque toute pourrie, qui móstroit vn signe euident qu'autrefois il y auoit esté des Chrestiens. Toutes ces terres sont forests tres-espoisses,

espoisses, où le pays n'est pas trop aggreable, sinon en quelques endroits.

Estant au port aux mines nous retournasmes à nostre habitation. Dedãs icelle baye y a de grands transports de maree qui portent au Surouest.

Le 12. de Iuillet arriua Ralleau secretaire du sieur de Mons, luy quatriesme dedans vne chalouppe, qui venoit d'vn lieu appelé Niganis, distant du port Royal de quelque 160. ou 170. lieues, qui confirma au sieur de Poitrincourt ce que Cheualier luy auoit raporté.

Le 3. Iuillet on fit equiper trois barques pour enuoyer les hômes & cômoditez qui estoient à nostre habitation pour aller à Campseau, distant de 115. lieues de nostre habitation, & à 45. degrez & vn tiers de latitude, où estoit le vaisseau qui faisoit pesché de poisson, qui nous deuoit repasser en France.

Le sieur de Poitrincourt renuoya tous ses compagnons, & demeura luy neufieme en l'habitatió pour emporter en France quelques bleds qui n'estoient pas bien à maturité.

Le 10. d'Aoust arriua de la guerre Mabretou, lequel nous dit auoir esté à Chouacoet, & auoir tué 20. sauuages & 10 ou 12. de bessez; & que Onemechin chef de ce lieu, Marchin, & vn autre auoient esté tués par Sasinou

V

chef de la riuiere de Quinibequi, lequel depuis fut tué par les compagnons d'Onemechin & Marchin. Toute ceste guerre ne fut que pour le subiect de Panounia sauuage de nos amis, lequel, cóme i'ay dict cy dessus auoir esté tué à Narembegue par les gens dudit Onemechin & Marchin.

Les chefs qui sont pour le iourd'huy en la place d'Onemechin, Marchin, & Sasinou, sont leurs fils, sçauoir pour Sasinou, Pememen: Abriou pour Marchin son pere: & pour Onemechin Queconsicq. Les deux derniers furent blessez par les gens de Mabretou, qui les attraperét soubs apparéce d'amitié, comme est leur coustume, de quoy on se doit donner garde, tant des vns que des autres.

HABITATION ABANDONNEE. RETOVR EN France du sieur de Poitrincour & de tous ces gens.

CHAP. XVII.

L'Onsieme du mois d'Aoust partismes de nostre habitation dans vne chalouppe, & rengeasmes la coste iusques au cap Fourchu, où i'auois esté auparauant.

Continuant nostre routte le long de la coste iusques au cap de la Héue (où fut le premier abort auec le sieur de Mons, le 8. de May 1604.)

DV SIEVR DE CHAMPLAIN.

nous recogneufmes la cofte depuis ce lieu iufques à Capfeau, d'où il y a prés de 60. lieues: ce que n'auois encor fait, & la vis lors fort particulieremét, & en fis la carte comme du refte.

Partant du cap de la Héue iufques à Sefambre, qui eft vne ifle ainfi appelée par quelques Mallouins, diftante de la Héue de 15. lieues. En ce chemin y a quantité d'ifles qu'auions nommees les Martyres pour y auoir eu des françois autresfois tués par les fauuages. Ces ifles sōt en plufieurs culs defac & bayes: En vne defquelles y a vne riuiere appelee fainɔte Marguerite diftáte de Sefambre de 7. lieues, qui eft par la hauteur de 44. degrez & 25. minuttes, de latitude. Les ifles & coftes font remplies de quantité de pins, fapins, boulleaux, & autres mefchants bois. La pefche du poiffon y eft abbondante, comme auffi la chaffe des oifeaux.

De Sefambre paffames vne baye fort faine contenant fept à huit lieues, où il n'y a aucunes ifles fur le chemin horfmis au fonds, qui eft à l'entree d'vne petite riuiere de peu d'eau, & fufmes à vn port diftát de Sefambre de 8. lieues mettant le cap au Nordeft quart d'Eft, qui eft affez bon pour des vaiffeaux du port de cent à fix vingts tonneaux. En fon entree y a vne ifle de laquelle on peut de baffe mener aller à la grande terre. Nous auons nommé ce lieu, le

V ij

port saincte Helaine, qui est par la hauteur de 44. degrez 40. minuttes peu plus ou moins de latitude.

De ce lieu fusmes à vne baye appelee la baye de toutes isles, qui peut contenir quelques 14. à 15. lieues: lieux qui sont dangereux à cause des bâcs, basses & battures qu'il y a. Le pays est tresmauuais à voir, rempli de mesmes bois que i'ay dict cy dessus. En ce lieu fusmes contrariez de mauuais temps.

De là passames proche d'vne riuiere qui en est distante de six lieues qui s'appelle la riuiere de l'isle verte, pour y en auoir vne en son entree: Ce peu de chemin que nous fismes est remply de quantité de rochers qui iettent prés d'vne lieue à la mer, où elle brise fort, & est par la hauteur de 45. degrez vn quart de latitude.

De là fusmes à vn lieu où il y a vn cul de sac, & deux ou trois isles, & vn assez beau port, distant de l'isle verte trois lieues. Nous passames aussi par plusieurs isles qui sont rágees les vnes proches des autres, & les nommasmes les isles rangees, distantes de l'isle verte de 6. à 7. lieues. En aprés passames par vne autre baye, où il a plusieurs isles, & fusmes iusque à vn lieu où trouuasmes vn vaisseau qui faisoit pesche de poisson entre des isles qui sont vn peu esloignees de la terre, distantes des isles rangees quatre lieues ; & nommasmes ce lieu le port de Saualette, qui estoit le maistre du vaisseau qui faisoit pesche qui estoit Basque, lequel nous fit bonne chere, & fut tres-aise de nous voir: d'autant qu'il y auoit des sauuages qui luy vouloient faire quelque desplaisir: ce que nous empeschasmes.

Partant de ce lieu arriuasmes à Campseau le 27. du mois, distant du port de Saualette six lieues, où passames par quantité d'isles iusques audit Campseau, où trouuasmes les trois barques arriuees à port de salut. Chápdoré & l'Escarbot vindrent audeuant de nous pour nous receuoir : aussi trouuasmes le vaisseau prest à faire voile qui auoit fait sa pesche, & n'attendoit plus que le temps pour s'en retourner: cependant nous nous donnasmes du plaisir parmy ces isles, où il y auoit telle quantité de framboises qu'il ne se peut dire plus.

Toutes les costes que nous rengeasmes depuis le cap de Sable iusques en ce lieu sont terres mediocrement hautes, & costes de rochers, en la pluspart des endroits bordées de nombres d'isles & brisans qui iettent à la mer par endroits prés de deux lieues, qui sont fort mauuais pour l'abort des vaisseaux : Neantmoins il ne laisse d'y auoir de bős ports & raddes le long des costes & isles, s'ils estoient descouuerts. Pour ce qui est de la terre elle est plus mauuaise & mal aggreable, qu'en autres lieux qu'eussiós veus; si ce ne sont en quelques riuieres ou ruisseaux, où le pays est assez plaisant:& ne faut doubter qu'en ces lieux l'yuer n'y soit froid, y durant prés de six à sept mois.

Ce port de Campseau est vn lieu entre des isles qui est de fort mauuais abord, si ce n'est de beautéps, pour les rochers & brisans qui sont autour. Il s'y fait pesche de poisson vert & sec.

De ce lieu iusques à l'isle du cap Breton qui est par la hauteur de 45. degrez trois quars de latitude & 14. degrez,50. minuttes de declinaison de l'aimant y a huit lieues;& iusques au cap Breton 25. où entre les deux y a vne grande baye qui entre quelque 9. ou 10. lieues dans les terres,& fait passage entre l'isle du cap Breton & la grand terre qui va rédre en la grand baye sainct Laurens, par où on va à Gaspé & isle parcee, où se fait pesche de poisson. Ce passage de l'isle du capBretõ est fort estroit:Les grands vaisseaux n'y passent point, bien qu'il y aye de l'eau assez, à cause des grands courás & transports de marees qui y sont: & auons nommée ce lieu le passage courant, qui est par la hauteur de 45. degrez trois quarts de latitude.

Ceste isle du cap Breton est en forme triangulaire, qui à quelque 80. lieues de circuit,&

DV SIEVR DE CHAMPLAIN. 159

est la plusparttere montagneuse: Neantmoins en quelques endroits fort aggreable. Au milieu d'icelle y a vne maniere de lac, où la mer entre par le costé du Nord quart du Nordouest, & du Su quart du Suest : & y a quantité d'isles remplies de grand nombre de gibier, & coquillages de plusieurs sortes: entre autres des huistres qui ne sont de grande saueur. En ce lieu y a deux ports, où l'on fait pesche de poisson: sçauoir le port aux Anglois, distant du cap Breton quelque 2. à 3. lieues: & l'autre, Niganis, 18. ou 20. lieues au Nord quart du Nordouest. Les Portuguais autrefois voulurent habiter ceste isle, & y passerent vn yuer: mais la rigueur du temps & les froidures leur firent abandonner leur habitation.

Le 3. Septembre partismes de Campseau.

Le 4. estions le trauers de lisle de Sable.

Le 6. Arriuasmes sur le grand banc, où se fait la pesche du poisson vert, par la hauteur de 45. degrez & demy de latitude.

Le 26. entrasmes sur le Sonde proche des costes de Bretagne & Angleterre, à 65. brasses d'eau, & par la hauteur de 49. degrez & demy de latitude.

Et le 28. relachasmes à Roscou en basse Bretagne, ou fusmes contrariés du mauuais temps iusqu'au dernier de Septembre, que le vent venant fauorable nous nous mismes à la mer pour paracheuer nostre routte iusques à sainct Maslo, qui fut la fin de ces voyages, où Dieu nous conduit sans naufrage n'y peril.

Fin des voyages depuis l'an 1604. iusques en 1608.

LES VOYAGES
FAITS AV GRAND FLEVVE
SAINCT LAVRENS PAR LE
sieur de Champlain Capitaine ordinaire
pour le Roy en la marine, depuis
l'annee 1608. iusques en 1612.

LIVRE SECOND.

RESOLVTION DV SIEVR DE MONS POVR FAI-
re les descouuertures par dedans les terres; sa commission, & enfrainte d'i-
celle par des Basques qui desarmerent le vaisseau de Pont-graué; & l'ac-
cort qu'ils firent aprés entre eux.

CHAP. I.

Stant de retour en France aprés
auoir seiourné trois ans au pays
de la nouuelle Fráce, ie fus trouuer le sieur de Mons, auquel ie
recitay les choses les plus singu-
lieres que i'y eusse veues depuis son partemét,
& luy donnay la carte & plan des costes &
ports les plus remarquables qui y soient.

Quelque temps aprés ledit sieur de Mons se
delibera de continuer ses desseins, & paracheuer de descouurir dans les terres par le grand
fleuue S. Laurens, où i'auois esté par le commandement du feu Roy HENRY LE

X

GRAND en l'an 1603. quelque 180. lieues, commençant par la hauteur de 48. degrez deux tiers de latitude, qui est Gaspé entree dudit fleuue iusques au grand saut ; qui est sur la hauteur de 45. degrez, & quelques minuttes de latitude, où finist nostre descouuerture, & où les batteaux ne pouuoiẽt passer à nostre iugement pour lors: d'autãt que nous ne l'auions pas bien recogneu comme depuis nous auons fait.

Or après que par plusieurs fois le sieur de Mons m'eust discouru de son intention touchant les descouuertures, print resolution de continuer vne si genereuse, & vertueuse entreprinse, quelques peines & trauaux qu'il y eust eu par le passé. Il m'honora de sa lieutenance pour le voyage: & pour cest effect fit equipper deux vaisseaux, où en l'vn commandoit du Pont-graué, qui estoit deputé pour les negotiations, auec les sauuages du pays, & ramener auec luy les vaisseaux : & moy pour yuerner audict pays.

Le sieur de Mons pour en supporter la despence obtint lettres de sa Maiesté pour vn an, où il estoit interdict à toutes personnes de ne trafficquer de pelleterie auec les sauuages, sur les peines portes par la commission qui ensuit.

DV SIEVR DE CHAMPLAIN.

HENRY PAR LA GRACE DE DIEV ROY DE FRANCE ET DE NAVARRE, A nos amez & feaux Conseillers, les officiers de nostre Admirauté de Normandie, Bretaigne & Guienne, Baillifs, Seneschaux, Preuosts, Iuges ou leurs Lieutenans, & à chacun d'eux endroict soy, en l'estenduë de leurs ressorts, Iurisdictions & destroits, Salut: Sur l'aduis qui nous a esté donné par ceux qui sont venus de la nouuelle France, de la bonté, & fertilité des terres dudit pays, & que les peuples d'iceluy sont disposez à receuoir la cognoissance de Dieu, Nous auons resolu de faire continuer l'habitation qui auoit esté cy deuant commencée audit pays, à fin que nos subiects y puissent aller librement trafficquer. Et sur l'offre que le sieur de Monts Gentil-homme ordinaire de nostre chambre, & nostre Lieutenant General audit pays, nous auroit proposée de faire ladite habitation, en luy donnant quelque moyen & commodité d'en supporter la despence: Nous auons eu aggreable de luy promettre & asseurer qu'il ne seroit permis à aucuns de nos subiects qu'à luy de trafficquer de pelleteries & autres marchandises, durant le temps d'vn an seulement, és terres, pays, ports, riuieres & aduenuës de l'estenduë de sa charge: Ce que voulons auoir lieu. Nous pour ces causes & autres considerations, à ce nous mouuans, vous mandons & ordonnons que vous ayez chacun de vous en l'estendë de vos pouuoirs, iurisdictions & destroicts, à faire de nostre part, comme nous faisons tres-expressement inhibitions & deffences à tous marchands, maistres & Capitaines de nauires, matelots, & autres nos subiects, de quelque qualité & condition qu'ils soient, d'equipper aucuns vaisseaux, & en iceux aller ou enuoyer faire traffic, ou trocque de Pelleteries, & autres choses, auec les Sauuages de la nouuelle France, frequenter, negotier, & communiquer durant ledit temps d'vn an en l'estenduë du pouuoir dudit sieur de Monts, à peine de desobeyssance, de confiscation entiere de leurs vaisseaux, viures, armes, & marchandises, au proffit dudit sieur de Monts & pour asseurance de la punition de leur desobeissance: Vous permettrez, comme nous auons permis & permettons audict sieur de Monts ou ses lieutenans, de saisir, apprehender, & arrester tous les contreuenans à nostre presente deffence & ordonnance, & leurs vaisseaux, marchandises, armes, viures, & vituailles, pour les amener & remettre és mains de la Iustice, & estre procedé, tant contre les personnes que contre les biens des desobeyssans, ainsi qu'il appartiendra. Ce que nous voulons, & vous mandons faire incontinent lire & publier par tous les lieux & endroicts publics de vosdits pouuoirs & iurisdictions, où vous iugerez besoin estre, par le premier nostre Huissier ou Sergent sur ce requis, en vertu de ces presentes, ou coppie d'icelles, deuëment collationnees pour vne fois seulement, par l'vn de nos amez & feaux Conseillers, Notaires & Secretaires, ausquelles voulons foy estre adioustee comme au present original, afin qu'aucuns de nosdits subiects n'en pretendent cause d'ignorance, ains que chacun obeysse & se conforme sur ce à nostre volonté. Mandons en outre à tous Capitaines de nauires, maistres d'iceux, contre-maistres, matelots, & autres estans dans vaisseaux ou nauires aux ports & haures dudit pays, de permettre, comme nous auons permis audit sieur de Monts, & autres ayant pouuoir & charge de luy de visiter dans leursdits vaisseaux qui auront traicté de laditte Pelleterie, après que les presentes deffences leur auront esté signifiees. Nous voulons qu'à la requeste dudit sieur de Monts, ses lieutenans, & autres ayans charge, vous procediez contre les desobeyssans, & contreuenans ainsi qu'il appartiendra: De ce faire vous donnons pouuoir, authorité, commission, & mandement special, nonobstant l'Arrest de nostre Conseil du 17. iour de Iuillet dernier, clameur de haro, chartre normande, prise à-partie, oppositions, ou appellations quelsconques: Pour lesquelles, & sans preiudice d'icelles, ne voulons estre differé, & dont si aucune interuiennent, nous en auons retenu & reserué à nous & à nostre Conseil la cognoissance, priuatiuement à tous autres Iuges, & icelle interdite & deffenduë à toutes nos Cours & Iuges: Car tel est nostre plaisir. Donné à Paris le septiesme iour de Ianuier, l'an de grace, mil six cents huict. Et de nostre regne le dix-neufiesme. Signé, HENRY. Et plus bas, Par le Roy, Delomenie. Et seellé sur simple queuë du grand sceel de cire jaulne.

Collationné à l'original par moy Conseiller,
Notaire & Secretaire du Roy.

Ie fus à Honnefleur pour m'enbarquer, où ie trouuay le vaisseau de Pontgraué prest, qui partit du port, le 5. d'Auril; & moy le 13. & arriuay sur le grand banc le 15. de May, par la hauteur de 45. degrez & vn quart de latitude, & le 26. eusmes cognoissance du cap saincte Marie, qui est par la hauteur de 46. degrez, trois quarts de latitude, tenant à l'isle de terreneufue. Le 27. du mois eusmes la veue du cap sainct Laurens tenant à la terre du cap Breton & isle de sainct Paul, distante du cap de saincte Marie 83. lieues. Le 30. du mois eusmes cognoissance de l'isle percee, & de Gaspé, qui est soubs la hauteur de 48. degrez deux tiers de latitude, distant du cap de sainct Laurens, 70. à 75. lieues.

Le 3. de Iuin arriuasmes deuant Tadoussac, distant de Gaspé 80. ou 90. lieues, & mouillasmes l'ancre à la radde du port, de Tadoussac, qui est à vne lieue du port, lequel est côme vne ance à l'entree de la riuiere du Saguenay, où il y a vne maree fort estrage pour sa vistesse, où quelquesfois il vient des vents impetueux qui ameinent de grandes froidures. L'on tient que ceste riuiere à quelque 45. ou 50. lieues du port de Tadoussac iusques au premier saut, qui vient du Nort Norouest. Ce port est petit, & n'y pourroit que quelque 20. vaisseaux : Il y a de l'eau assez, & est à l'abry de la riuiere de Saguenay & d'vne petite isle de rochers qui est presque coupee de la mer. Le reste sôt môtaignes hautes esleues, où il y a peu de terre, sinon rochers & sables réplis de bois, côme sappins & bouleaux. Il y a vn petit estanc proche du port réfermé de môtagnes couuertes de bois. A l'étree y a deux pointes l'vne du costé du Surouest, contenant prés d'vne lieue en la mer, qui s'appelle la pointe sainct Matthieu, ou autre-

X iij

ment aux Allouettes, & l'autre du cofté du Nordoueft contenāt demy quart de lieue, qui s'appele la pointe de tous les Diables, pour le grand danger qu'il y a. Les vents du Su Sueft frappét dans le port, qui ne font point à craindre: mais bien celuy du Saguenay. Les deux pointes cy deffus nommees affechent de baffe mer: noftre vaiffeau ne peuft entrer dās le port pour n'auoir le vent & maree propre. Ie fis auffitoft mettre noftre bafteau hors du vaiffeau pour aller au port voir fi Pont-graué eftoit arriué. Cóme i'eftois en chemin, ie récontray vne chalouppe & le pilotte de Pont-graué & vn Bafque, qui me venoit aduertir de ce qui leur eftoit furuenu pour auoir voulu faire quelques deffences aux vaiffeaux Bafques de ne traicter fuiuant la cómiffion que le fieur de Mons auoit obtenuë de fa maiefté, Qu'aucuns vaiffeaux ne pourroient traicter fans la permiffion du fieur de Monts, comme il eftoit porté par icelle:

Et que nonobftant les fignifications que peuft faire Pont-graué de la part de fa Maiefté, ils ne laiffoiét de traicter la force en la main; & qu'ils s'eftoiét mis en armes & fe maintenoiét fi bié dans leur vaiffeau, que faifant iouer touts leurs canons fur celuy de Pont-graué & tirāt force coups de moufquets, il fut fort bleffé, & trois des fiens, dont il y en euft vn qui en mourut, fans que le Pont fit aucune refiftance : Car dés la premiere falue de moufquets qu'ils tirerent ils fut abbatu par terre. Les Bafques vindrent à bort du vaiffeau & enleuerent tout le canon & les armes qui eftoient dedans, difans qu'ils traicteroient nonobftant les deffences du Roy, & que quand ils feroient prés de partir pour aller en France ils luy rendroient fon canon & fon amonition, & que ce qu'ils en faifoient eftoit pour eftre en feureté. Entendant toutes ces nouuelles, cela me faſcha fort, pour le commencement d'vne affaire, dont nous nous fuffions bien paffez.

Or aprés auoir ouy du pilotte toutes ces chofes ie luy demanday qu'eftoit venu faire le Bafque au bort de noftre vaiffeau, il me dit qu'il venoit à moy de la part de leur maiftre appelé Darache, & de fes cõpagnõs, pour tirer affeurance de moy, Que ie ne leur ferois aucun defplaifir, lors que noftre vaiffeau feroit dans le port.

Ie fis refponce que ie ne le pouuois faire, que premier ie n'euffe veu le Pont. Le Bafque dit que fi i'auois affaire de tout ce qui defpendoit de leur puiffance qu'ils m'en affifteroient. Ce qui leur faifoit tenir ce langage, n'eftoit que la cognoiffance qu'ils auoient d'auoir failly, cõme ils confeffoient, & la crainte qu'on ne leur laiffast faire la pesche de balene.

Aprés auoir assez parlé ie fus à terre voir le Pont pour prendre deliberation de ce qu'aurions affaire, & le trouuay fort mal. Il me conta particulierement tout ce qui c'estoit passé. Nous considerasmes que ne pouuions entrer audit port que par force, & que l'habitation ne fut pardue pour ceste annee, de sorte que nous aduisasmes pour le mieux, (afin d'vne iuste cause n'en faire vne mauuaise & ainsi se ruiner) qu'il failloit leur donner asseurance de ma part tant que ie serois là, & que le Pont n'entreprédroit aucune chose contre eux, mais qu'en France la iustice se feroit & vuideroit le different qu'ils auoient entr'eux.

Darache maistre du vaisseau me pria d'aller à son bort, où il me fit bonne reception. Aprés plusieurs discours ie fis l'accord entre le Pont & luy, & luy fis promettre qu'il n'entreprendroit aucune chose sur Pont-graué ny au preiudice du Roy & du sieur de Mons. Que s'ils faisoiét le contraire ie tiédrois ma parole pour nulle: Ce qui fut accordé & signé d'vn chacun.

En ce lieu y auoit nombre de sauuages qui y estoient venus pour la traicte de pelleterie, plusieurs desquels vindrent à nostre vaisseau auec leurs canots, qui sont de 8. ou 9. pas de long, & enuiron vn pas, où pas & demy de large par

DV SIEVR DE CHAMPLAIN. 169

ge par le milieu, & vont en diminuant par les deux bouts. Ils sont fort subiects à tourner si on ne les sçay bien gouuerner, & sont faicts d'escorce de boulleau, renforcez par le dedans de petits cercles de cedre blanc, bien proprement arāgez : & sont si legers qu'vn homme en porte aysement vn. Chacun peut porter la pesanteur d'vne pipe. Quand ils veulent trauerser la terre pour aller en quelque riuiere où ils ont affaire, ils les portent auec eux. Depuis Chouacoet le long de la coste iusques au port de Tadoussac ils sont tous semblables.

DE LA RIVIERE DV SAGVENAY, ET DES SAVuages qui nous y vindrent abborder. De l'isle d'Orleans; & de toutce que nous y auons remarqué de singulier.

Chap. II.

APrés cest accord fait, ie fis mettre des charpentiers à accommoder vne petite barque du port de 12. à 14. tonneaux, pour porter tout ce qui nous seroit necessaire pour nostre habitation, & ne peut estre plustost preste qu'au dernier de Iuin.

Cependant i'eu moyen de visiter quelques endroits de la riuiere du Saguenay, qui est vne belle riuiere, & d'vne profondeur incroyable, comme 150. & 200. brasses. A quelque cinquan-

Y

te lieues de l'entree du port, comme dit eſt, y a vn grand ſaut d'eau, qui deſcend d'vn fort haut lieu & de grande impetuoſité. Il y a quelques iſles dedãs icelle riuiere qui ſont fort deſertes, n'eſtãs que rochers, couuertes de petits ſapins & bruieres. Elle contient de large demie lieue en des endroits, & vn quart en ſon entree, où il y a vn courant ſi grand qu'il eſt trois quarts de maree couru dedãs la riuiere, qu'elle porte encore hors. Toute la terre que i'y ay veuë ne ſont que montaignes & promontoires de rochers, la pluſpart couuerts de ſapins & boulleaux, terre fort mal plaiſante, tant d'vn coſté que d'autre: enfin ce ſont de vrays deſerts inhabités d'animaux & oyſeaux: car allant chaſſer par les lieux qui me ſembloient les plus plaiſans, ie n'y trouuois que de petits oiſelets, comme arondelles, & quelques oyſeaux de riuiere, qui y viennent en eſté; autrement il n'y en a point, pour l'exceſſiue froidure qu'il y fait. Ceſte riuiere vient du Noroueſt.

Les ſauuages m'ont fait rapport qu'ayant paſſé le premier ſaut ils en paſſent huit autres, puis vont vne iurnee ſans en trouuer, & de rechef en paſſent dix autres, & vont dans vn lac, où ils font trois iournees, & en chacune ils peuuent faire à leur aiſe dix lieues en montãt: Au bout du lac y a des peuples qui viuent errans; & trois riuieres qui se deschargent dans ce lac, l'vne venant du Nord, fort proche de la mer, qu'ils tiennent estre beaucoup plus froide que leur pays; & les autres deux d'autres costes par dedans les terres, où il y a des peuples sauuages errans qui ne viuét aussi que de la chasse, & est le lieu où nos sauuages vont porter les marchandises que nous leur donnons pour traicter les fourrures qu'ils ont, cóme castors, martres, loups seruiers, & l'outres, qui y sont en quantité, & puis nous les apportent à nos vaisseaux. Ces peuples septentrionaux disent aux nostres qu'ils voient la mer salee; & si cela est, comme ie le tiens pour certain, ce ne doit estre qu'vn gouffre qui entre dans les terres par les partie du Nort. Les sauuages disent qu'il peut y auoir de la mer du Nort au port de Tadoussac 40. à 50. iournees à cause de la difficulté des chemins, riuieres & pays qui est fort montueux, où la plus grande partie de l'anne y a des neges. Voyla au certain ce que i'ay apris de ce fleuue. I'ay desiré souuent faire ceste descouuerture, mais ie n'ay peu sans les sauuages, qui n'ont voulu que i'allasses auec eux n'y aucuns de nos gens: Toutesfois ils me l'ont promis. Ceste descouuerture ne seroit point mauuaise, pour oster beaucoup de personnes qui sót en doubte de ceste mer du

Y ij

LES VOYAGES

Nort, par où l'on tient que les Anglois ont esté en ces dernieres annees pour trouuer le chemin de la Chine.

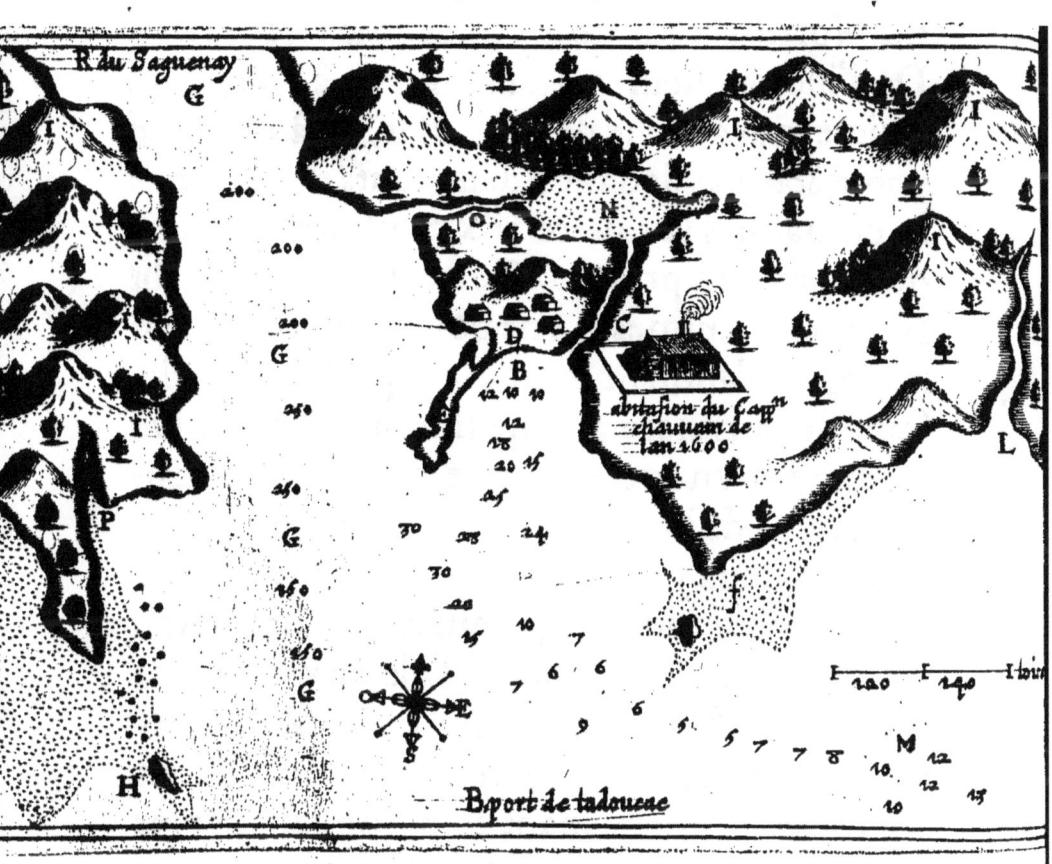

Les chifres montrent les brasses d'eau.

A Vne montaigne ronde sur le bort de la riuiere du Saguenay.
B Le port de Tadoussac.
C Petit ruisseau d'eau douce.
D Le lieu ou cabannent les sauuages quand ils viennent pour la traicte.
E Maniere d'isle qui clost vne partie du port de la riuiere du Saguenay.
F La pointe de tous les Diables
G La riuiere du Saguenay.
H La pointe aux alouettes.
I Montaignes fort mauuaises, remplies de sapins & bouleaux.
L Le moulin Bode.
M La rade ou les vaisseaux mouillent l'ancre attendans le vent & la maree.
N Petit estāg proche du port.
O Petit ruisseau sortant de l'estāg, qui descharge dans le Saguenay.
P Place sur la pointe sans arbres, où il y a quantité d'herbages.

Ie party de Tadouſſac le dernier du mois pour aller à Quebecq, & paſſames prés d'vne iſle qui s'apelle l'iſle aux lieures, diſtante de ſix lieues dud. port, & eſt à deux lieues de la terre du Nort, & à prés de 4. lieues de la terre du Su. De l'iſle aux lieures, nous fuſmes à vne petite riuiere, qui aſſeche de baſſe mer, où à quelque 700. à 800. pas dedãs y a deux ſauts d'eau: Nous la nõmaſmes la riuiere aux Saulmons, à cauſe que nous y en priſmes. Coſtoyant la coſte du Nort nous fuſmes à vne pointe qui aduance à la mer, qu'auons nommé le cap Dauphin, diſtant de la riuiere aux Saulmons 3. lieues. De là fuſmes à vn autre cap que nõmaſmes la cap à l'Aigle, diſtant du cap Daulphin 8. lieues: entre les deux y a vne grande ance, où au fonds y a vne petite riuiere qui aſſeche de baſſe mer. Du cap à l'Aigle fuſmes à l'iſle aux couldres qui en eſt diſtante vne bonne lieue, & peut tenir enuiron lieue & demie de long. Elle eſt quelque peu vnie venant en diminuant par les deux bouts: A celuy de l'Oueſt y a des prairies & pointes de rochers, qui aduancent quelque peu dans la riuiere: & du coſté du Suroueſt elle eſt fort batturiere; toutesfois aſſez aggreable, à cauſe des bois qui l'enuironnent, diſtante de la terre du Nort d'enuirõ demie lieue, où il y a vne petite riuiere qui entre aſſez auant dedans

Y iij

les terres, & l'auós nommee la riuiere du gouffre, d'autant que le trauers d'icelle la maree y court merueilleusement, & bien qu'il face calme, elle est tousiours fort esmeuë, y ayāt grande profondeur: mais ce qui est de la riuiere est plat & y a force rochers en son entree & autour d'icelle. De l'isle aux Couldres costoyás la coste fusmes à vn cap, que nous auons nommé le cap de tourmente, qui en est à cinq lieues, & l'auons ainsi nommé, d'autant que pour peu qu'il face devēt la mer y esleue cōme si elle estoit plaine. En ce lieu l'eau commence à estre douce. De la fusmes à l'isle d'Orleans, où il y a deux lieues, en laquelle du costé du Su y a nombre d'isles, qui sont basses, couuertes d'arbres, & fort aggreables, remplies de grandes prayries, & force gibier, contenant à ce que i'ay peu iuger les vnes deux lieux, & les autres peu plus ou moins. Autour d'icelles y a force rochers & basses fort dangereuses à passes, qui sont esloignés de quelques deux lieues de la grād terre du Su. Toute ceste coste, tāt du Nord que du Su, depuis Tadoussac iusques à l'isle d'Orleans, est terre mōtueuse & fort mauuaise, où il n'y a que des pins, sappins, & boulleaux, & des rochers tresmauuais, où on ne sçauroit aller en la plus part des endroits.

Or nous rangeasmes l'isle d'Orleans du coste

du Su, distante de la grand terre vne lieue & demie: & du costé du Nort demie lieue, cótenát de long 6. lieues, & de large vne lieue, ou lieue & demie, par endroits. Du costé du Nort elle est fort plaisante pour la quantité des bois & prayries qu'il y a: mais il y fait fort dágereux passer, pour la quantité de pointes & rochers qui sont entre la grand terre & l'isle, où il y a quantité de beaux chesnes, & des noyers en quelques endroits; & à l'ébucheure des vignes & autres bois cóme nous auons en France. Ce lieu est le commencement du beau & bon pays de la grande riuiere, où il y a de son entree 120. Au bout de l'isle y a vn torét d'eau du costé du Nort, qui vient d'vn lac qui est quelque dix lieues dedās les terres, & descend de dessus vne coste qui a prés de 25. thoises de haut, au dessus de laquelle la terre est vnie & plaisante à voir, bien que dans le pays on voye de hautes montaignes, qui paroissent de 15. à 20. lieues.

ARRIVEE A QVEBECQ, OV NOVS FISMES NOS logemens, sa situation. Conspiration contre le seruice du Roy, & ma vie, par aucuns de nos gens. La punition qui en fut faite, & tout ce qui ce passa en cet affaire.

Chap. III.

DE l'isle d'Orleans iusques à Quebecq, y a vne lieue, & y arriuay le 3. Iuillet: où estát, ie cherchay lieu propre pour nostre habitatió, mais ie n'en peu trouuer de plus commode, n'y mieux situé que la pointe de Quebecq, ainsi appellé des sauuages, laquelle estoit remplie de noyers. Aussitost i'employay vne partie de nos ouuriers à les abbatre pour y faire nostre habitation, l'autre à scier des aix, l'autre fouiller la caue & faire des fossez: & l'autre à aller querir nos commoditez à Tadoussac auec la barque. La premiere chose que nous fismes fut le magazin pour mettre nos viures à couuert, qui fut promptemét fait par la diligence d'vn chacun, & le soin que i'en eu.

Les chifres montrent les brasses d'eau.

A Le lieu ou l'habitation est bastie.
B Terre deffrichee où l'on seme du bled & autres grains.
C Les iardinages.
D Petit ruisseau qui vient de dedans des marescages.
E Riuiere ou hyuerna Iaques Quartier, qui de son téps la nomma saincte Croix, que l'on à transferé à 15. lieues audessus de Quebec.
F Ruisseau des marais.
G Le lieu ou l'on amassoit les herbages pour le bestail que l'on y auoit mené.

H Le grand saut de Montmorency qui descent de plus de 25. brasses de haut dans la riuiere.
I Bout de l'isle d'Or'ans.
L Pointe fort estroite du costé de l'orient de Quebecq.
M Riuiere bruyante, qui va aux Etechemains.
N La grãde riuiere S. Laurens.
O Lac de la riuiere bruyante.
P Montaignes qui sont dans les terres, baye que i'ay nómé la nouuelle Biscquaye.
Q Lac du grãd saut de Montmorency.

R Ruisseau de Iours.
S Ruisseau du Gendre.
T Prairie qui sont inondees des eaux a toutes les marees.
V Mont du Gas fort haut, sur le bort de la riuiere.
X Ruisseau courant, propre à faire toutes sortes de moulins.
Y Coste de grauier, où il se trouue quantité de diamants vn peu meilleurs que ceux d'Alanson.
Z La pointe aux diamants.
9 Lieux où souuent cabanent les sauuages.

Quel-

DV SIEVR DE CHAMPLAIN. 177

Quelques iours aprés que ie fus audit Quebecq, il y eut vn serrurier qui conspira contre le seruice du Roy; qui estoit m'ayant fait mourir, & s'estant rendu maistre de nostre fort, le mettre entre les mains des Basques ou Espagnols, qui estoient pour lors à Tadoussac, où vaisseaux ne peuuent passer plus outre pour n'auoir la cognoissance du passage ny des bancs & rochers qu'il y a en chemin.

Pour executer son mal'heureux dessin, sur l'esperance d'ainsi faire sa fortune, il suborna quatre de ceux qu'il croyoit estre des plus mauuais garçons, leur faisant entendre mille faulcetez & esperances d'acquerir du bien.

Aprés que ces quatre hommes furent gaignez, ils promirét chacun de faire en sorte que d'attirer le reste à leur deuotió; & que pour lors ie n'auois personne auec moy en qui i'eusse fiáce: ce qui leur dónoit encore plus d'esperance de faire reussir leur dessin : d'autant que quatre ou cinq de mes compagnons, en qui ils sçauoient que ie me fiois, estoient dedans les barques pour auoir esgard à conseruer les viures & commoditez qui nous estoient necessaires pour nostre habitation.

Enfin ils sceurét si bié faire leurs menees auec ceux qui restoient, qu'ils deuoient les attirer tous à leur deuotion, & mesme mon laquay,

Z

leur promettant beaucoup de choses qu'ils n'eussent sceu accomplir.

Estant donc tous d'accord, ils estoient de iour en autre en diuerses resolutions comment ils me feroient mourir, pour n'en pouuoir estre accusez, ce qu'ils tenoient difficile: mais le Diable leur bandant à tous les yeux: & leur ostant la raison & toute la difficulté qu'ils pouuoient auoir, ils arresterent de me prendre à despourueu d'armes, & m'estouffer, ou donner la nuit vne fauce alarme, & comme ie sortirois tirer sur moy, & que par ce moyen ils auroient plustost fait qu'autrement: tous promirent les vns aux autres de ne se descouurir, sur peine que le premier qui en ouuriroit la bouche, seroit poignardé: & dás quatre iours ils deuoiét executer leur entreprise, deuant que nos barques fussent arriuees: car autrement ils n'eussent peu venir à bout de leur dessin.

Ce mesme iour arriua l'vne de nos barques, où estoit nostre pilotte appelé le Capitaine Testu, homme fort discret. Aprés que la barque fut deschargés & preste à s'en retourner à Tadoussac, il vint à luy vn serrurier appelé Natel, compagnon de Iean du Val chef de la traison, qui luy dit, qu'il auoit promis aux autres de faire tout ainsi qu'eux: mais qu'en effect il n'en desiroit l'executió, & qu'il n'osoit s'en declarer, & ce qui l'en auoit empesché, estoit la crainte qu'il auoit qu'ils ne le poignardassent.

Aprés qu'Antoine Natel eust fait promettre audit pilotte de ne rien declarer de ce qu'il diroit, d'autant que si ses compagnons le descouuroiét, ils le feroient mourir. Le pilotte l'asseura de toutes choses, & qu'il luy declarast le fait de l'entreprinse qu'ils desiroient faire: ce que Natel fit tout au long: lequel pilotte luy dist, Mon amy vous auez bié fait de descouurir vn dessin si pernicieux, & montrez que vous estes homme de bien, & conduit du S. Esprit. mais ces choses ne peuuent passer sans que le sieur de Champlain le scache pour y remedier, & vous promets de faire tant enuers luy, qu'il vous pardonnera & à d'autres : & de ce pas, dit le pilotte, ie le vays trouuer sans faire semblant de rien, & vous, allez faire vostre besoigne, & entendez tousiours ce qu'ils diront, & ne vous souciez du reste.

Aussitost le pilotte me vint trouuer en vn iardin que ie faisois accommoder, & me dit qu'il desiroit parler à moy en lieu secret, où il n'y eust que nous deux. Ie luy dis que ie le voulois bien. Nous allasmes dans le bois, où il me conta toute l'affaire. Ie luy demanday qui luy auoit dit. Il me pria de pardonner à celuy qui luy auoit declaré: ce que ie luy accorday bien qu'il deuoit s'adreſſer à moy; Il craignoit, dit il, qu'euſſiez entré en cholere, & que l'euſſiez offencé. Ie luy dis que ie ſçauois mieux me gouuerner que cela en telles affaires, & qu'il le fit venir, pour l'oyr parler. Il y fut, & l'amena tout tremblant de crainte qu'il auoit que luy fiſſe quelque deſplaiſir. Ie l'aſſeuray, & luy dy qu'il n'euſt point de peur, & qu'il eſtoit en lieu de ſeureté, & que ie luy pardonnois tout ce qu'il auoit fait auec les autres, pourueu qu'il diſt entierement la verité de toutes choſes, & le ſubiet qui les y auoit meuz, Rié, dit il, ſinon que ils s'eſtoient imaginez que rendât la place entre les mains des Baſques ou Eſpaignols, ils feroient tous riches, & qu'ils ne deſiroient plus aller en France; & me conta le ſurplus de leur entrepriſe.

Aprés l'auoir entendu & interrogé, ie luy dis qu'il s'en allaſt à ſes affaires: Cependant ie commanday au pilotte qu'il fiſt approcher ſa chaloupe: ce qu'il fit; & aprés donnay deux bouteilles de vin à vn ieune hôme, & qu'il dit à ces quatre galants principaux de l'entrepriſe, que c'eſtoit du vin de preſent que ſes amis de Tadouſſac luy auoient dôné, & qu'il leur en vouloit faire part: ce qu'ils ne refuſerent, & furent ſur le ſoir en la Barque, où il leur deuoit donner la collation: ie ne tarday pas beaucoup aprés à y aller, & les fis prendre & arrester attendant le lendemain.

Voyla donc mes galants bien estonnez. Aussitost ie fis leuer vn chacun (car c'estoit sur les dix heures du soir) & leur pardónay à tous, pourueu qu'ils me disent la verité de tout ce qui c'estoit passé, ce qu'ils firent, & aprés les fis retirer.

Le lendemain ie prins toutes leurs depositions les vnes aprés les autres deuant le pilotte & les mariniers du vaisseau, lesquelles ie fis coucher par escript, & furent fort aises à ce qu'ils dirent, d'autant qu'ils ne viuoient qu'en crainte, pour la peur qu'ils auoient les vns des autres, & principalemēt de ces quatre coquins qui les auoient ceduits; & depuis vesquirent en en paix, se contentans du traictement qu'ils auoient receu, comme ils deposerent.

Ce iour fis faire six paires de menottes pour les autheurs de la ceditió, vne pour nostre Chirurgien appelé Bonnerme, vne pour vn autre appelé la Taille que les quatre ceditieux auoiēt chargez, ce qui se trouua neantmoins faux; qui fut occasion de leur donner liberté.

Ces choses estans faites, i'emmenay mes galants à Tadoussac, & priay le Pōt de me faire ce bien de les garder, d'autant que ie n'auois en-

Z iij

cores lieu de seureté pour les mettre, & qu'estiós empeschez à edifier nos logemés, & aussi pour prendre resolution de luy & d'autres du vaisseau, de ce qu'aurions à faire là dessus. Nous aduisames qu'aprés qu'il auroit fait ses affaires à Tadoussac, il s'en viendroit à Quebecq auec les prisonniers, où les ferions confronter deuāt leurs tesmoins : & aprés les auoir ouis, ordonner que la iustice en fut faite selō le delict qu'ils auroient commis.

Ie m'en retournay le lendemain à Quebecq pour faire diligence de paracheuer nostre magazin, pour retirer nos viures qui auoient esté abandonnez de tous ces belistres, qui n'espargnoiét rien, sans cōsiderer où ils en pourroiét trouuer d'autres quand ceux là manqueroiét: car ie n'y pouuois donner remede que le magazin ne fût fait & fermé.

Le Pont-graué arriua quelque temps aprés moy, auec les prisonniers, ce qui apporta du mescontentement aux ouuriers qui restoient, craignant que ie leur eusse pardonné, & qu'ils n'vsassent de vengeance enuers eux, pour auoir declaré leur mauuais dessin.

Nous les fismes confronter les vns aux autres, où ils leur maintindrent tout ce qu'ils auoient declaré dans leurs depositions, sans que les prisonniers leur deniassent le contraire, s'accufans d'auoir mefchament fait, & merité punitiõ, fi on n'vfoit de mifericorde enuers eux, en maudiffant Iean du Val, comme le premier qui les auoit induits à telle trahifon, dés qu'ils partirent de France. Ledit du Val ne fceut que dire, finõ qu'il meritoit la mort, & que tout le contenu és informations eftoit veritable, & qu'on euft pitié de luy, & des autres qui auoient adheré à fes pernicieufes vollontez.

Aprés que le Pont & moy, auec le Capitaine du vaiffeau, le Chirurgiẽ, maiftre, contre maiftre, & autres mariniers eufmes ouy leurs depofitions & confrontations, Nous aduifames que fe feroit affez de faire mourir ledit du Val, comme le motif de l'entreprinfe, & auffi pour feruir d'exemple à ceux qui reftoient, de fe cõporter fagement à l'aduenir en leur deuoir, & afin que les Efpagnols & Bafques qui eftoient en quantité au pays n'en fiffent trophee: & les trois autres condamnez d'eftre pendus, & cependant les rémener en Fráce entre les mains du fieur de Mons, pour leur eftre fait plus ample iuftice, felon qu'il aduiferoit, auec toutes les informations, & la fentence, tant dudict Iean du Val qui fut pendu & eftranglé audit Quebecq, & fa tefte mife au bout d'vne pique pour eftre plantee au lieu le plus eminent de noſtre fort & les autres trois renuoyez en France.

RETOVR DV PONT-GRAVÉ EN FRANCE. Déſcriptiõ de noſtre logemẽt & du lieu où ſeiourna Iaques Quartier en l'an 1535.

Chap. IV.

APrés que toutes ces choſes furent paſſees le Pont partit de Quebecq le 18. Septembre pour s'en retourner en France auec les trois priſonniers. Depuis qu'ils furent hors tout le reſte ſe comporta ſagement en ſon deuoir.

Ie fis continuer noſtre logement, qui eſtoit de trois corps de logis à deux eſtages. Chacun contenoit trois thoiſes de long & deux & demie de large. Le magazin ſix & trois de large, auec vne belle caue de ſix pieds de haut. Tout autour de nos logemens ie fis faire vne galerie par dehors au ſecõd eſtage, qui eſtoit fort commode, auec des foſſés de 15. pieds de large & ſix de profond: & au dehors des foſſés, ie fis pluſieurs pointes d'eſperons qui enfermoient vne partie du logement, là où nous miſmes nos pieces de canon: & deuant le baſtiment y a vne place de quatre thoiſes de large, & ſix ou ſept de lõg, qui dõne ſur le bort de la riuiere. Autour du logement y a des iardins qui ſont tres-bons, & vne place du coſté de Septemptrion qui a quelque cent ou ſix vingts pas de long, 50. ou 60. de

60. de large. Plus proche dudit Quebecq, y a vne petite riuiere qui vient dedans les terres d'vn lac distant de nostre habitation de six à sept lieues. Ie tiens que dans ceste riuiere qui est au Nort & vn quart du Norouest de nostre habitation, ce fut le lieu où Iaques Quartier yuerna, d'autant qu'il y a encores à vne lieue dans la riuiere des vestiges côme d'vne cheminee, dont on à trouué le fondement, & apparence d'y auoir eu des fossez autour de leur logement, qui estoit petit. Nous trouuasmes aussi de grãdes pieces de bois escarrees, vermoulues, & quelques 3. ou 4. balles de canon. Toutes ces choses monstrent euidemment que c'à esté vne habitation, laquelle a esté fondee par des Chrestiens : & ce qui me fait dire & croire que c'est Iaques Quartier, c'est qu'il ne se trouue point qu'aucun aye yuerné ny basty en ces lieux que ledit Iaques Quartier au temps de ses descouuertures, & failloit, à mon iugemét, que ce lieu s'appelast sainte Croix, comme il l'auoit nommé, que l'on a transferé depuis à vn autre lieu qui est 15. lieues de nostre habitatiõ à l'Ouest, & n'y a pas d'apparence qu'il eust yuerné en ce lieu que maintenant on appelle saincte Croix, n'y en d'autres : d'autant qu'en ce chemin il n'y a riuiere ny autres lieux capables de tenir vaisseaux, si ce n'est la grande riuiere

où celle dont i'ay parlé cy dessus, où de basse mer y a demie brasse d'eau, force rochers & vn banc à son entrée: Car de tenir des vaisseaux dans la grande riuiere, où il y a de grands courans, marees & glaces qui charient en hyuer, ils courroient risque de se perdre, aussi qu'il y a vne pointe de sable qui aduance sur la riuiere, qui est remplie de rochers, parmy lesquels nous auons trouuué depuis trois ans vn passage qui n'auoit point encore esté descouuert: mais pour le passer il faut bien prendre son temps, à cause des pointes & dangers qui y sont. Ce lieu est à descouuert des vét, de Norouest & la riuiere y court cóme si c'estoit vn saut d'eau, & y pert de deux brasses & demye. Il ne s'y voit aucune apparence de bastimens, n'y qu'vn homme de iugement vouluft s'establir en c'est endroit, y en ayant beaucoup d'autres meilleurs quand on seroit forcé de demeurer. I'ay bien voulu traicter de cecy, d'autant qu'il y en a beaucoup qui croyent que ce lieu fust la residence dudit Iaques Quartier: ce que ie ne croy pas pour les raisós cy dessus: car ledit Quartier en eust aussi bien fait le discours pour le laisser à la posterité comme il l'a fait de tout ce qu'il a veu & descouuert: & souftiens que mon dire est veritable: ce qui ce peut prouuer par l'histoire qu'il en a escrite.

DV SIEVR DE CHAMPLAIN.

ABITATION DE QVEBECQ

A Le magazin.
B Colombier.
C Corps de logis où sont nos armes, & pour loger les ouuriers.
D Autre corps de logis pour les ouuriers.
E Cadran.
F Autre corps de logis où est la forge, & artisans logés
G Galleries tout autour des logemens.
H Logis du sieur de Champlain.
I La porte de l'habitation, où il y a Pont-leuis.
L Promenoir autour de l'habitation contenant 10. pieds de large iusques sur le bort du fossé.
M Fossés tout autour de l'habitation.
N Plattes formes, en façon de tenailles pour mettre le canon.
O Iardin du sieur de Champlain.
P La cuisine.
Q Place deuant l'habitation sur le bort de la riuiere.
R La grande riuiere de sainct Lorens.

Aa ij

Et pour mõstrer encore que ce lieu que maintenãt on appelle saincte Croix n'est le lieu où yuerna Iaques Quartier, cõme la plufpart estiment, voicy ce qu'il en dit en ses descouuertures, extrait de son histoire, assauoir, Qu'il arriua à l'isle aux Coudres le 5. Decembre en l'an 1535. qu'il appella de ce nom pour y en auoir, auquel lieu y a grand courant de maree, & dit qu'elle contient 3. lieues de long, mais quand on contera lieue & demie c'est beaucoup.

Et le 7. du mois iour de nostre dame, il partit d'icelle pour aller à mont le fleuue, où il vit 14. isles distantes de l'isle aux Coudres de 7. a 8. lieues du Su. En ce cõpte il s'esgare vn peu, car il n'y en a pas plus de trois : & dit que le lieu où sont les isles susd. est le commencement de la terre ou prouince de Canada, & qu'il arriua à vne isle de 10. lieues de long & cinq de large, où il se fait grande pescherie de poisson, comme de fait elle est fort abondante, principalement en Esturgeon : mais de ce qui est de sa longueur elle n'a pas plus de six lieues & deux de large, chose maintenant assez cogneue. Il dit aussi qu'il mouilla l'ancre entre icelle isle & la terre du Nort, qui est le plus petit passage & dãgereux, & là mit deux sauuages à terre qu'il auoit amenez en Frãce, & qu'aprés auoir aresté en ce lieu quelque tẽps auec les peuples du

pays il fit admener fes barques, & paffa outre à
môt led. fleuue auec le flot pour cercher haure
& lieu de feureté pour mettre les nauires, &
qu'ils furét outre le fleuue coftoyant ladite ifle
contenãt 10. lieues, cõme il met, où au bout ils
trouuerent vn affour d'eau fort beau & plaifant, auquel y a vne petite riuiere & haure
de barre, qu'ils trouuerent fort propre pour
mettre leurs vaiffeaux à couuert, & le nom-
merent fainɛte Croix, pour y eftre arriuez ce
iour là lequel lieu s'appeloit au téps, & voyage
dudit Quartier Stadaca, que maintenant nous
appelons Quebecq, & qu'aprés qu'il euft
recogneu ce lieu, il retourna querir fes vaiffeaux pour y yuerner.

Or eft il donc à iuger que de l'ifle aux Coudres iufques à l'ifle d'Orleans, il n'y a que 5.
lieues, au bout de laquelle vers l'Occidant la
riuiere eft fort fpacieufe, & n'y a audit affour,
comme l'appelle Quartier, aucune riuiere que
celle qu'il nomma fainɛte Croix, diftante de
l'ifle d'Orleans d'vne bonne lieue, où de baffe
mer n'y a que demie braffe d'eau, & eft fort dã-
gereufe en fon entree pour vaiffeaux, y ayant
quantité d'efprons, qui font rochers efpars par
cy par la, & faut balliffer pour entrer dedãs, où
de plaine mer, comme i'ay diɛt, il y a 3. braffes
d'eau, & aux grandes marees 4. braffes, & 4. &

A a iij

demie ordinairement à plain flot, & n'eſt qu'a 1500. pas de noſtre habitatió, qui eſt plus à mont dãs ladite riuiere, & n'y a autre riuiere, comme i'ay dit, depuis le lieu que maintenant on appelle ſaincte Croix, où on puiſſe mettre aucuns vaiſſeaux: Ce ne ſont que de petits ruiſſeaux. Les coſtes ſont plattes & dangereuſes, dont Quartier ne fait aucune mentió que iuſques à ce qu'il partit du lieu de ſaincte Croix appelé maintenant Quebecq, où il laiſſa ſes vaiſſeaux, & y fit edifier ſon habitation comme on peut voir ainſi qu'il s'enſuit.

Le 19. Septembre il partit de ſaincte Croix où eſtoient ſes vaiſſeaux, & fit voile pour aller auec la maree à mont ledit fleuue qu'ils trouuerẽt fort aggreable, tant pour les bois, vignes & habitatiõs qu'il y auoit de ſon tẽps, qu'autres choſes: & furẽt poſer l'acre à vingt cinq lieues de l'entree de la terre de Canada, qui eſt au bout de l'iſle d'Orleans du coſté de l'oriant ainſi appelee par ledit Quartier. Ce qu'on appelé auiourd'huy S. Croix s'appeloit lors Achelacy, deſtroit de la riuiere, fort courãt & dangereux, tãt pour les rochers qu'autres choſes, & ou on ne peut paſſer que de flot, diſtãt de Quebecq & de la riuiere ou yuerna led. Quartier 15. lieues.

Or en toute ceſte riuiere n'y à deſtroit depuis Quebecq iuſques au grand ſaut, qu'en ce lieu que maintenant on appelle saincte Croix, où on a transferé ce nom d'vn lieu à vn autre qui est fort dangereux, comme i'ay descript: & appert fort clairement par son discours, que ce n'est point le lieu de son habitation, comme dit est, & que ce fut proche de Quebecq, & qu'aucun n'auoit encore recerché ceste particularité, sinon ce que i'ay fait en mes voyages: Car dés la premiere fois qu'on me dit qu'il auoit habité en ce lieu, cela m'estonna fort, ne voyāt apparence de riuiere pour mettre vaisseaux, comme il descrit. Ce fut ce qui m'en fit faire exacte recerche pour en leuer le soubçon & doubte à beaucoup.

Pendant que les Charpentiers, scieurs d'aix & autres ouuriers trauailloient à nostre logement, ie fis mettre tout le reste à deffricher au tour de l'habitatiō, afin de faire des iardinages pour y semer des grains & grennes pour voir comme le tout succederoit, d'autant que la terre parroissoit fort bonne.

Cependant quantité des sauuages estoient cabannés proche de nous, qui faisoient pesche d'anguilles qui cōmencent à venir comme au 15. de Septembre, & finit au 15. Octobre. En ce temps tous les sauuages se nourissent de ceste manne, & en font secher pour l'yuer iusques au mois de Feurier, que les neiges sont grandes comme de 2. pieds & demy, & 3. pieds pour le plus, qui est le temps que quád leurs anguilles & autres choses qu'ils font checher, sont accómodees, ils vót chasser aux Castors, où ils sót iusques au cómencemét de Ianuier. Cóme ils y furent, ils nous laisserent en garde toutes leurs anguilles & autres choses iusques à leur retour, qui fut au 15. Decembre, & ne firent pas grand chasse de Castors pour les eaux estre trop grádes, & les riuieres desbordees, ainsi qu'ils nous dirent. Ie leur rendis toutes leurs vituailles qui ne leur durerent que iusques au 20. de Ianuier. Quand leurs anguilles leur faillent ils ont recours à chasser aux Eslás & autres bestes sauuages, qu'ils peuuent trouuer en attendant le printéps, où i'eu moyen de les entretenir de plusieurs choses. Ie consideray fort particulierement leur coustumes.

Tous ces peuples patissent tant, que quelquesfois ils sont contraincts de viure de certains coquillages, & manger leur chiens & peaux dequoy ils se couurent contre le froid. Ie tiens que qui leur móstreroit à viure & leur enseigneroit, le labourage des terres & autres choses, ils apprendroient fort bien : car il s'en trouue assez qui ont bon iugement & respondent à propos sur ce qu'on leur demande. Ils ont vne meschanceté en eux, qui est d'vser de

ven-

végeance, & d'eſtre grãds menteurs, gens auſquels il ne ſe faut par trop aſſeurer, ſinon auec
raiſon,& la force en la main. Ils promettent aſſez, mais ils tiennent peu. Ce ſont gens dont la
pluſpart n'ont point de loy, ſelon que i'ay peu
voir, auec tout plain d'autres fauces croyances.
Ie leur demanday de quelle ſorte de ceremonies ils vſoient à prier leur Dieu, ils me dirent qu'ils n'en vſoient point d'autres, ſinon
qu'vn chacun le prioit en ſon cœur, comme il
vouloit. Voila pourquoy il n'y a aucune loy
parmy eux,& ne ſçauent que c'eſt d'adorer &
prier Dieu, viuás cõme beſtes bruttes & croy,
que bien toſt ils ſeroient reduits bons Chre-
ſtiens ſi on habitoit leur terre, ce qu'ils de-
ſirent la pluſpart. Ils ont parmy eux quelques
ſauuages qu'ils appelẽt Pillotois, qu'ils croient
parler au Diable viſiblement, leur diſant ce
qu'il faut qu'ils facent, tant pour la guerre que
pour autres choſes, & s'ils leur commandoit qu'ils allaſſent mettre en execution quelque entrepriſe, ils obeiroient auſſitoſt à ſon
commandemẽt: Comme auſſi ils croyent que
tous les ſonges qu'ils font, ſont veritables: &
de fait, il y en a beaucoup qui diſent auoir veu
& ſongé choſes qui aduiennent ou aduien-
dront. Mais pour en parler auec verité, ce ſont
viſiõs Diabolique qui les trõpe & ſeduit. Voi-

Bb

la tout ce que i'ay peu apprendre de leur croyance bestialle. Tous ces peuples sont gens bien proportionnez de leurs corps, sans difformité, & sont dispos. Les femmes sont aussi bié formees, potelees & de couleur bazannee, à cause de certaines peintures dont elles se frotét, qui les fait demeurer oliuastres. Ils sont habillez de peaux: vne partie de leur corps est couuerte & l'autre partie descouuerte: mais l'yuer ils remedient à tout: car ils sont habillez de bonnes fourrures, comme de peaux d'Eslan, L'oustres, Castors, Ours, Loups marins, Cerfs & Biches qu'ils ont en quátité. L'yuer quand les neges sont grádes ils font vne maniere de raquettes qui sont grandes deux ou trois fois plus que celles de Fráce, qu'ils attachent à leurs pieds, & vont ainsi dans les neges, sans enfoncer: car autrement ils ne pourroient chasser n'y aller en beaucoup de lieux. Ils ont aussi vne façon de mariage, qui est, Que quand vne fille est en l'aage de 14. ou 15. ans, & qu'elle a plusieurs seruiteurs elle a cópagnie auec tous ceux que bon luy semble: puis au bout de 5. ou 6. ans elle prend lequel il luy plaist pour son mary, & viuent ensemble iusques à la fin de leur vie: sinon qu'apés auoir demeuré quelque téps ensemble, & elles n'ont point enfans, l'homme se peut desmarier & prédre vne autre féme, disát que la siéne ne vaut rien: Par ainsi les filles sont plus libres que les femmes.

Depuis qu'elles sont mariés, elles sont chastes, & leurs maris sont la pluspart ialoux, lesquels donnent des presens aux peres ou parens des filles qu'ils ont espousez. Voila les ceremonies & façõs dont ils vsent en leurs mariages. Pour ce qui est de leurs enterremés: Quãd vn homme, ou vne femme meurt, ils font vne fosse, où ils mettent tout le bien qu'ils ont, comme chaudieres fourrures, haches, arcs, fleches, robbes & autres choses: puis ils mettent le corps dans la fosse & le couurent de terre, & mettent quantité de grosses pieces de bois dessus, & vne autre debout, qu'ils peindent de rouge par enhaut. Ils croyent l'immortalité des ames, & disent qu'ils vont se reiouir en d'autres pays, auec leurs parens & amis qui sont morts. Si ce sont Capitaines ou autres ayans quelque creance, ils vont aprés leur mort, trois fois l'anee faire vn festin, chantans & dançans sur leur fosse.

Tout le temps qu'ils furent auec nous, qui estoit le lieu de plus de seureté pour eux, ils ne laissoient d'aprehender tellement leurs ennemis, qu'ils prenoient souuent des alarmes la nuit en songeant, & enuoyoient leurs femmes & enfans à nostre fort, où ie leur

Bb ij

faisois ouurir les portes, & les hómes demeurer autour dudict fort, sans permettre qu'ils enttrassent dedans, car ils estoient autant en seureté de leurs personnes comme s'ils y eussent esté, & faisois sortir cinq ou six de nos compagnons pour leur donner courage, & aller descouurir parmy les bois s'ils verroient rien pour les contenter. Ils sont fort craintifs & aprehendent infinement leurs ennemis, & ne dorment presque point en repos en quelque lieu qu'ils soiēt, bié que ie les asseurasse tous les iours de ce qu'il m'estoit possible, en leur remōstrant de faire comme nous, sçauoir veiller vne partie, tādis que les autres dormiront, & chacū auoir ses armes prestes comme celuy qui fait le guet, & ne tenir les sōges pour verité, surquoy ils se reposent : d'autant que la pluspart ne sont que méteries, auec autres propos sur ce subiect : mais peu leur seruoiēt ces remonstrances, & disoiēt que nous sçauions mieux nous garder de toutes choses qu'eux, & qu'auec le temps si nous habitions leur pays, ils le pourroient apprendre.

SEMENCES ET VIGNES PLANTEES A QVEBECQ.
Commencement de l'hiuer & des glaces. Extresme necessité de certains sauuages.

CHAP. V.

LE premier Octobre, ie fis semer du bled, & au 15. du seigle.

Le 3. du mois il fit quelque gelees blanches, & les feuilles des arbres commencent à tomber au 15.

Le 24. du mois, ie fis planter des vignes du pays, qui vindrent fort belles: Mais aprés que ie fus party de l'habitation pour venir en France, on les gasta toutes, sans en auoir eu soing, qui m'affligea beaucoup à mon retour.

Le 18. de Nouembre tomba quantité de neges, mais elles ne durerent que deux iours sur la terre, & fit en ce temps vn grand coup de vent. Il mourut en ce mois vn matelot & nostre serrurier, de la dissenterie, comme firent plusieurs sauuages à force de manger des anguilles mal cuites, selon mon aduis.

Le 5. Feurier il negea fort, & fit vn grand vent qui dura deux iours.

Le 20. du mois il apparut à nous quelques sauuages qui estoient de dela la riuiere, qui croyent que nous les allassions secourir, mais il estoit hors de nostre puissance, à cause de la riuiere qui charioit vn grand nombre de glaces, car la faim preſſoit ſi fort ces pauures miſerables, que ne ſçachans que faire, ils ſe reſolurent de mourir, hommes, femmes, & enfans, où de paſſer la riuiere, pour l'eſperance qu'ils auoient que ie les aſſiſterois en leur extreſme neceſſité. Ayant donc prins ceſte reſolutiõ, les hommes & les femmes prindrent leurs enfans, & ſe mirent en leurs canaux, penſant gaigner noſtre coſte par vne ouuerture de glaces que le vent auoit faitte: mais ils ne furent ſitoſt au milieu de la riuiere, que leurs canaux furent prins & briſez entre les glaces en mille pieces. Ils firent ſi bien qu'ils ſe ietterent auec leurs enfans que les femmes portoient ſur leur dos, deſſus vn grand glaçon. Comme ils eſtoient là deſſus, on les entendoit crier, tant que c'eſtoit grand pitié, n'eſperans pas moins que de mourir: Mais l'heur en voulut tant à ces pauures miſerables, qu'vne grande glace vint choquer par le coſté de celle où ils eſtoient, ſi rudement qu'elle les ietta à terre. Eux voyant ce coup ſi fauorable furent à terre auec autant de ioye que iamais ils en receurent, quelque grande famine qu'ils euſſét eu. Ils s'en vindrét à noſtre habitatiõ ſi maigres & deffaits, qu'ils ſembloyent des anathomies, la pluſpart ne pouuás ſe ſouſtenir. Ie m'eſtonnay de les voir, & de la façon qu'ils auoient passé, veu qu'ils estoient si foibles & debilles. Ie leur fis donner du pain & des feues. Ils n'eurent pas la patience qu'elles fussent cuites pour les manger. Ie leur pretay aussi quelques escorces d'arbres, que d'autres sauuages m'auoient döné pour couurir leurs cabanes. Côme ils se cabannoient, ils aduiserét vne charôgue qu'il y auoit prés de deux mois que i'auois fait ietter pour attirer des regnards, döt nous en preniôs de noirs & roux, comme ceux de France, mais beaucoup plus chargez de poil. Ceste charongne estoit vne truye & vn chien qui auoiét enduré toutes les rigueurs du temps chaut & froit. Quand le temps s'a-doulcissoit, elle puoit si fort que l'on ne pouuoit durer auprés: neantmoins ils ne laisserent de la prendre & emporter en leur cabanne, où aussitost ils la deuorerent à demy cuite, & iamais viande ne leur sembla de meilleur goust. I'enuoyay deux où trois hommes les aduertir qu'ils n'en mégeassent point s'ils ne vouloient mourir: comme ils approcherent de leur cabanne, ils sentirent vne telle puanteur de ceste charongne à demy eschauffee, dont ils auoient chacun vne piece en la main, qu'ils pencerent rendre gorge, qui fit qu'ils n'y arresterent gueres. Ces pauures miserables acheuerent leur festin. Ie ne laissay pourtant de les accommoder selon ma puissance, mais c'estoit peu pour la quantité qu'ils estoient : & dans vn mois ils eussent bien mangé tous nos viures, s'ils les eussent eu en leur pouuoir, tant ils sont gloutons : Car quand ils en ont, ils ne mettent rien en reserue, & en font chere entiere iour & nuit, puis aprés ils meurent de faim. Ils firent encore vne autre chose aussi miserable que la premiere. I'auois fait mettre vne chienne au haut d'vn arbre, qui seruoit d'appas aux martres & oiseaux de proye, où ie prenois plaisir, d'autant qu'ordinairement ceste charongne en estoit assaillie : Ces sauuages furent à l'arbre & ne pouuás monter dessus à cause de leur floiblesse, ils l'abbatirent, & aussitost enleuerent le chien, où il n'y auoit que la peau & les os, & la teste puante & infaicte, qui fut incontinent deuoré.

Voila le plaisir qu'ils ont le plus souuent en yuer : Car en esté ils ont assez de quoy se maintenir & faire des prouisiõs, pour n'estre assaillis de ces extresmes necessitez, les riuieres abbondantes en poisson & chasse d'oiseaux & autres bestes sauuages. La terre est fort propre & bonne au labourage, s'ils vouloient prendre la peine d'y semer des bleds d'Inde, comme font tous leurs voisins Algommequins, Ochastaiguins & Yroquois, qui ne sont attaquez d'vn si cruel si cruel assaut de famine pour y sçauoir remedier par le soin & preuoyance qu'ils ont, qui fait qu'ils viuent heureusement au pris de ces Mõtaignets, Canadiés, & Souriquois qui sont le long des costes de la mer. Voila la pluspart de leur vie miserable. Les neiges & les glaces y sont trois mois sur la terre, qui est depuis le mois de Ianuier iusques vers le huictiesme d'Auril, qu'elles sont presque toutes fondues: Et au plus à la fin dud. mois il ne s'é voit que raremét au lieu de nostre habitation. C'est chose estrange, que tant de neges & glaces qu'il y a espoisses de deux à trois brasses sur la riuiere soiét en moins de 12. iours toutes fondues. Depuis Tadoussac iusques à Gaspé, cap Breton, isle de terre neufue & grand baye, les glaces & neges y sont encores en la pluspart des endroits iusques à la fin de May: auquel temps toute l'entree de la grãde riuiere est seelee de glaces: mais à Quebecq il n'y en a point: qui montre vne estrange difference pour 120. lieues de chemin en longitude: car l'entree de la riuiere est par les 49. 50. & 51. degré de latitude, & nostre habitation par les 46. & deux tiers.

Cc

*MALADIES DE LA TERRE A QVEBECQ. LE
ſuieƈt de l'yuernement. Deſcription dudit lieu. Arriuee du ſieur des Marais
gendre de Pont-graué, audit Quebecq.*

CHAP. VI.

Les maladies de la terre commencerent à prédre fort tart, qui fut en Feurier iuſqu'a la my Auril. Il en fut frappé 18. & en mourut dix ; & cinq autres de la diſenterie. Ie fis faire ouuerture de quelques vns, pour voir s'ils eſtoient offencez comme ceux que i'auois veus és autres habitations : on trouua le meſme. Quelque temps aprés noſtre Chirurgien mourut. Tout cela nous donna beaucoup de deſplaiſir, pour la peine que nous auions à penſer les malades. Cy deſſus i'ay deſcript la forme de ces maladies.

Or ie tiens qu'elles ne prouiennent que de manger trop de ſalures & legumes, qui eſchaufent le ſang, & gaſtent les parties interieures. L'yuer auſſi en eſt en partie cauſe, qui reſerre la chaleur naturelle qui cauſe plus grande corruption de ſang : Et auſſi la terre quand elle eſt ouuerte il en ſort de certaines vapeurs qui y ſont encloſes leſquelles infectent l'air : ce que l'on à veu par experience en ceux qui ont eſté aux autres habitations aprés la premiere annee que le ſoleil eut donné ſur ce qui eſtoit deserté, tát de nostre logemét qu'autres lieux, où l'air y estoit beaucoup meilleur & les maladies non si aspres cōme deuant. Pour ce qui est du pays, il est beau & plaisant, & apporte toutes sortes de grains & grennes à maturité, y ayant de toutes les especes d'arbres que nous auons en nos forests par deça, & quantité de fruits, bien qu'ils soient sauuages pour n'estre cultiuez: comme Noyers, Serisiers, Pruniers, Vignes, Framboises, Fraizes, Groiselles verdes & rouges, & plusieurs autres petits fruits qui y sont assez bons. Aussi y a il plusieurs sortes de bónes herbes & racines. La pesche de poisson y est en abondáce dás les riuieres, où il y a quátité de prairies & gibier, qui est en nombre infiny. Depuis le mois d'Auril iusques au 15. de Decembre l'air y est si sain & bó, qu'on ne sent en soy aucune mauuaise disposition: Mais Ianuier Feurier & Mars sont dangereux pour les maladies qui prennent plustost en ce temps qu'en esté, pour les raisons cy dessus dittes: Car pour le traitement, tous ceux qui estoient auec moy estoient bien vestus, & couchez dans de bons licts, & bien chauffez & nourris, s'entend des viandes salees que nous auions, qui à mon oppiniō les offensoient beaucoup, cōme i'ay dict cy dessus: & à ce que i'ay veu, la maladie s'atacque aussi bien à vn qui se tient delicatement, & qui aura bien soin de soy, comme à celuy qui sera le plus miserable. Nous croiyons au commencement qu'il n'y eust que les gens de trauail qui fussent prins de ces maladies: mais nous auons veu le contraire. Ceux qui nauigét aux Indes Orientalles & plusieurs autres regions, comme vers l'Allemaigne & l'Angleterre, en sont aussi bié frappez qu'en la nouuelle France. Depuis quelque temps en ça les Flamans en estans attacquez en leurs voyages des Indes, ont trouué vn remede fort singulier contre ceste maladie, qui nous pourroit bien seruir: mais nous n'en auons point la cognoissance pour ne l'auoir recherché. Toutesfois ie tiens pour asseuré qu'ayant de bon pain & viandes fraiches, qu'on n'y seroit point subiect.

Le 8. d'Auril les neges estoient toutes fondues, & neantmoins l'air estoit encores assez froit iusques en Auril, que les arbres commencent à ietter leurs fueilles.

Quelques vns de ceux qui estoient malades du mal de la terre, furét gueris venant le printéps, qui en est le temps de guerison. I'auois vn sauuage du pays qui yuerna auec moy, qui fut atteint de ce mal, pour auoir changé sa nourriture en salee, lequel en mourut: Ce qui montre euidemment que les saleures ne valent rien,

& y sont du tout contraires.

Le 5. Iuin arriua vne chalouppe à nostre habitation, où estoit le sieur des Marais, gendre du Pont-graué, qui nous aportoit nouuelles que son beau pere estoit arriué à Tadoussac le 28. de May. Ceste nouuelle m'apporta beaucoup de cōtentement pour le soulagemēt que nous en esperions auoir. Il ne restoit plus que huit de 28. que nous estions, encores la moitié de ce qui restoit estoit mal disposee.

Le 7. de Iuin ie party de Quebecq, pour aller à Tadoussac communiquer quelques affaires, & priay le sieur des Marais de demeurer en ma place iusques à mon retour: ce qu'il fit.

Aussitost que i'y fus arriué le Pont-graué & moy discourusmes ensemble sur le subiect de quelques descouuertures que ie deuois faire dās les terres, où les sauuages m'auoiēt promis de nous guider. Nous resolusmes que i'y irois dans vne chalouppe auec vingt hommes, & que Pont-graué demeureroit à Tadoussac pour donner ordre aux affaires de nostre habitation, ainsi qu'il auoit esté resolu, il fut fait & y yuerna: d'autant que ie deuois m'en retourner France selon le commandement du sieur de Mons, qui me l'auoit escrit, pour le rendre certain des choses que ie pouuois auoir faites, & des descouuertures dudit pays. Aprés auoir

prins ceste resolution, ie party aussitost de Tadouſſac, & m'en retournay à Quebecq, où ie fis
accommoder vne chalouppe de tout ce qui
estoit necessaire pour faire les descouuertures
du pays des Yroquois, où ie deuois aller auec
les Montagnets nos alliez.

*PARTEMENT DE QVEBECQ IVSQVES A L'ISLE
saincte Esloy, & de la rencontre que i'y fis des sauuages Algomequins & Ochataiguins.*

CHAP. VII.

ET pour cest effect ie partis le 18. dudit mois, où la riuiere commence à s'eslargir, quelquefois d'vne lieue & lieue & demie en tels endroits. Le pays va de plus en plus en embellissant. Ce sont costaux en partie le long de la riuiere & terres vnies sans rochers que fort peu. Pour la riuiere elle est dãgereuse en beaucoup d'endroits, à cause des bancs & rochers qui sont dedãs, & n'y fait pas bon nauiger, si ce n'est la sonde à la main. La riuiere est fort abõdãte en plusieurs sortes de poisson, tãt de ceux qu'auons pardeça, cõme d'autres que n'auons pas. Le pays est tout couuert de grandes & hautes forests des mesmes sortes qu'auons vers nostre habitation. Il y a aussi plusieurs vignes & noyers qui sont sur le bort de la riuiere, & quantité de petits ruiſſeaux & riuieres, qui ne sont nauigables qu'auec des canaux. Nous passames proche de la pointe Ste. Croix, où beaucoup tiennent (comme i'ay dit ailleurs) estre la demeure où yuerna Iacques Quartier. Ceste pointe est de sable, qui aduance quelque peu dans la riuiere, à l'ouuert du Norouest, qui bat dessus. Il y a quelques prayries, mais elles sont innondees des eaues à toutes les fois que vient la plaine mer, qui pert de prés de deux brasses & demie. Ce passage est fort dägereux à passer pour quätité de rochers qui sont au trauers de la riuiere, bien qu'il y aye bon achenal, lequel est fort tortu, où la riuiere court comme vn ras, & faut bien prendre le temps à propos pour le passer. Ce lieu a tenu beaucoup de gens en erreur, qui croyoient ne le pouuoir passer que de plaine mer, pour n'y auoir aucun achenal: maintenät nous auons troüué le contraire: car pour descendre du haut en bas, on le peut de basse-mer: mais de monter, il seroit mal-aisé, si ce n'estoit auec vn grand vent, à cause du grād courant d'eau; & faut par necessité attédre vn tiers de flot pour le passer, où il y a dedans le courant 6. 8. 10. 12. 15. brasses d'eau en l'achenal.

Continuant nostre chemin, nous fusmes à vne riuiere qui est fort aggreable, distante du lieu de saincte Croix, de neuf lieues, & de Quebecq, 24. & l'auons nómée la riuiere saincte Marie. Toute ceste riuiere depuis saincte Croix est fort plaisante & aggreable.

Continuāt nostre routte, ie fis récótre de quelques deux ou trois cens sauuages, qui estoient cabannez proches d'vne petite isle, appelee S. Esloy, distant de S. Marie d'vñe lieue & demie, & là les fusmes recognoistre, & trouuasmes que c'estoit des nations de sauuages appelez Ochateguins & Algoumequins, qui venoient à Quebecq, pour nous assister aux descouuertures du pays des Yroquois, contre lesquels ils ont guerre mortelle, n'espargnant aucune chose qui soit à eux.

Aprés les auoir recogneus, ie fus à terre pour les voir, & m'enquis qui estoit leur chef: Ils me dirent qu'il y en auoit deux, l'vn appelé Yroquet & l'autre Ochasteguin qu'ils me montrerent : & fus en leur cabanne, où ils me firent bonne reception, selon leur coustume.

Ie commençay à leur faire entédre le subiet de mon voyage, dont ils furēt fort resiouis: & aprés plusieurs discours ie me retiray: & quelque temps aprés ils vindrent à ma chalouppe, où ils me firent present de quelque pelleterie, en me monstrant plusieurs signes de resiouissance: & de là s'en retournerent à terre.

Le len-

Le lendemain les deux chefs s'en vindrent me trouuer, où ils furent vne espace de temps sans dire mot, en songeant & petunant tousiours. Aprés auoir bien pensé, ils commencerent à haranguer hautement à tous leurs compagnons, qui estoiét sur le bort du riuage auec leurs armes en la main, escoutans fort ententiuement ce que leurs chefs leur disoient, sçauoir.

Qu'il y auoit prés de dix lunes, ainsi qu'ils comptét, que le fils d'Yroquet m'auoit veu, & que ie luy auois fait bône reception, & declaré que le Pont & moy desirions les assister contre leurs ennemis, auec lesquels ils auoient, dés lôgtemps, la guerre, pour beaucoup de cruautés qu'ils auoient exercees contre leur natiô, soubs pretexte d'amitié: Et qu'ayât tousiours depuis desiré la vengeance, ils auoient solicité tous les sauuages que ie voyois sur le bort de la riuiere, de venir à nous, pour faire alliáce auec nous, & qu'ils n'auoient iamais veu de Chrestiens, ce qui les auoit aussi meus de nous venir voir: & que d'eux & de leurs compagnôs i'en ferois tout ainsi que ie voudrois; & qu'ils n'auoient point d'enfans auec eux, mais gens qui sçauoient faire la guerre, & plains de courage, sçachans le pays & les riuieres qui sont au pays des Yroquois; & que maintenant ils me

Dd

prioyent de retourner en noſtre habitation, pour voir nos maiſons, & que trois iours aprés nous retournerions à la guerre tous enſemble; & que pour ſigne de grande amitié & reſiouiſſance ie feiſſe tirer des mouſquets & arquebuſes, & qu'ils ſeroiēt fort ſatisfaits:ce que ie fis. Ils ietterent de grands cris auec eſtonnement, & principalement ceux qui iamais n'en auoient ouy n'y veus.

Aprés les auoir ouis, ie leur fis reſponce, Que pour leur plaire, ie deſirois bien m'en retourner à noſtre habitation pour leur donner plus de contentement, & qu'ils pouuoient iuger que ie n'auois autre intention que d'aller faire la guerre, ne portant auec nous que des armes, & non dés marchādiſes pour traicter, cōme on leur auoit donné à entendre, & que mon deſir n'eſtoit que d'accomplir ce que ie leur auois promis : & ſi i'euſſe ſceu qu'on leur eut raporté quelque choſe de mal, que ie tenois ceux là pour ennemis plus que les leur meſme. Ils me dirent qu'ils n'en croioyent rien, & que iamais ils n'en auoient oüy parler, neantmoins c'eſtoit le contraire:car il y auoit eu quelques ſauuages qui le dirēt aux noſtres: Ie me cōtentay, attendant l'occaſion de leur pouuoir montrer par effect autre choſe qu'ils n'euſſent peu eſperer de moy.

RETOVR A QVEBECQ, ET DEPVIS CONTINVA-
tion auec les sauuages iusques au saut de la riuiere des Yroquois.

CHAP. VIII.

LE lendemain nous partifmes tous enfemble, pour aller à noftre habitation, où ils fe refiouirent quelques 5. ou 6. iours, qui fe pafferent en dances & feftins, pour le defir qu'ils auoient que nous fuffions à la guerre.

Le Pont vint auffitoft de Tadouffac auec deux petites barques plaines d'hommes, fuiuant vne lettre où ie le priois de venir le plus promptement qu'il luy feroit poffible.

Les fauuages le voyant arriuer fe refiouirent encores plus que deuant, d'autant que ie leur dis qu'il me dônoit de fes gens pour les affifter, & que peut eftre nous yrions enfemble.

Le 28. du mois nous efquipafmes des barques pour affifter ces fauuages : le Pont fe mit dans l'vne & moy dans l'autre, & partifmes tous enfemble. Le premier Iuin arriuafmes à faincte Croix, diftât de Quebecq de 15. lieues, où eftât, nous aduifames enfemble, le Pont & moy, que pour certaines confideratiôs ie m'en yrois auec les fauuages, & luy à noftre habitation & à Tadouffac. La refolution eftant prife, i'embarqué dans ma chalouppe tout ce qui eftoit

Dd ij

neceſſaire auec neuf hommes, des Marais, & la Routte noſtre pilotte, & moy.

Ie party de ſaincte Croix, le 3. de Iuin auec tous les ſauuages, & paſſames par les trois riuieres, qui eſt vn fort beau pays, remply de quantité be beaux arbres. De ce lieu à ſaincte Croix y a 15. lieues. A l'étree d'icelle riuiere y a ſix iſles, trois deſquelles ſont fort petites, & les autres de quelque 15. à 1600. pas de long, qui ſont fort plaiſantes à voir. Et proches du lac ſainct Pierre, faiſant quelque deux lieues dás la riuiere y a vn petit ſaut d'eau, qui n'eſt pas beaucoup dificile à paſſer. Ce lieu eſt par la hauteur de 46. degrez quelques minuttes moins de latitude. Les ſauuages du pays nous dónerét à entédre, qu'à quelques iournees il y a vn lac par où paſſe la riuiere, qui a dix iournees, & puis on paſſe quelques ſauts, & aprés encore trois ou quatre autres lacs de 5. où 6. iournees: & eſtás paruenus au bout, ils font 4. ou 5. lieues par terre, & entrét de rechef dás vn autre lac, où le Sacqué préd la meilleure part deſa ſource. Les ſauuages viénét dudit lac à Tadouſſac. Les trois riuieres vont 40. iournees des ſauuages : & diſent qu'au bout d'icelle riuiere il y a des peuples qui ſont gráds chaſſeurs, n'ayás de demeure arreſtee, & qu'ils voyét la mer du Nort en moins de ſix iournees. Ce peu de terre que i'ay veu eſt sablonneuse, assez esleuee en costaux, chargee de quantité de pins & sapins, sur le bort de la riuiere, mais entrant dans la terre quelque quart de lieue, les bois y sont tresbeaux & clairs, & le pays vny.

Continuant nostre routte iusques à l'entree du lac sainct Pierre, qui est vn pays fort plaisant & vny, & trauersant le lac à 2. 3. & 4. brasses d'eau, lequel peut contenir de long quelque 8. lieues, & de large 4. Du costé du Nort nous vismes vne riuiere qui est fort aggreable, qui va dãs les terres quelques 20. lieues, & l'ay nõmée saincte Suzane: & du costé du Su, il y en a deux, l'vne appelee la riuiere du Pont, & l'autre de Gennes, qui sont tresbelles & en beau & bon pays. L'eau est presque dormãte dans le lac, qui est fort poissonneux. Du costé du Nort il parroist des terres à quelque douze ou quinze lieues du lac, qui sont vn peu mõtueuses. L'ayãt trauersé, nous passames par vn grand nombre d'isles, qui sont de plusieurs grandeurs, où il y a quantité de noyers & vignes, & de belles prayries auec force gibier & animaux sauuages, qui võt de la grãd terre ausdites isles. La pescherie du poisson y est plus abondante qu'en aucun autre lieu de la riuiere qu'eussions veu. De ces isles fusmes à l'entree de la riuiere des Yroquois, où nous seiournasmes deux

Dd iij

iours & nous rafraichifmes de bonnes venaiſons, oiſeaux, & poiſſons, que nous dónoiết les ſauuages, & où il s'eſmeut entre eux quelque different ſur le ſubiect de la guerre, qui fut occaſion qu'il n'y en eut qu'vne partie qui ſe reſolurent de venir auec moy, & les autres s'en retournerết en leur pays auec leurs femmes & marchandiſes qu'ils auoient traictées.

Partant de ceſte entree de riuiere (qui à quelque 4. à 500. pas de large , & qui eſt fort belle, courant au Su) nous arriuaſmes à vn lieu qui eſt par la hauteur de 45. degrez de latitude à 22. ou 23. lieues des trois riuieres. Toute ceſte riuiere depuis ſon entree iuſques au premier ſaut, où il y a 15. lieues, eſt fort platte & enuironnee de bois, comme ſont tous les autres lieux cy deſſus nommez, & des meſmes eſpeces. Il y a 9. ou 10. belles iſles iuſques au premier ſaut des Yroquois, leſquelles tiennết quelque lieue, où lieue & demie, remplies de quantité de cheſnes & noyers. La riuiere tient en des endroits prés de demie lieue de large, qui eſt fort poiſonneuſe. Nous ne trouuaſmes point moins de 4. pieds d'eau. L'entree du ſaut eſt vne maniere de lac, où l'eau deſcend, qui contient quelque trois lieues de circuit, & y a quelques prairies où il n'y habite aucũs ſauuages, pour le ſubiect des guerres. Il y a fort peu d'eau au faut qui court d'vne grande viftefse, & quantité de rochers & cailloux, qui font que les fauuages ne les peuuent furmonter par eau: mais au retour ils les defcendét fort bien. Tout cedict pays eft fort vny, remply de forefts, vignes & noyers. AucunsChreftiens n'eftoiét encores paruenus iufques en cedit lieu, que nous, qui eufmes affez de peine à monter la riuiere à la rame.

Auffitoft que nous fufmes arriuez au faut, des Marais, la Routte & moy, & cinq hommes fufmes à terre, voir fi nous pourrions paffer ce lieu, & fifmes quelque lieue & demie fans en voir aucune apparence, finon vne eau courante d'vne grandiffime roideur, où d'vn cofté & d'autre y auoit quantité de pierres, qui font fort dangereufes & auec peu d'eau. Le faut peut contenir quelque 600. pas de large. Et voyant qu'il eftoit impoffible coupper les bois & faire vn chemin auec fi peu d'hómes que i'auois, ie me refolus auec le confeil d'vn chacū, de faire autre chofe que ce que nous nous eftiós promis, d'autāt que les fauuages m'auoient affeuré que les chemins eftoient aifez: mais nous trouuafmes le cōtraire, cōme i'ay dit cy deffus, qui fut l'occafion que nous en retournafmes en noftre chalouppe, où i'auois laiffé quelques hommes pour la garder

& donner à entendre aux sauuages quand ils seroient arriuez, que nous estions allez descouurir le long dudit saut.

Aprés auoir veu ce que desirions de ce lieu, en nous en retournant nous fismes rencontre de quelques sauuages, qui venoient pour descouurir comme nous auions fait, qui nous dirent que tous leurs compagnons estoient arriuez à nostre chalouppe où nous les trouuauasmes fort contans & satisfaits de ce que nous allions de la façon sans guide, sinon que par le raport de ce que plusieurs fois ils nous auoient fait.

Estant de retour, & voyant le peu d'apparence qu'il y auoit de passer le saut auec nostre chalouppe, cela m'affligea, & me donna beaucoup de desplaisir, de m'en retourner sans voir veu vn grandicime lac, réply de belles isles, & quantité de beau pays, qui borne le lac, où habitent leurs ennemis, comme ils me l'auoient figuré. Aprés auoir bien pensé en moy mesme, ie me resolus d'y aller pour accomplir ma promesse, & le desir que i'auois: & m'embarquay auec les sauuages dans leurs canots, & prins auec moy deux hommes de bonne volonté. Aprés auoir proposé mon dessien à des Marais, & autres de la chalouppe, ie priay ledit desMarais de s'en retourner en nostre habitation

auec

auec le reste de nos gens soubs l'esperāce qu'en brief, auec la grace de Dieu, ie les reuerrois.

Aussitost ie fus parler aux Capitaines des sauuages & leur donnay à entendre comme ils nous auoient dit le contraire de ce que i'auois veu au saut, sçauoir, qu'il estoit hors nostre puissance d'y pouuoir passer auec la chalouppe: toutesfois que cela ne m'epecheroit de les assister cōme ie leur auois promis. Ceste nouuelle les attrista fort & voulurent prendre vne autre resolution: mais ie leur dis, & les y sollicitay, qu'ils eussent à continuer leurs premier dessin, & que moy troisieme, ie m'en irois à la guerre auec eux dans leurs canots pour leur monstrer que quant à moy ie ne voulois manquer de parole en leur endroit, bien que fusse seul, & que pour lors ie ne voulois forcer personne de mes compagnons de s'embarquer, sinon ceux qui en auroiét la volonté, dont i'en auois trouué deux, que ie menerois auec moy.

Ils furent fort contens de ce que ie leur dis, & d'entendre la resolutiō que i'auois, me promettant tousiours de me faire voir choses belles.

PARTEMENT DV SAVT DE LA RIVIERE DES Yroquois. Description d'vn grand lac. De la rencontre des ennemis que nous fismes aud. lac, & de la façon & conduite qu'ils vsent en allant attacquer les Yroquois.

CHAP. IX.

JE party donc dudit saut de la riuiere des Yroquois, le 2. Iuillet. Tous les sauuages commencerent à apporter leurs canots, armes & bagages par terre quelque demie lieue, pour passer l'impetuosité & la force du saut, ce qui fut promptement fait.

Aussitost ils les mirent tous en l'eau, & deux hommes en chacun, auec leur bagage, & firent aller vn des hômes de chasque canot, par terre quelque trois lieues, que peut côtenir ledit saut, mais non si impetueux comme à l'entree, sinon en quelques endroits de rochers qui barrent la riuiere, qui n'est pas plus large de 3. a 400. pas. Aprés que nous eusmes passé le saut, qui ne fut sans peine, tous les sauuages qui estoient allez par terre, par vn chemin assez beau & pays vny, bien qu'il y aye quantité de bois, se rembarquerent dans leurs canots. Les hommes que i'auois furent aussi par terre, & moy par eau, dedans vn canot. Ils firent reueue de tous leurs gens, & se trouua vingt quatre canots, où il y auoit soixante hommes. Aprés auoir fait leur reueuë, nous continuafmes le chemin iufques à vne ifle qui tient trois lieues de long, remplye des plus beaux pins que i'eufſe iamais veu. Ils firent la chaſſe & y prindrent quelques beſtes ſauuages. Paſſant plus outre enuiron trois lieues de là, nous y logeaſmes pour prendre le repos la nuit enſuiuant.

Incontinent vn chacun d'eux commença, l'vn à coupper du bois, les autres à prendre des eſcorces d'arbre pour couurir leurs cabanes, pour ſe mettre à couuert : les autres à abbatre de gros arbres pour ſe barricader ſur le bort de la riuiere au tour de leurs cabannes, ce qu'ils ſçauent ſi promptement faire, qu'en moins de deux heures, cinq cens de leurs ennemis auroient bien de la peine à les forcer, ſans qu'ils en fiſſent beaucoup mourir. Ils ne barricadent point le coſté de la riuiere où ſont leurs canots arrengez, pour s'embarquer ſi l'occaſion le requeroit. Aprés qu'ils furent logez, ils enuoyerent trois canots auec neuf bons hommes, comme eſt leur couſtume, à tous leurs logemens, pour deſcouurir deux ou trois lieues s'ils n'apperceuront rien, qui aprés ſe retirent. Toute la nuit ils ſe repoſent ſur la deſcouuerture des auant-coureurs, qui eſt vne treſmauuaiſe couſtume en eux : car quelque fois ils ſont ſur-

E e ij

pris de leurs ennemis en dormant, qui les aſſomment, ſans qu'ils ayét le loiſir de ſe mettre ſur pieds pour leur defendre. Recognoiſſant cela ie leur remonſtrois la faute qu'ils faiſoient, & qu'ils deuoient veiller, comme ils nous auoiét veu faire toutes les nuits, & auoir des hommes aux agguets, pour eſcouter & voir s'ils n'apperceuroient rien, & ne point viure de la façon comme beſtes. Ils me dirent qu'ils ne pouuoient veiller, & qu'ils trauailloient aſſez de iour à la chaſſe : d'autant que quād ils vont en guerre ils diuiſent leurs troupes en trois, ſçauoir, vne partie pour la chaſſe ſeparee en pluſieurs endroits : vne autre pour faire le gros, qui ſont touſiours ſur leurs armes; & l'autre partie en auant-coureurs, pour deſcouurir le long des riuieres, s'ils ne verront point quelque marque ou ſignal par ou ayent paſſé leurs ennemis, ou leurs amis : ce qu'ils cognoiſſent par de certaines marques que les chefs ſe donnent d'vne nation à l'autre, qui ne ſont touſiours ſemblables, s'aduertiſsās de téps en temps quād ils en changét; & par ce moyen ils recognoiſſent ſi ſont amis ou ennemis qui ont paſſé. Les chaſſeurs ne chaſſent iamais de l'aduant du gros, ny des auant-coureurs, pour ne donner d'allarmes ny de deſordre, mais ſur la retraicte & du coſté qu'ils n'aprehendent leurs ennemis: & continuent ainsi iusques à ce qu'ils soient à deux ou trois iournees de leurs ennemis, qu'ils vont de nuit à la desrobée, tous en corps, horsmis les coureurs, & le iour se retirent dans le fort des bois, où ils reposent, sans s'esgarer ny mener bruit, ny faire aucun feu, afin de n'estre apperceuz, si par fortune leurs ennemis passoiét; ny pour ce qui est de leur máger durant ce temps. Ils ne font du feu que pour petuner, qui est si peu que rien. Ils mangent de la farine de bled d'Inde cuite, qu'ils d'estrempét auec de l'eau, comme boullie. Ils conseruent ces farines pour leur necessité, & quand ils sont proches de leurs ennemis, ou quand ils font retraite aprés leurs charges, qu'ils ne s'amusent à chasser, se retirant promptement.

A tous leurs logemens ils ont leur Pilotois ou Ostemoy (qui sont manieres de gens, qui font les deuins, en qui ces peuples ont creance,) lequel fait vne cabanne, entouree de petis bois, & la couure de sa robbe : Aprés qu'elle est faitte, il se met dedans en sorte qu'on ne le voit en aucune façon, puis prend vn des piliers de sa cabanne & la fait bransler, marmotant certaines paroles entre ses dés, par lesquelles il dit qu'il inuoque le Diable, & qu'il s'apparoist à luy en forme de pierre, & luy dit s'ils trouueront leurs ennemis, & s'ils en tueront beaucoup. Ce Pilotois est prosterné en terre, sans remuer, ne faisant que parler au diable, & puis aussitost se leue sur les pieds, en parlant & se tourmentant d'vne telle façon, qu'il est tout en eau, bien qu'il soit nud. Tout le peuple est autour de la cabanne assis sur leur cul comme des singes. Ils me disoient souuent que le branlement que ie voyois de la cabanne, estoit le Diable qui la faisoit mouuoir, & non celuy qui estoit dedans, bien que ie veisse le contraire: car c'estoit, comme i'ay dit cy dessus, le Pilotois qui prenoit vn des bastons de sa cabanne, & la faisoit ainsi mouuoir. Ils me dirent aussi que ie verrois sortir du feu par le haut: ce que ie ne vey point. Ces drosles côtrefont aussi leur voix grosse & claire, parlant en langage inconneu aux autres sauuages. Et quand ils la representent cassee ils croyent que c'est le Diable qui parle, & qui dit ce qui doit arriuer en leur guerre, & ce qu'il faut qu'ils facent.

Neantmoins tous ces garniments qui font les deuins, de cent paroles n'en disent pas deux veritables, & vont abusans ces pauures gens, comme il y en a assez parmy le monde, pour tirer quelque denree du peuple, ainsi que font ces galants. Ie leur remonstrois souuent que tout ce qu'ils faisoient n'estoit que folie,

& qu'ils ne deuoient y adiouster foy.

Or aprés qu'ils ont sçeu de leurs deuins ce qu'il leur doit succeder, les chefs prennent des bastons de la longueur d'vn pied autant en nombre qu'ils sont, & signallent par d'autres vn peu plus grands, leurs chefs: Puis vont dans le bois & esplanudēt vne place de 5. ou 6. pieds en quarre, où le chef, comme sergent maior, met par ordre tous ces bastons comme bon luy semble : puis appelle tous ses compagnons, qui viennent tous armez, & leur monstre le rang & ordre qu'ils deuront tenir lors qu'ils se battront auec leurs ennemis : ce que tous ces sauuages regardent attentiuement, remarquāt la figure que leur chef a faite auec ces bastons: & aprés se retirent de là, & commencent de se mettre en ordre, ainsi qu'ils ont veu lesdicts bastons : puis se meslent les vns parmy les autres, & retournent de rechef en leur ordre, continuant deux ou trois fois, & à tous leurs logemens sans qu'il soit besoin de sergent pour leur faire tenir leurs rangs, qu'ils sçauent fort bien garder, sans se mettre en confusion. Voila la reigle qu'ils tiennent à leur guerre.

Nous partismes le lendemain, continuāt nostre chemin dans la riuiere iusques à l'entree du lac. En icelle y a nombre de belles isles, qui sont basses réplies de tres-beaux bois & prairies, où il y a quātité de gibier & chasse d'animaux, comme Cerfs, Daims, Faons, Cheureuls, Ours, & autres sortes d'animaux qui viennent de la grand terre ausdictes isles. Nous y en prismes quantité. Il y a aussi grand nombre de Castors, tant en la riuiere qu'en plusieurs autres petites qui viennent tomber dans icelle. Ces lieux ne sont habitez d'aucuns sauuages, bien qu'ils soient plaisans, pour le subiect de leurs guerres, & se retirent des riuieres le plus qu'ils peuuent au profont des terres, afin de n'estre si tost surprins.

Le lendemain entrasmes dans le lac, qui est de grande estādue comme de 80. ou 100. lieues, où i'y vis quatre belles isles, contenant 10. 12. & 15. lieues de long, qui autres fois ont esté habitees par les sauuages, comme aussi la riuiere des Yroquois: mais elles ont esté abandonnees depuis qu'ils ont eu guerre les vns contre les autres: aussi y a il plusieurs riuieres qui viennét tomber dedās le lac, enuironnees de nombre de beaux arbres, de mesmes especes que nous auons en France, auec forces vignes plus belles qu'en aucun lieu que i'eusse veu: force chastagners, & n'en auois encores point veu que dessus le bort de ce lac, où il y a grande abondance de poisson de plusieurs especes: Entre autres y en a vn, appelé des sauuages du pays

DV SIEVR DE CHAMPLAIN.

pays *Chaousarou*, qui est de plusieurs lōgueurs: mais les plus grāds contiennent, à ce que m'ont dict ces peuples, 8. à 10. pieds. I'en ay veu qui en contenoient 5. qui estoient de la grosseur de la cuisse, & auoient la teste grosse comme les deux points, auec vn bec de deux pieds & demy de long, & à double rang de dents fort agues & dangereuses. Il a toute la forme du corps tirant au brochet, mais il est armé d'escailles si fortes qu'vn coup de poignard ne les sçauroit percer, & de couleur de gris argenté. Il a aussi l'extremité du bec comme vn cochon. Ce poisson fait la guerre à tous les autres qui sont dans ces lacs, & riuieres: & à vne industrie merueilleuse, à ce que m'ont asseuré ces peuples, qui est, quand il veut prendre quelques oiseaux, il va dedās des ioncs ou roseaux, qui sont sur les riues du lac en plusieurs endroits, & met le bec hors l'eau sans se bouger: de façon que lors que les oiseaux viennent se reposer sur le bec, pensans que ce soit vn tronc de bois, il est si subtil, que serrant le bec qu'il tient entr'ouuert, il les tire par les pieds soubs l'eau. Les sauuages m'en donnerent vne teste, dont ils font grand estat, disans que lors qu'ils ont mal à la teste, ils se seignent auec les dents de ce poisson à l'endroit de la douleur qui se passe soudain.

Ff

Continuant nostre routte dans ce lac du costé de l'occident considerant le pays, ie veis du costé de l'orient de fort hautes montaignes, où sur le sommet y auoit de la neige. Ie m'enquis aux sauuages si ces lieux estoient habitez, ils me dirent que ouy, & que c'estoiét Yroquois, & qu'en ces lieux y auoit de belles vallees,& campaignes fertilles en bleds, comme i'en ay mangé audit pays, auec infinité d'autres fruits: & que le lac alloit proche des montaignes, qui pouuoiét estre eslognées de nous, à mon iugemét, de vingtcinq lieues. I'enveis au midy d'autres qui n'estoiét moins hautes que les premieres, horsmis qu'il n'y auoit point de neige. Les sauuages me dirét que c'estoit où nous deuiós aller trouuer leurs ennemis, & qu'elles estoiét fort peuplees, & qu'il falloit passer par vn saut d'eau que ie vis depuis: & de là entrer dans vn autre lac qui contient quelque 9. ou 10. lieues de long, & qu'estát paruenus au bout d'iceluy, il falloit faire quelque deux lieues de chemin par terre, & passer vne riuiere, qui va tomber en la coste de Narembegue, tenant à celle de la Floride, & qu'ils n'estoient que deux iours à y aller auec leurs canots, comme ie l'ay sçeu depuis par quelques prisonniers que nous prismes, qui me discoururent fort particulieremét de tout ce qu'ils en auoient cognoissance, par le moien de quelques truchemens Algoumequins, qui sçauoiēt la langue des Yroquois.

Or comme nous cōmençasmes à approcher à quelques deux ou trois iournees de la demeure de leurs ennemis, nous n'alliōs plus que la nuit, & le iour nous nous reposions, neantmoins ne laissoient de faire tousiours leurs superstitions accoustumees pour sçauoir ce qui leur pourroit succeder de leurs entreprises; & souuent me venoient demander si i'auois songé, & auois veu leurs ennemis: Ie leur disois que non: Neantmoins ne laissois de leur donner du courage, & bonne esperance. La nuit venue nous nous mismes en chemin iusques au lendemain, que nous nous retirasmes dans le fort du bois, pour y passer le reste du iour. Sur les dix ou onze heures, aprés m'estre quelque peu proumené au tour de nostre logement, ie fus me reposer; & en dormant, ie sōgay que ie voyois les Yroquois nos ennemis, dedans le lac, proche d'vne montaigne, qui se noyoient à nostre veue; & les voulans secourir, nos sauuages alliez me disoient qu'il les falloit tous laisser mourir, & qu'ils ne valoiēt rien. Estant esueillé, ils ne faillirent comme à l'acoustumee de me demander si i'auois songé quelque chose: ie leur dis en effect ce que i'auois veu en songe: Cela leur apporta vne telle creance qu'ils ne douterent plus de ce qui leur deuoit aduenir pour leur bien.

Le soir estant venu, nous nous embarquasmes en nos canots pour continuer nostre chemin, & comme nous allions fort doucement, & sans mener bruit, le 29. du mois, nous fismes rencontré des Yroquois sur les dix heures du soir au bout d'vn cap qui aduance dans le lac du costé de l'occident, lesquels venoient à la guerre. Eux & nous commençasmes à ietter de grands cris, chacun se parat de ses armes. Nous nous retirasmes vers l'eau, & les Yroquois mirent pied à terre, & arrangerent tous leurs canots les vns contre les autres, & commencerent à abbatre du bois auec des meschantes haches qu'ils gaignent quelquesfois à la guerre, & d'autres de pierre, & se barricaderent fort bien.

Aussi les nostres tindrent toute la nuit leur canots arrangez les vns contre les autres attachez à des perches pour ne s'esgarer, & combattre tous ensemble s'il en estoit de besoin, & estiós à la portee d'vne flesche vers l'eau du costé de leurs barricades. Et cóme ils furent armez, & mis en ordre, ils enuoyerét deux canots separez de la trouppe, pour sçauoir de leurs ennemis s'ils vouloient combatre, lesquels respódirent qu'ils ne desiroient autre chose: mais que pour l'heure, il n'y auoit pas beaucoup d'apparéce, & qu'il falloit attendre le iour pour se cognoistre: & qu'aussitost que le soleil se leueroit, ils nous liureroient le cōbat: ce qui fut accordé par les nostres: & en attendant toute la nuit se passa en danses & chansons, tant d'vn costé, que d'autre, auec vne infinité d'iniures, & autres propos, comme, du peu de courage qu'ils auoient, auec le peu d'effet & resistance contre leurs armes, & que le iour venāt, ils le sētiroyēt à leur ruine. Les nostres aussi ne manquoient de repartie, leur disant qu'ils verroiēt des effets d'armes que iamais ils n'auoient veu, & tout plain d'autres discours, comme on a accoustumé à vn siege de ville. Aprés auoir bien chanté, dansé & parlementé les vns aux autres, le iour venu, mes compagnons & moy estions tousiours couuerts, de peur que les ennemis ne nous veissent, preparans nos armes le mieux qu'il nous estoit possible, estans toutesfois separez, chacun en vn des canots des sauuages montagnars. Aprés que nous fusmes armez d'armes legeres, nous prismes chacū vne arquebuse & descendismes à terre. Ie vey sortir les ennemis de leur barricade, qui estoient prés de 200. hommes forts & robustes à les voir, qui venoient au petit pas audeuant de nous, auec vne grauité & asseurance qui me contenta fort,

Ff iij

à la teste desquels y auoit trois chefs. Les nostres aussi alloient en mesme ordre & me dirent que ceux qui auoient trois grands pennaches estoient les chefs, & qu'il n'y en auoit que ces trois, & qu'on les recognoissoit à ces plumes, qui estoient beaucoup plus grandes que celles de leurs compagnons, & que ie feisse ce que ie pourrois pour les tüer. Ie leur promis de faire ce qui seroit de ma puissance, & que i'estois bien fasché qu'ils ne me pouuoient bien entendre pour leur donner l'ordre & façon d'attaquer leurs ennemis, & que indubitablement nous les desferions tous; mais qu'il n'y auoit remede, que i'estois tres-aise de leur monstrer le courage & bonne volonté qui estoit en moy quand serions au combat.

Aussitost que fusmes à terre, ils commencerent à courir quelque deux cens pas vers leurs ennemis qui estoient de pied ferme, & n'auoient encores aperçeu mes compagnons, qui s'en allerent dans le bois auec quelques sauuages. Les nostres commencerent à m'appeller à grands cris: & pour me donner passage ils s'ouurirent en deux, & me mis à la teste, marchant quelque 20. pas deuãt, iusqu'à ce que ie fusse à quelque 30. pas des ennemis, où aussitost ils m'aperceurent, & firent alte en me contemplant, & moy eux. Cõme ie les veis esbranser pour tirer sur nous, ie couchay mon arquebuse en ioue, & visay droit à vn des trois chefs, & de ce coup il en tomba deux par terre, & vn de leurs compagnons qui fut blessé, qui quelque temps aprés en mourut. I'auois mis quatre balles dedans mon arquebuse. Comme les nostres veirent ce coup si fauorable pour eux ils commencerent à ietter de si grands cris qu'on n'eust pas ouy tonner; & cependant les flesches ne manquoiét de costé & d'autre. Les Yroquois furent fort estonnez, que si promptement deux hommes auoient esté tuez, bien qu'ils fussét armez d'armes tissues de fil de cotton & de bois à l'espreuue de leurs flesches. Cela leur donna vne grande apprehension. Comme ie rechargeois, l'vn de mes compagnós tira vn coup de dedás le bois, qui les estóna derechef de telle façon, voyant leurs chefs morts, qu'ils perdirent courage, & se mirent en fuite, & abandonnerent le champ, & leur fort, s'enfuians dedans le profond des bois, où les poursuiuans i'en fis demeurer encore d'autres. Nos sauuages en tuerent aussi plusieurs, & en prindrent 10. ou 12. prisonniers: Le reste se sauua auec les blessez. Il y en eut des nostres 15. ou 16. de blessez de coups de flesches qui furent promptement gueris.

Aprés que nous eusmes eu la victoire, ils s'amuserent à prendre force bled d'Inde, & les farines des ennemis, & de leurs armes, qu'ils auoient laissees pour mieux courir. Aprés auoir fait bonne chere, dansé & chanté, trois heures aprés nous en retournasmes auec les prisonniers. Ce lieu, où se fit ceste charge est par les 43. degrez & quelques minutes de latitude, & fut nommé le lac de Champlain.

Fort des Yroquois.

A Le fort des Yroquois.
B Yroquois se iettans en la riuiere pour se sauuer poursuiuis par les Môtaignars & Algoumequins se iettant aprés eux pour les tuer.

D Le sieur de Champlain & 5. des siens.
E Tous nos sauuages amis.
F Le sieur de Praire de S. Malo auec ses compagnons.

G Chalouppe dudit sieur de Praire.
H Grands arbres couppés pour ruiner le fort des Yroquois.

RETOVR DE LA BATAILLE ET CE QVI CE PASSA
par le chemin.

CHAP. X.

APrés auoir fait quelque 8. lieues, sur le soir ils prindrét vn des prisonniers, à qui ils firét vne harague des cruautez que luy & les siés auoient excercees en leur endroit, sans auoir eu aucun esgard, & qu'au semblable il deuoit se resoudre d'en receuoir autant, & luy commanderent de chanter s'il auoit du courage, ce qu'il fit, mais auec vn chant fort triste à ouyr.

Cependant les nostres allumerent vn feu, &
com-

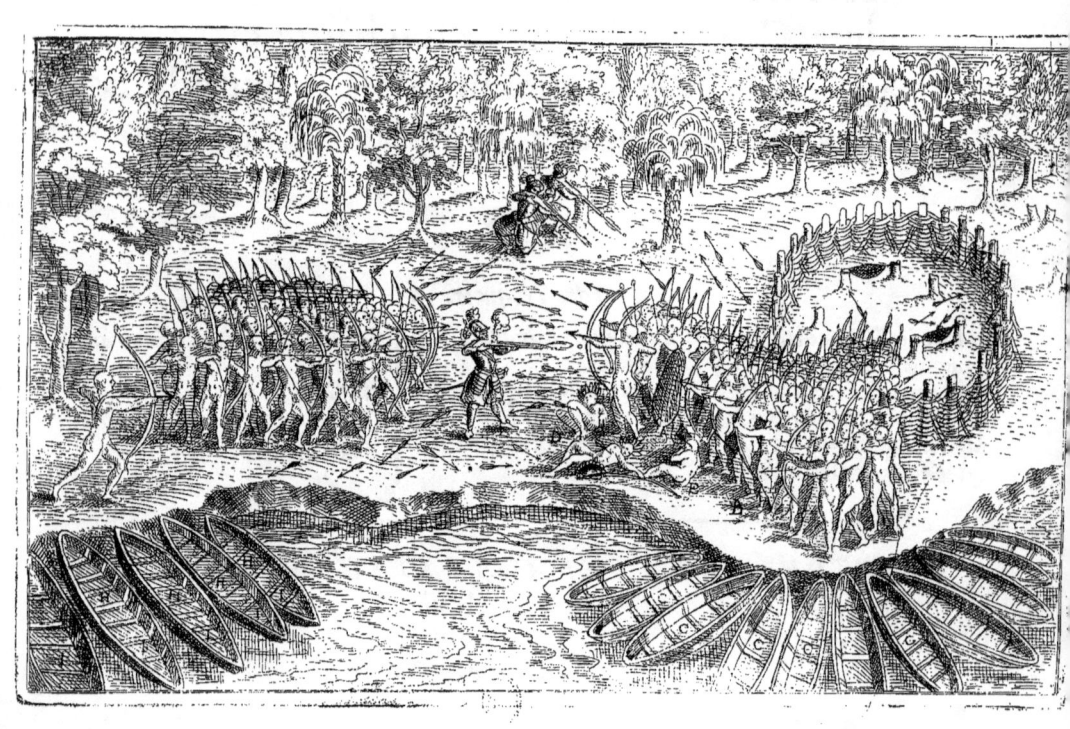

comme il fut bien embrasé ils prindrent chacun vn tizon, & faisoient brusler ce pauure miserable peu à peu pour luy faire souffrir plus de tourmens. Ils le laissoient quelques fois, luy iettât de l'eau sur le dos: puis luy arracherêt les ongles, & luy mirent du feu sur les extremitez des doigts, & de son membre. Apres ils luy escorcherent le haut de la teste, & luy firent degoutter dessus certaine gomme toute chaude: puis luy percerêt les bras prés des poignets, & auec des bastons tiroyent les nerfs & les arrachoyent à force: & côme ils voioyent qu'ils ne les pouuoyent auoir, ils les couppoyent. Ce pauure miserable iettoit des cris estranges, & me faisoit pitié de le voir traitter de la façon, toutesfois auec vne telle constance, qu'on eust dit quelquesfois qu'il ne sentoit presque point de mal. Ils me sollicitoyent fort de prendre du feu pour faire de mesme eux. Ie leur remonstrois que nous n'vsions point de ces cruautez, & que nous les faisions mourir tout d'vn coup, & que s'ils vouloyent que ie luy donnasse vn coup d'arquebuze, i'en serois content. Ils dirêt que non, & qu'il ne sentiroit point de mal. Ie m'en allay d'auec eux comme fasché de voir tant de cruautez qu'ils excercoiêt sur ce corps. Comme ils virent que ie n'en estois contant, ils m'appelerent & me dirent que ie luy don-

Gg

nasse vn coup d'arquebuse : ce que ie fis, sans qu'il en vist rien; & luy fis passer tous les tourmens, qu'il deuoit souffrir, d'vn coup, plustost que de le voir tyranniser. Aprés qu'il fut mort ils ne se contenterent pas, ils luy ouurirent le ventre, & ietterent ses entrailles dedans le lac: aprés ils luy coupperent la teste, les bras & les iambes, qu'ils separerent d'vn costé & d'autre, & reseruerent la peau de la teste, qu'ils auoient escorchee, comme ils auoient fait de tous les autres qu'ils auoient tuez à la charge. Ils firent encores vne meschanceté, qui fut, de prendre le cœur qu'ils coupperent en plusieurs pieces, & le donnerent à manger à vn sien frere, & autres de ses compagnons qui estoient prisonniers, lesquels le prindrent & le mirent en leur bouche, mais ils ne le voulurent aualler: quelques sauuages Algoumequins, qui les auoient en garde le firent recracher à aucuns, & le ietterent dans l'eau. Voila comme ces peuples se gouuernẽt à l'endroit de ceux qu'ils prennent en guerre: & mieux vaudroit pour eux mourir en combatant, ou se faire tuer à la chaude, comme il y en a beaucoup qui font, plustost que de tomber entre les mains de leurs ennemis. Aprés ceste execution faite, nous nous mismes en chemin pour nous en retourner auec le reste des prisonniers, qui alloient tousiours chantans, sans autre esperance que celuy qui auoit esté ainsi mal traicté. Estans aux sauts de la riuiere des Yroquois les Algoumequins s'en retournerēt en leur pays, & aussi les Ochatequins auec vne partie des prisonniers, fort contens de ce qui s'estoit passé en la guerre, & de ce que librement i'estois allé auec eux. Nous nous departismes dōc cōme cela, auec de grādes protestations d'amitié, les vns & les autres, & me dirent si ie ne desirois pas aller en leur pays pour les assister tousiours comme freres: ie leur promis.

Ie m'en reuins auec les Montagnets. Aprés m'estre informé des prisóniers de leurs pays, & de ce qu'il pouuoit y en auoir, nous ployames bagage pour nous en reuenir, ce qui fut auec telle diligence, que chacun iour nous faisions 25. & 30. lieues dans leursdicts canots, qui est l'ordinaire. Comme nous fusmes à l'entree de la riuiere des Yroquois, il y eut quelques sauuages qui songerent que leurs ennemis les poursuiuoient: ce songe les fit aussitost leuer le siege, encores que celle nuit fut fort mauuaise à cause des vents & de la pluye qu'il faisoit; & furent passer la nuit dedans de grands roseaux, qui sont dans le lac sainct Pierre, iusqu'au lendemain, pour la crainte qu'ils auoient de leurs ennemis. Deux iours aprés arriuasmes à nostre

Gg ij

habitation, où ie leur fis donner du pain & quelques poix, & des patinostres, qu'ils me demanderent pour parer la teste de leurs ennemis, qui les portent pour faire des resiouissances à leur arriuee. Le lendemain ie feu auec eux dans leurs canots à Tadoussac, pour voir leurs ceremonies. Aprochans de la terre, ils prindrēt chacun vn baston, où au bout ils pédirent les testes de leurs ennemis tués auec quelques patinostres, chantants les vns & les autres: & comme ils en furent prests, les femmes se despouillerent toutes nues, & se ietterent en l'eau, allant au deuant des canots pour prendre les testes de leurs ennemis qui estoient au bout de longs bastons deuant leurs batteaux, pour aprés les pédre à leur col comme si c'eust esté quelque chaine precieuse, & ainsi chanter & danser. Quelques iours aprés ils me firent present d'vne de ces testes, côme chose bié precieuse, & d'vne paire d'armes de leurs ennemis, pour les conseruer, affin de les montrer au Roy: ce que ie leur promis pour leur faire plaisir.

Quelques iours aprés ie fus à Quebecq, où il vingt quelques sauuages Algoumequins, qui me firent entédre le desplaisir qu'ils auoiét de ne s'estre trouuez à la deffaite de leurs ennemis, & me firent present de quelques fourrures, en consideration de ce que i'y auois esté & assisté leurs amis.

Quelques iours aprés qu'ils furent partis pour s'en aller en leur pays, distant de nostre habitatió de 120. lieues, ie fus à Tadoussac voir si le Pont seroit de retour de Gaspé, où il auoit esté. Il n'y arriua que le lendemain, & me dit qu'il auoit deliberé de retourner en France. Nous resolusmes de laisser vn hôneste homme appelé le Capitaine Pierre Chauin, de Dieppe, pour commander à Quebecq, où il demeura iusques à ce que le sieur de Mons en eust ordonné.

RETOVR EN FRANCE, ET CE QVI S'Y PASSA
iusques au rembarquement.
CHAP. XI.

CEste resolution prinse nous fusmes à Quebecq pour l'establir, & luy laisser toutes les choses requises & necessaires à vne habitation, auec quinze hommes. Toutes choses estant en estat nous en partismes le premier iour de Septembre pour aller à Tadoussac, faire appareiller nostre vaisseau, à fin de nous en reuenir en France.

Nous partismes donc de ce lieu le 5. du mois, & le 8. nous fusmes mouiller l'ancre à l'isle Percee.

Le ieudy dixiefme partifmes de ce lieu, & le mardy enfuiuant 18. du mois arriuafmes fur le grand banc.

Le 2. d'Octobre, nous eufmes la fonde. Le 8. mouillafmes l'ancre au Conquet en baffe Bretagne. Le Samedy 10. du mois partifmes de ce lieu, & arriuafmes à Honfleur le 13.

Eftans defembarqués, ie n'y fis pas long feiour que ie ne prinfe la pofte pour aller trouuer le fieur de Mons, qui eftoit pour lors à Fontaine-belau où eftoit fa Maiefté, & luy reprefentay fort particulieremét tout ce qui c'eftoit paffé, tant en mon yuernement, que des nouuelles defcouuertures, & l'efperance de ce qu'il y auoit à faire à l'aduenir touchant les promeffes des fauuages appelez Ochateguins, qui font bons Yroquois. Les autres Yroquois leurs ennemis font plus au midy. Les premiers entendent, & ne diferent pas beaucoup de langage aux peuples defcouuerts de nouueau, & qui nous auoient efté incogneus cy deuant.

Auffitoft ie fus trouuer fa Maiefté, à qui ie fis le difcours de mon voyage, à quoy il print plaifir & contentement.

I'auois vne ceinture faite de poils de porcefpic, qui eftoit fort bien tiffue, felon le pays, laquelle fa Maiefté eut pour aggreable, auec deux petits oiseaux gros cóme des merles, qui estoient incarnats, & aussi la teste d'vn certain poisson qui fut prins dans le grand lac des Yroquois, qui auoit vn becq fort long auec deux ou trois rangees de dents fort aigues. La figure de ce poisson est dans le grand lac de ma carte Geographique.

Ayant fait auec sa Maiesté, le sieur de Mons se delibera d'aller à Rouen trouuer ses associez les sieurs Collier & le Gédre marchāds de Roué, pour aduiser à ce qu'ils auoient à faire l'annee ensuiuant. Ils resolurent de continuer l'habitation, & paracheuer de descouurir dedans le grand fleuue S. Laurens, suiuant les promesses des Ochateguins, à la charge qu'ō les assisteroit en leurs guerres cóme nous leur auiōs promis.

Le Pont fut destiné pour aller à Tadoussac tant pour la traicte que pour faire quelque autre chose qui pourroit apporter de la commodité pour subuenir aux frais de la despence.

Et le sieur Lucas le Gendre de Rouen, l'vn des associez, ordonné pour auoir soin de faire tant l'achapt des marchandises que viures, & de la frette des vaisseaux, esquipages & autres choses necessaires pour le voyage.

Aprés ces choses resolues le sieur de Mons s'en retourna à Paris, & moy auec luy, où ie fus iusques à la fin de Feurier : durant lequel temps le sieur de Mons chercha moyen d'auoir nouuelle commission pour les traictes des nouuelles descouuertures, que nous auions faites, où auparauant personne n'auoit traicté: Ce qu'il ne peut obtenir, bien que les demandes & propositiós fussent iustes & raisónables.

Et se voyant hors d'esperance d'obtenir icelle commission, il ne laissa de poursuiure son dessin, pour le desir qu'il auoit que toutes choses reussissent au bié & honneur de la France.

Pendant ce temps, le sieur de Mons, ne m'auoit dit encores sa volonté pour mon particulier, iusques à ce que ie luy eus dit qu'on m'auoit raporté qu'il ne desiroit que i'yuernasse en Canadas, ce qui n'estoit pas, car il remit la tout à ma volonté.

Ie m'esquipay des choses propres & necessaires pour yuerner à nostre habitation de Quebecq, & pour cest effet party de Paris le dernier iour de Feurier ensuiuant, & fus à Honfleur, où se deuoit faire l'embarquement. Ie passay par Rouen, où ie seiournay deux iours: & de là fus à Honfleur, où ie trouuay le Pont, & le Gendre, qui me dirét auoir fait embarquer les choses necessaires pour l'habitation. Ie fus fort aise de nous voir prests à faire voile: toutesfois incertain si les viures estoient bons & suffisans pour la demeure & yuernement.

SE-

SECOND VOYAGE
DV SIEVR DE CHAMPLAIN
fait en la Nouuelle France en l'annee 1610.

PARTEMENT DE FRANCE POVR RETOVRNER en la Nouuelle France, & ce qui ce passa iusques à nostre arriuee en l'habitation.

CHAP. I.

LE temps venant fauorable ie m'embarquay à Honfleur auec quelque nombre d'artisans le 7. du mois Mars, & fusmes contrariez de mauuais temps en la Manche, & cōtraincts de relascher en Angleterre, à vn lieu appelé Porlan, où fusmes quelques iours à la radde: & leuasmes l'ancre pour aller à l'isle d'Huy, qui est proche de la coste d'Angleterre, d'autant que nous trouuions la radde de Porlan fort mauuaise. Estās proches d'icelle isle, la brume s'esleua si fort que nous fusmes cōtraincts de relascher à la Hougue.

Depuis le partement de Honfleur, ie fus persecuté d'vne fort grande maladie, qui m'ostoit l'esperance de faire le voyage, & m'estois embarqué dans vn batteau pour me faire reporter

Hh

en France au Havre, & là me faire traiter, estât fort mal au vaisseau : Et faisois estat recouurant ma santé, que ie me rembarquerois dans vn autre, qui n'estoit party de Honfleur, où deuoit s'embarquer des Marests gendre de Pont-graué : mais ie me fis porter à Honfleur, tousiours fort mal, où le 15. de Mars le vaisseau d'où i'estois sorty, relascha, pour y prendre du l'aist, qui luy manquoit, pour estre bien en assiete. Il fut en ce lieu iusques au 8. d'Auril. Durãt ce temps ie me remis en assez bon estat : toutesfois encore que foible & debile, ie ne laissay pas de me rembarquer.

Nous partismes derechef, le 18. d'Auril & arriuasmes sur le grand banc le 19. du mois, & eusmes cognoissãce des isles S. Pierre le 22. Estãs le trauers de Menthane nous rencontrasmes vn vaisseau de S. Maslo, où il y auoit vn ieune homme, qui beuuant à la santé de Pont-graué, ne se peut si bien tenir, que par l'esbranlement du vaisseau il ne tombast en la mer, & se noya sans y pouuoir donner remede, à cause que le vent estoit trop impetueux.

Le 26. du mois arriuasmes à Tadoussac, où il y auoit des vaisseaux qui y estoient arriuez dés le 18. ce qui ne c'estoit veu il y auoit plus de 60. ans, à ce que disoient les vieux mariniers qui voguent ordinairement audit pays. C'estoit le peu d'yuer qu'il y auoit fait, & le peu de glaces, qui n'empefcherent point l'entree defdicts vaiſſeaux. Nous ſçeuſmes par vn ieune Gentilhomme appelé le ſieur du Parc qui auoit yuerné à noſtre habitatiõ, que tous ſes compagnõs ſe portoient bien, & qu'il n'y en auoit eu que quelques vns de malades, encore fort peu, & nous aſſeura qu'il n'y auoit fait preſque point d'yuer, & auoiét eu ordinairement de la viande fraiſche tout l'yuer, & que le plus grand de leur trauail eſtoit de ſe donner du bon temps.

Ceſt yuer monſtre comme ſe doiuent comporter à l'aduenir ceux qui auront telles entrepriſes, eſtant bien malaiſé de faire vne nouuelle habitation ſans trauail, & courir la premiere annee mauuaiſe fortune, comme il s'eſt trouué en toutes nos premieres habitations. Et à la verité en oſtant les ſalures, & ayant de la viande fraiſche, la ſanté y eſt auſſi bóne qu'en France.

Les ſauuages nous attendoient de iour en autre pour aller à la guerre auec eux. Comme ils ſceurent que le Pont & moy eſtions arriuez enſemble, ils ſe reſiouirent fort, & vindrent parler à nous.

Ie fus à terre, pour leur aſſeurer que nous irions auec eux, ſuiuãt les promeſſes qu'ils m'auoiét faites, Qu'aprés le retour de leur guerre, ils me meneroient deſcouurir les trois ri-

H h ij

uieres, iusques en vn lieu où il y a vne si grande mer qu'ils n'en voyét point le bout, & nous en reuenir par le Saguenay audit Tadoussac : & leur demanday s'ils auoient encore ceste mesme volonté : Ils me dirent qu'ouy : mais que ce ne pouuoit estre que l'annee suiuante : ce qui m'aporta du plaisir : Toutesfois i'auois promis aux Algoumequins & Ochateguins de les assister aussi en leurs guerres, lesquels m'auoiét promis de me faire voir leur pays, & le grand lac, & quelques mines de cuiure & autres choses qu'ils m'auoient donné à entendre : si bien que i'auois deux cordes à mon arc : de façon que si l'vne failloit, l'autre pouuoit reussir.

Le 28. dudit mois ie party de Tadoussac, pour aller à Quebecq, où ie trouuay le Capitaine Pierre qui y commandoit, & tous ses compagnõs en bon estat, & auec eux vn Capitaine sauuage appelé Batiscan, & aucuns de ses compagnõs, qui nous y attendoiét, lesquels furent fort resiouys de ma venue, & se mirét à chāter & danser tout le soir. Ie leur fis festin ce qu'ils eurent fort aggreable, & firent bonne chere, dont ils ne furét point ingrats, & me conuierét moy huictiesme qui n'est pas petite faueur parmy eux, où nous portasmes chacun nostre escuelle, comme est la coustume, & de la remporter chacun plaine de viande, que nous donnions à qui bon nous sembloit.

Quelques iours aprés que ie fus party de Tadouſſac, les Montagnets arriuerent à Quebecq au nombre de 60. bons hommes, pour s'acheminer à la guerre. Ils y ſeiournerent quelques iours, s'y donnant du bon temps, & n'eſtoit pas ſans ſouuét m'inportuner, ſçauoir ſi ie ne m'anquerois point à ce que ie leur auois promis. Ie les aſſeuray, & promis de rechef, leur demãdant s'ils m'auoient trouué menteur par le paſſé. Ils ſe reſioürent fort lors que ie leur reiteray mes promeſſes.

Et me diſoient voila beaucoup de Baſques & Miſtigoches (ainſi appelent ils les Normans & Maſlouins) qui diſent qu'ils viendront à la guerre auec nous, que t'en ſemble? diſent ils verité? Ie leur reſpondis que non, & que ie ſçauois bien ce qu'ils auoient au cœur, & que ce qu'ils en diſoient n'eſtoit que pour auoir & attirer leurs commoditez. Ils me diſoient tu as dit vray, ce ſont femmes, & ne veulent faire la guerre qu'a nos Caſtors: auec pluſieurs autres diſcours facetieux, & de l'eſtat & ordre d'aller à la guerre.

Ils ſe reſolurent de partir, & m'aller attendre aux trois riuieres 30. lieues plus haut que Quebecq, où ie leur auois promis de les aller trouuer, & quatre barques chargees de marchandiſes, pour traicter de pelleterie, entre autres auec les Ochateguins, qui me deuoient venir attendre à l'entree de la riuiere des Yroquois, comme ils m'auoient promis l'année precedente, & y amener iusques à 400. hommes, pour aller à la guerre.

PARTEMENT DE QVEBECQ POVR ALLER ASSIster nos sauuages aliez à la guerre contre les Yroquois leurs ennemis, & tout ce qui se passa iusques à nostre retour en l'habitation.

CHAP. II.

IE party de Quebecq. Le 14. Iuin pour aller trouuer les Montagnets, Algoumequins & Ochateguins qui se deuoient trouuer à l'entrée de la riuiere des Yroquois. Comme ie fus à 8. lieues de Quebecq, ie rencontray vn canot, où il y auoit deux sauuages, l'vn Algomequin, & l'autre Montagnet, qui me venoiét prier de m'aduācer le plus viste qu'il me seroit possible, & que les Algoumequins & Ochateguins seroient dans deux iours au rendesvous au nombre de 200. & 200. autres qui deuoient venir vn peu aprés, auec Yroquet vn de leurs chefs; & me demanderent si i'estois content de la venue de ces sauuages: ie leur dy que ie n'en pouuois estre fasché, puis qu'ils auoiét tenu leur promesse. Ils se mirent dedans ma barque, où ie leur fis fort bonne chere. Peu de temps aprés auoir deuisé auec eux de plusieurs choses touchant leurs guerres, le sauuage Algoumequin, qui estoit vn de leurs chefs, tira d'vn sac vne piece de cuiure de la longueur d'vn pied, qu'il me donna, lequel estoit fort beau & bien franc, me donnant à entendre qu'il y en auoit en quantité là où il l'auoit pris, qui estoit sur le bort d'vne riuiere proche d'vn grãd lac, & qu'ils le prenoiẽt par morceaux, & le faisant fondre le mettoient en lames, & auec des pierres le rendoient vny. Ie fus fort ayse de ce present, encores qu'il fut de peu du valleur.

Arriuant aux trois riuieres, ie trouuay tous les Montagnets qui m'attendoient, & quatre barques, côme i'ay dit cy dessus, qui y estoient allees pour traicter auec eux.

Les sauuages furent resiouis de me voir. Ie fus à terre parler à eux. Ils me prierent, qu'allant à la guerre ie ne m'embarquasse point, n'y mes cõpagnõs aussi, en d'autres canots que les leurs, & qu'ils estoient nos antiens amis: ce que ie leur promis, leur disant que ie voulois partir tout à l'heure, d'autãt que le vent estoit bon & que ma barque n'estoit point si aisee que leurs canots, & que pour cela ie voulois prendre l'aduant. Ils me prierent instamment d'attendre au lendemain matin, que nous irions tous ensemble, & qu'ils ne feroient pas plus de chemin que moy: Enfin pour les contenter, ie leurs promis, dont ils furent fort ioyeux.

Le iour enſuiuāt nous partiſmes tous enſéble vogans iuſques au lendemain matin 19. iour dudit mois, qu'arriuaſmes à vne iſle deuant ladite riuiere des Yroquois, en attendant les Algoumequins qui deuoient y venir ce meſme iour. Comme les Montagnets couppoient des arbres pour faire place pour danſer & ſe mettre en ordre à l'arriuee deſdits Algoumequins, voicy vn canot Algoumequin qu'on aperceut venir en diligence aduertir que les Algoumequins auoient fait rencontre des Yroquois, qui eſtoient au nombre de cent, & qu'ils eſtoient fort bien barricadez, & qu'il ſeroit malaiſé de les emporter, s'ils ne venoient promptement, & les Matigoches auec eux (ainſi nous appelent ils.)

Auſſitoſt l'alarme commença par my eux, & chacun ſe mit en ſon canot auec ſes armes. Ils furent promptement en eſtat, mais auec confuſion: car ils ſe precipitoient ſi fort que au lieu d'aduancer ils ſe retardoiēt. Ils vindrēt à noſtre barque, & aux autres, me priāt d'aller auec eux dās leurs canots, & mes compagnons auſſi, & me preſſerent ſi fort que ie m'y embarquay moy cinquieſme. Ie priay la Routte qui eſtoit noſtre pilotte, de demeurer en la barque, & m'enuoyer encores quelque 4. ou 5. de mes com-

compagnons, si les autres barques enuoyoient quelques chalouppes auec hommes pour nous donner secours: Car aucunes des barques n'y voulut aller auec les sauuages, horsmis le Capitaine Thibaut qui vint auec moy, qui auoit là vne barque. Les sauuages crioyent à ceux qui restoient qu'ils auoient cœur de femmes, & ne sçauoient faire autre chose que la guerre à leurs pelleteries.

Cependant aprés auoir fait quelque demie lieue, en trauersant la riuiere tous les sauuages mirent pied à terre, & abandonnant leurs canots prindrēt leurs rondaches, arcs, flesches, massues & espees, qu'ils amanchent au bout de grands bastons, & commēcerent à prendre leur course dās les bois, de telle façon que nous les eusmes bien tost perdus de veue, & nous laisserent cinq que nous estions sans guides. Cela nous apporta du desplaisir: neantmoins voyāt tousiours leurs brisees nous les suiuions; mais souuent nous nous abusions. Comme nous eusmes fait enuiron demie lieue par l'espois des bois, dans des pallus & marescages, tousiours l'eau iusques aux genoux, armez chacū d'vn corcelot de piquier qui nous importunoit beaucoup, & aussi la quantité des mousquites, qui estoient si espoisses qu'elles ne nous permettoient point presque de reprendre noſtre halaine, tant elles nous perſecutoient, & ſi cruellement que c'eſtoit choſe eſtrange, nous ne ſçauions plus où nous eſtions ſans deux ſauuages que nous apperceuſmes trauerſans le bois, leſquels nous appelaſmes, & leur dy qu'il eſtoit neceſſaire qu'ils fuſſent auec nous pour nous guider & cõduire où eſtoient les Yroquois, & qu'autremẽt nous n'y pourriõs aller, & que nous nous eſgarerioñ dans les bois. Ils demeurerẽt pour nous cõduire. Ayant fait vn peu de chemin, nous apperceuſmes vn ſauuage qui venoit en diligẽce nous chercher pour nous faire aduancer le plus promptement qu'il ſeroit poſſible, lequel me fit entẽdre que les Algoumequins & Mõtagnets auoient voulu forcer la barricade des Yroquois & qu'ils auoient eſté repouſſés, & qu'il y auoit eu de meilleurs hommes Montagnets tuez, & pluſieurs autres bleſſez, & qu'ils s'eſtoiẽt retirez en nous attendant, & que leur eſperance eſtoit du tout en nous. Nous n'euſmes pas fait demy quart de lieue auec ce ſauuage qui eſtoit Capitaine Algoumequin, que nous entendiõs les hurlemẽs & cris des vns & des autres, qui s'entre diſoiẽt des iniures, eſcarmouchans touſiours legerement en nous attendant. Auſſitoſt que les ſauuages nous apperçeurent ils commencerent à s'eſcrier de telle façon, qu'on n'euſt pas entendu tonner. Ie dōnay charge à mes compagnōs de me suiure tousiours, & ne m'escarter point. Ie m'approchay de la barricade des ennemis pour la recognoistre. Elle estoit faite de puissants arbres, arrangez les vns sur les autres en rond, qui est la forme ordinaire de leurs forteresses. Tous les Montagnets & Algoumequins s'approcherēt aussi de lad. barricade. Lors nous commēçasmes à tirer force coups d'arquebuse à trauers les fueillards, d'autant que nous ne les pouuions voir comme eux nous. Ie fus blessé en tirant le premier coup sur le bord de leur barricade, d'vn coup de flesche qui me fendit le bout de l'oreille & entra danc le col. Ie prins la flesche qui me tenoit encores au col & l'arachay: elle estoit ferree par le bout d'vne pierre bien aigue. Vn autre de mes compagnons en mesme temps fut aussi blessé au bras d'vne autre flesche, que ie luy arrachay. Neantmoins ma blesseure ne m'epescha de faire le deuoir; & nos sauuages aussi de leur part, & pareillement les ennemis, tellement qu'on voyoit voler les flesches d'vne part & d'autre, menu comme gresle: Les Yroquois s'estonnoient du bruit de nos arquebuses, & principalemēt de ce que les balles persoient mieux que leurs flesches; & eurent tellement l'espouuāte de l'effet qu'elles faisoient, voyāt plusieurs de leurs cōpaignons

Ii ij

tombez morts, & bleſſez, que de crainte qu'ils
auoient, croyans ces coups eſtre ſans remede ils ſe iettoient par terre, quand ils entendoient le bruit: auſſi ne tirions gueres à faute,
& deux ou trois balles à chacun coup, & auiós
la pluſpart du temps nos arquebuſes appuyees
ſur le bord de leur barricade. Comme ie vy
que nos munitions commençoiét à manquer,
ie dy à tous les ſauuages, qu'il les falloit emporter de force & rompre leurs barricades, &
pour ce faire prendre leurs rondaches &
s'en couurir, & ainſi s'en aprocher de ſi prés
que l'on peuſt lier de bónes cordes aux pilliers
qui les ſouſtenoient, & à force de bras tirer tellement qu'on les renuerſaſt, & par ce moyen y
faire ouuerture ſuffiſante pour entrer dedans
leur fort : & que cependant nous à coups d'arquebuſes repouſſerions les ennemis qui viendroient ſe preſenter pour les en empeſcher : &
auſſi qu'ils euſſent à ſe mettre quelque quantité aprés de grands arbres qui eſtoient proches
de ladite barricade, afin de les renuerſer deſſus
pour les accabler, que d'autres couuriroient
de leurs rondaches pour empeſcher que les ennemis ne les endommageaſſent, ce qu'ils firent
fort promptemét. Et comme on eſtoit en train
de paracheuer, les barques qui eſtoient à vne
lieue & demie de nous nous entendoiét battre

par l'equo de nos arquebufades, qui refonnoit iufques à eux, qui fit qu'vn ieune homme de fainct Maflo plein de courage, appelé des Prairies, qui auoit fa barque comme les autres pour la traite de pelleterie, dit à tous ceux qui reftoient, que c'eftoit vne grande honte à eux de me voir battre de la façon auec des fauuages, fans qu'ils me vinffét fecourir, & que pour luy il auoit trop l'honneur en recommádation, & qu'il ne vouloit point qu'ó luy peut faire ce reproche: & fur cela fe delibera de me venir trouuer dans vne chalouppe auec quelques fiens compagnons, & des miens qu'il amena auec luy. Auffitoft qu'il fut arriué il alla vers le fort des Yroquois, qui eftoit fur le bort de la riuiere, où il mit pied à terre, & me vint chercher. Comme ie le vis, ie fis ceffer nos fauuages qui rompoient la forterefle, afin que les nouueaux venus euffent leur part du plaifir. Ie priay le fieur des Prayries & fes compagnons de faire quelque falue d'arquebufades, auparauant que nos fauuages les emportaffent de force, comme ils auóient deliberé: ce qu'ils firent, & tirerent plufieurs coups, où chacun d'eux fe comporta bien en fon deuoir. Et aprés auoir affez tiré, ie m'adreffe à nos fauuages & les incitay de paracheuer : Auffitoft s'aprochans de ladite barricade comme ils auoient fait auparauant, & nous à leurs aisles pour tirer sur ceux qui les voudroient empescher de la rompre. Ils firent si bien & vertueusement qu'à la faueur de nos arquebusades ils y firent ouuerture, neantmoins difficile à passer, car il y auoit encores la hauteur d'vn homme pour entrer dedans, & des branchages d'arbres abbatus, qui nuisoient fort: Toutesfois quád ie vey l'entree assez raisonnable, ie dy qu'on ne tirast plus: ce qui fut fait. Au mesme instát quelquevingt ou tréte, tant des sauuages que de nous autres, entrasmes dedans l'espee en la main, sans trouuer beaucoup de resistance. Aussitost ce qui restoit sain commença à prendre la fuitte: mais ils n'alloient pas loing, car ils estoient defaits par ceux qui estoient à l'entour de ladite baricade: & ceux qui eschaperent se noyerent dans la riuiere. Nous prismes quelques quinze prisonniers, le reste tué à coups d'arquebuse, de flesches & d'espee. Quand ce fut fait, il vint vne autre chalouppe & quelques vns de nos compagnons dedans, qui fut trop tart: toutesfois assez à téps pour la despouille du butin, qui n'estoit pas gránd chose: il ny auoit que des robes de castor, des morts, plains de sang, que les sauuages ne vouloiét prédre la peine de despouiller, & se moquoiét de ceux qui le faisoient, qui furent ceux de la derniere chalouppe: Car les

DV SIEVR DE CHAMPLAIN.

autres ne se mirent en ce villain deuoir. Voila donc auec la grace de Dieu la victoire obtenue, dont ils nous donnerent beaucoup de louange.

Fort des Yroquois.

A Le fort des Yroquois.
B Yroquois se iettans en la riuiere pour se sauuer poursuiuis par les Môtaignets & Algoumequins se iettant aprés eux pour les tuer.

D Le sieur de Champlain & ç. des siens.
E Tous nos sauuages amis.
F Le sieur des Prairies de S. Maslo auec ses côpagnons.

G Chalouppe du dit sieur des Prairies.
H Grands arbres couppés pour ruiner le fort des Yroquois.

Ces sauuages escorcherent les testes de ceux qui estoient morts, ainsi qu'ils ont accoustumé de faire pour trophee de leur victoire, & les emportent. Ils s'en retournerent auec cinquante blessez des leurs, & trois hommes morts desdicts Montagnets & Algoumequins, en chantant, & leurs prisonniers auec eux. Ayant les testes pendues à des bastons deuant leurs canots, & vn corps mort couppé par quartiers, pour le manger par vengeance, à ce qu'ils disoient, & vindrent en ceste façon iusques où estoient nos barques audeuant de ladite riuiere des Yroquois.

Et mes compagnons & moy nous embarquasmes dans vne chalouppe, où ie me fis penser de ma blesseure par le chirurgien de Boyer de Rouen qui y estoit venu aussi pour la traicte. Tout ce iour se passa auec les sauuages en danses & chançons.

Le lendemain ledit sieur du Pont arriua auec vne autre chalouppe chargée de quelques marchandises & vne autre qu'il auoit laissee derriere où estoit le Capitaine Pierre qui ne pouuoit venir qu'auec peine, estant ladite barque vn peu lourde & malaisee à nager.

Cedit iour on traicta quelque pelleterie, mais les autres barques emporterent la meilleure part du butin. C'estoit leur auoir fait vn grand plaisir de leur estre allé chercher des nations estrangeres, pour aprés emporter le profit sans aucune risque ny hazard.

Ce iour ie demanday aux sauuages vn prisonnier Yroquois qu'ils auoient, lequel ils me donnerent. Ie ne fis pas peu pour luy, car ie le sauuay de plusieurs tourmens qu'il luy eust fallu souffrir auec ses compagnons prisonniers, ausquels ils arrachoient les ongles, puis leur couppoient les doits, & les brusloient en plusieurs endroits. Ils en firent mourir ledit iour deux ou trois, & pour leur faire souffrir plus de tourmens ils en vsent ainsi.

Ils prindrent leurs prisonniers & les emmenerent sur le bort de l'eau & les attacherent tous droits à vn baston, puis chacun venoit
auec

auec vn flâbeau d'eſcorſe de bouleau, les bruſlans tantoſt ſur vne partie tantoſt ſur l'autre: & les pauures miſerables ſétãs ce feu faiſoiét des cris ſi haut que c'eſtoit choſe eſtrange à ouyr, & des cruautez dont ces barbares vſent les vns enuers les autres. Aprés les auoir bien fait languir de la façon, & les bruſlás auec ladite eſcorce, ils prenoient de l'eau & leur iettoient ſur le corps pour les faire languir d'auantage: puis leur remettoient de rechef le feu de telle façon, que la peau tomboit de leurs corps, & continuoyent auec grands cris & exclamations, danſant iuſques à ce que ces pauures miſerables tombaſſent morts ſur la place.

Auſſi toſt qu'il tomboit vn corps mort à terre, ils frappoient deſſus à grands coups de baſton, puis luy coupoient les bras & les iambes, & autres parties d'iceluy, & n'eſtoit tenu pour homme de bien entr'eux celuy qui ne couppoit vn morceau de ſa chair & ne la donnoit aux chiens. Voila la courtoiſie que reçoiuent les priſonniers. Mais neátmoins ils endurent ſi conſtamment tous les tourmens qu'on leur fait, que ceux qui les voyent en demeurent eſtonnez.

Quant aux autres priſonniers qui reſterent, tant aux Algoumequins que Montagnets, furent conſeruez pour les faire mourir par

K k

les mains de leurs femmes & filles, qui en cela
ne se monstrent pas moins inhumaines que les
hommes, encores elles les surpassent de beaucoup en cruauté: car par leur subtilité elles inuentét des supplices plus cruels, & y prennent plaisir, les faisant ainsi finir leur vie en douleurs extresmes.

Le lendemain arriua le Capitaine Yroquet & vn autre Ochatagin, qui auoient quelques 80. hommes, qui estoient bien faschez de ne s'estre trouuez à la deffaite. En toutes ces nations il y auoit bien prés de 200. hómes qui n'auoiét iamais veu de Chrestiens qu'a lors, dont ils firent de grandes admirations.

Nous fusmes quelques trois iours ensemble à vne isle le trauers de la riuiere des Yroquois, & puis chacune des nations s'en retourna en son pays.

I'auois vn ieune garçon, qui auoit desia yuerné deux ans à Quebecq, lequel auoit desir d'aller auec les Algoumequins, pour apprendre la langue. Pont-graué & moy aduisasmes que s'il en auoit enuie que ce seroit mieux fait de l'enuoyer là qu'ailleurs, pour sçauoir quel estoit leur pays, voir le grand lac, remarquer les riuieres, quels peuples y habitent; ensemble descouurir les mines & choses les plus rares de ces lieux & peuples, afin qu'à son retour nous peussions estre informez de la verité. Nous luy demandasmes s'il l'auoit aggreable : car de l'y forcer ce n'estoit ma volonté: mais aussi tost la demande faite, il accepta le voyage tres-volontiers.

Ie fus trouuer le Capitaine Yroquet qui m'estoit fort affectionné, auquel ie demanday s'il vouloit emmener ce ieune garçon auec luy en son pays pour y yuerner, & le ramener au printemps: Il me promit le faire, & le tenir comme son fils, & qu'il en estoit tref-content. Il le va dire à tous les Algoumequins, qui n'en furent pas trop contens, pour la crainte que quelque accident ne luy arriua: & que pour cela nous leur fissions la guerre. Ce doubte refroidit Yroquet, & me vint dire que tous ses compagnons ne le trouuoient pas bon: Cependant toutes les barques s'en estoient allees, horsmis celle du Pont, qui ayant quelque affaire pressee, à ce qu'il me dit, s'en alla aussi: & moy ie demeuray auec la mienne, pour voir ce qui reussiroit du voyage de ce garçon que i'auois enuie qu'il fit. Ie fus dõc à terre & demanday à parler aux Capitaines, lesquels vindrent à moy, & nous assismes auec beaucoup d'autres sauuages anciens de leurs trouppes: puis ie leur demanday pourquoy le Capitaine Yro-

Kk ij

quet que ie tenois pour mon amy, auoit refusé d'emmener mon garçon auec luy. Que ce n'estoit pas comme frere ou amy, de me desnier vne chose qu'il m'auoit promis, laquelle ne leur pouuoit apporter que du bien ; & que en emmenant ce garçon, c'estoit pour contracter plus d'amitié auec eux, & leurs voisins que n'auions encores fait ; & que leur difficulté me faisoit auoir mauuaise opinion d'eux ; & que s'ils ne vouloient emmener ce garçon, ce que le Capitaine Yroquet m'auoit promis, ie n'aurois iamais d'amitié auec eux, car ils n'estoient pas enfans pour reietter ceste promesse. Alors ils me dirent qu'ils en estoient bien contens, mais que changeant de nourriture, ils craignoient que n'estant si bien noury comme il auoit accoustumé, il ne luy arriua quelque mal dont ie pourrois estre fasché, & que c'estoit la seule cause de leur refus.

Ie leur fis responce que pour la vie qu'ils faisoient, & des viures dont ils vsoient, ledit garçon s'y sçauroit bien accommoder, & que si par maladie ou fortune de guerre il luy suruenoit quelque mal, cela ne m'empescheroit de leur vouloir du bien, & que nous estions tous subiects aux accidens, qu'il failloit prendre en patience : Mais que s'ils le traitoyent mal, & qu'il luy arriua quelque fortune par leur faute, qu'à la verité i'en serois mal content; ce que ie n'esperois de leur part, ains tout bien.

Ils me dirent, puis donc que tu as ce desir, nous l'emmenerons & le tiendrons comme nous autres: Mais tu prendras aussi vn ieune homme en sa place, qui ira en France: Nous serōs bien aises qu'il nous rapporte ce qu'il aura veu de beau. Ie l'acceptay volontiers, & le prins. Il estoit de la nation des Ochateguins, & fut aussi fort aise de venir auec moy. Cela donna plus de subiect de mieux traicter mon garçon, lequel i'esquippay de ce qui luy estoit necessaire, & promismes les vns aux autres de nous reuoir à la fin de Iuin.

Nous nous separasmes auec force promesses d'amitié: Ils s'en allerent donc du costé du grand saut de la riuiere de Canadas, & moy, ie m'en retournay à Quebecq. En allant ie rencontray le Pont-graué, dedans le lac sainct Pierre, qui m'attendoit auec vne grande pattache qu'il auoit rencontree audit lac, qui n'auoit peu faire diligence de venir iusques où estoient les sauuages, pour estre trop lourde de nage.

Nous nous en retournasmes tous ensemble à Quebecq: puis ledit Pont-graué s'en alla à Tadoussac, pour mettre ordre à quelques affaires que nous auions en ces quartiers là, &

moy ie demeuray à Quebecq pour faire redifier quelques pallissades au tour de nostre habitation, attendant le retour dudit Pont-graué, pour aduiser ensemblement à ce qui seroit necessaire de faire.

Le 4. de Iuin des Marests arriua à Quebecq, qui nous resiouit fort: car nous doubtions qu'il luy fut arriué quelque accident sur la mer.

Quelques iours aprés vn prisonnier Yroquois que i'y faisois garder, par la trop grande liberté que ie luy donnois s'en fuit & se sauua, pour la crainte & apprehension qu'il auoit: nonobstant les asseurances que luy donnoit vne femme de sa nation que nous auions en nostre habitation.

Peu de iours aprés, le Pont-graué m'escriuit qu'il estoit en deliberation d'yuerner en l'habitatiō, pour beaucoup de considerations qui le mouuoient à ce faire. Ie luy rescriuy, que s'il croyoit mieux faire que ce que i'auois fait par le passé qu'il feroit bien.

Il fit donc diligence de faire apporter les commoditez necessaires pour ladite habitation.

Aprés que i'eu fait paracheuer la pallissade autour de nostre habitation, & remis toutes choses en estat, le Capitaine Pierre reuint dans vne barque qui estoit allé à Tadoussac voir de ses amis: & moy i'y fus aussi pour voir ce qui reussiroit de la seconde traite & quelques autres affaires particulieres, que i'y auois. Où estant ie trouuay ledit Pont-graué qui me communiqua fort particulierement son dessin, & ce qui l'occasionnoit d'yuerner. Ie luy dis sainement ce qu'il m'en sembloit, qui estoit, que ie croyois qu'il n'y proffiteroit pas beaucoup, selon les apparences certaines qui se pouuoient voir.

Il delibera donc changer de resolution, & despescha vne barque, & manda au Capitaine Pierre qu'il reuint de Quebecq pour quelques affaires qu'il auoit auec luy: & aussi que quelques vaisseaux, qui estoient venus de Brouage apporterent nouuelles, que monsieur de sainct Luc estoit venu en poste de Paris, & auoit chassé ceux de la Religion, hors de Brouage, & renforcé la garnison de soldats, & s'en estoit retourné en Court: & que le Roy auoit esté tué, & deux ou trois iours aprés luy, le duc de Suilly, & deux autres seigneurs dont on ne sçauoit le nom.

Toutes ces nouuelles apporterent vn grand desplaisir aux vrais François, qui estoient lors en ces quartiers là: Pour moy, il m'estoit fort malaisé de le croire, pour les diuers discours qu'on en faisoit, qui n'auoient pas beaucoup d'apparence de verité: & toutesfois bien affligé d'entédre de si mauuaises nouuelles.

Or aprés auoir seiourné trois ou quatre iours à Tadoussac, & veu la perte que firent beaucoup de marchans qui auoient chargé grande quantité de marchandises & equipé bon nombre de vaisseaux, esperant faire leurs affaires en la traite de Pelleterie, qui fut si miserable pour la quantité de vaisseaux, que plusieurs se souuiendront long temps de la perte qu'ils firent en ceste annee.

Ledit sieur de Pont-graué & moy, nous nous embarquasmes chacun dans vne barque, & laissasmes ledit Capitaine Pierre au vaisseau & emmenasmes le Parc à Quebecq, où nous paracheuasmes de mettre ordre à ce qui restoit de l'habitation. Aprés que toutes choses furent en bon estat, nous resolusmes que ledit du Parc qui auoit yuerné auec le Capitaine Pierre y demeuroit derechef, & que le Capitaine Pierre reuiendroit aussi en France, pour quelques affaires qu'il y auoit, & l'y appelloient.

Nous laissasmes donc ledit du Parc, pour y commander, auec seize hommes, ausquels nous fismes vne remostrance, de viure tous sagement en la crainte de Dieu, & auec toute l'obeissance qu'ils deuoient porter audit du Parc, qu'on leur laissoit pour chef & conducteur,

DV SIEVR DE CHAMPLAIN.

cteur, comme si l'vn de nous y demeuroit; ce qu'ils promirent tous de faire, & de viure en paix les vns auec les autres.

Quand aux iardins nous les laissasmes bien garnis d'herbes potageres de toutes sortes, auec de fort beau bled d'Inde, & du froument, seigle & orge, qu'on auoit semé, & des vignes que i'y auois fait planter durant mon yuernement (qu'ils ne firent aucun estat de conseruer: car à mon retour, ie les trouuay toutes rompues, ce qui m'aporta beaucoup de desplaisir, pour le peu de soin qu'ils auoient eu à la conseruation d'vn si bon & beau plan, dont ie m'estois promis qu'il en reussiroit quelque chose de bon.)

Aprés auoir veu toutes choses en bon estat, nous partismes de Quebecq, le 8. du mois d'Aoust, pour aller à Tadoussac, afin de faire apareiller nostre vaisseau; ce qui fut promptement fait.

RETOVR EN FRANCE. RENCONTRE D'VNE BA-
laine, & de la façon qu'on les prent.

CHAP. III.

LE 13. dudit mois nous partismes de Tadoussac, & arriuasmes à l'isle Percee le lendemain, où nous trouuasmes quantité de vaisseaux faisant pesche de poisson sec & vert.

Le 18. dudit mois, nous partismes de l'isle Percee & passames par la hauteur de 42. degrez de latitude, sans auoir aucune cognoissance du grand banc, où se fait la pesche du poisson vert, pour ledit lieu estre trop estroit en ceste hauteur.

Estant comme à demy traversé, nous rencontrasmes vne balaine qui estoit endormie, & le vaisseau passant pardessus, luy fit vne fort grande ouuerture proche de la queue, qui la fit bié tost resueiller sans que nostre vaisseau en fut endomagé, & ietta grãde abbondãce de sang.

Il m'a semblé n'estre hors de propos de faire icy vne petite description de la pesche des balaines, que plusieurs n'ont veue, & croyent qu'elles se prennét à coups de canon, d'autant qu'il y a de si impudens menteurs qui l'affermét à ceux qui n'en sçauent rien. Plusieurs me l'ont soustenu obstinemét sur ces faux raports.

Ceux donc qui sont plus adroits à ceste pesche sont les Basques, lesquels pour ce faire mettent leurs vaisseaux en vn port de seureté, ou proche de la où ils iugent y auoir quantité de ballaines, & équipent plusieurs chalouppes garnies de bons hommes & haussieres, qui sont petites cordes faites du meilleur chanure qui se peut recouurer, ayant de lõgeur pour le moins cent cinquante brasses, & ont force pertusanes longues de demie pique qui ont le fer large de six pouces, d'autres d'vn pied & demy & deux de long, bien tranchantes. Ils ont en chacune chalouppe vn harponneur, qui est vn homme des plus dispos & adroits d'entre eux; aussi tire il les plus grands salaires aprés les maistres, d'autant que c'est l'office le plus hazardeux. Ladite chalouppe estant hors du port, ils regardent de toutes parts s'ils pourront voir & descouurir quelque balaine, allant à la borde d'vn costé & d'autre: & ne voyant rien, ils vont à terre & se mettent sur vn promontoire le plus haut qu'ils trouuent pour descouurir de plus loing, où ils mettēt vn hōme en sentinelle, qui aperceuāt la balaine, qu'ils descouurēt tant par sa grosseur, que par l'eau qu'elle iette par les esuans, qui est plus d'vn poincon à la fois, & de la hauteur de deux lances; & à ceste eau qu'elle iette, ils iugent ce qu'elle peut rendre d'huile. Il y en à telle d'où l'on en peut tirer iusques à six vingts poinçons, d'autres moins. Or voyant cet espouuantable poisson, ils s'embarquent promptemēt dās leurs chalouppes, & à force de rames, ou de vent vont iusques à ce qu'ils soient dessus. La voyant entre deux eaues, à mesme instant l'harponneur est au deuāt de la chalouppe auec vn harpon, qui est vn fer long de deux pieds & demy de large par le bas, emmanché

Ll ij

en vn baston de la longueur d'vne demie pique, où au milieu il y a vn trou où s'attache la haussiere, & aussi tost que ledit harponneur voit son temps, il iette son harpon sur la balaine, lequel entre fort auant, & incontinét qu'elle se sent blessée, elle va au fonds de l'eau. Et si d'aduenture en se retournât quelque fois, auec sa queue elle rencontre la chalouppe, ou les hommes, elle les brise aussi facilement qu'vn verre. C'est tout le hazard qu'ils courét d'estre tuez en la harponnant : Mais aussitost qu'ils ont ietté le harpon dessus, ils laissent filer leur haussiere, iusques à ce que la balaine soit au fonds : & quelque fois cóme elle n'y va pas droit, elle entraine la chalouppe plus de huit ou neuf lieues, & va aussi viste cóme vn cheual, & sont le plus souuent contraints de coupper leur haussiere, craignant que la balaine ne les attire soubs l'eau. Mais aussi quand elle va au fonds tout droit, elle y repose quelque peu, & puis reuient tout doucement sur l'eau : & à mesure qu'elle monte, ils rembarquent leur haussiere peu à peu : & puis comme elle est dessus, ils se mettent deux ou trois chalouppes autour auec leurs pertusanes, desquelles ils luy dónent plusieurs coups, & se sentant frappée, elle descend de rechef soubs l'eau en perdant son sang, & s'affoiblit de telle façó, qu'elle n'a plus de force ne vigueur, & reuenant fur l'eau ils acheuent de la tuer: & quand elle eſt morte, elle ne va plus au fonds de l'eau, lors ils l'attachent auec de bonnes cordes, & la trainent à terre, au lieu où ils font leur degrat, qui eſt l'endroit où ils font fondre le lard de ladite balaine, pour en auoir l'huille. Voila la façon que elles ſe peſchét, & non à coups de canon, ainſi que pluſieurs penſét, comme i'ay dit cy deſſus. Pour reprendre le fil de mon diſcours, Aprés la bleſſure de la balaine cy deuant, nous priſmes quantité de marſouins, que noſtre contre maiſtre harponna, dont nous receuſmes du plaiſir & contentement.

Auſſi priſmes nous quantité de poiſſon à la grád oraille auec vne ligne & vn aim, où nous attachions vn petit poiſſon reſſemblant au harang, & la laiſſions trainer derriere le vaiſſeau, & la grand oreille penſant en effect que ſe fut vn poiſſon vif, venoit pour l'engloutir, & ſe trouuoit auſſitoſt pris à l'aim qui eſtoit paſſé dans le corps du petit poiſſon. Il eſt treſbon, & à de certaines aigrettes qui ſon fort belles, & aggreables comme celles qu'on porte aux pennaches.

Le 22. de Septembre, nous arriuaſmes ſur la ſonde, & aduiſaſmes vingt vaiſſeaux qui eſtoiét à quelque quatre lieux à l'Oueſt de nous, que

Ll iij

nous iugions estre Flamans à les voir de nostre vaisseau.

Et le 25. dudit mois nous eusmes la veue de l'isle de Grenezé, après auoir eu vn grand coup de vent, qui dura iusques sur le midy.

Le 27. dudit mois arriuasmes à Honfleur.

LE TROISIESME
VOYAGE DV SIEVR DE Champlain en l'annee 1611.

PARTEMENT DE FRANCE POVR RETOVRNER en la nouuelle France. Les dangers & autres choses qui arriuerent iusques en l'habitation.

CHAP. I.

Ous partismes de Honfleur, le premier iour de Mars auec vent fauorable iusques au huictiesme dudit mois, & depuis fusmes contrariés du vent de Su Surouest & Ouest Norouest qui nous fit aller iusques à la hauteur de 42. degrez de latitude, sans pouuoir esleuer Su, pour nous mettre au droit chemin de nostre routte. Aprés donc auoir eu plusieurs coups de vent, & esté contrariés de mauuais têps: Et neātmoins, auec tant de peines & trauaux, à force de tenir à vn bort & à l'autre, nous fismes en sorte que nous arriuasmes à quelque 80. lieux du grand banc où se fait la pesche du poisson vert, où nous rencontrasmes des glaces de plus de trente à quarante brasses de haut, qui nous fit bien penser à ce que nous deuions faire, craignant d'en rencontrer d'autres la nuit, & que le vent venant à changer, nous poussast contre, iugeant bien que ce ne seroit les dernieres, d'autāt que nous estiós partis de trop bonne heure de France. Nauigeant donc le long de cedit iour à basse voile au plus prés du vent que nous pouuions, la nuit estant venue, il se leua vne brume si espoisse, & si obscure, qu'à peine voyons nous la longueur du vaisseau. Enuiron sur les onze heures de nuit les matelots aduiserēt d'autres glaces qui nous donnerēt de l'apprehensiō, mais enfin nous fismes tant auec la diligence des mariniers, que nous les esuitasmes. Pensant auoir passé les dāgers nous vinsmes à en rencōtrer vne deuāt nostre vaisseau que les matelots apperceurent, & non si tost que nous fusmes presques portez dessus. Et comme vn chacun se recommendoit à Dieu, ne pensant iamais esuiter le danger de ceste glace qui estoit soubs nostre beau pré, l'on crioit au gouuerneur qu'il fit porter: Car ladite glace, qui estoit fort grande driuoit au vent d'vne telle façon qu'elle passa contre le bord de nostre vaisseau, qui demeura court comme s'il n'eust bougé pour la laisser passer, sans toutesfois l'offencer: Et bien que nous fussions hors du danger: si est ce que le sang d'vn chacun, ne fut si promptement rassis, pour

l'apprel'apprehenſion qu'on en auoit euë, & louaſmes Dieu de nous auoir deliurez de ce peril. Aprés ceſtuy là paſſé, ceſte meſme nuit nous en paſſames deux ou trois autres, non moins dangereux que les premiers, auec vne brume pluuieuſe & froide au poſſible, & de telle façon que l'on ne ſe pouuoit preſque rechauffer. Le lendemain continuant noſtre routte nous rencontraſmes pluſieurs autres grandes & fort hautes glaces, qui ſembloient des iſles à les voir de loin, toutes leſquelles euitaſmes, iuſques à ce que nous arriuaſmes ſur ledit grand banc, où nous fuſmes fort contrariez de mauuais temps l'eſpace de ſix iours: Et le vent venant à eſtre vn peu plus doux & aſſez fauorable, nous deſbanquaſmes par la hauteur de 44. degrez & demy de latitude, qui fut le plus Su que peuſmes aller. Aprés auoir fait quelque 60. lieues à l'Oueſt-noroueſt nous apperceuſmes vn vaiſſeau qui venoit nous recognoiſtre, & puis fit porter à l'Eſt-nordeſt, pour eſuiter vn grand banc de glace contenãt toute l'eſtãdue de noſtre veuë. Et iugeans qu'il pouuoit auoir paſſage par le milieu de ce grand banc, qui eſtoit ſeparé en deux, pour parfaire noſtredite routte nous entraſmes dedans & y fiſmes quelque 10. lieues ſans voir autre apparence que de beau paſſage iuſques au ſoir, que

M m

nous trouuasmes ledit banc seelé, qui nous dōna bien à penser ce que nous auions à faire, la nuit venant, & au defaut de la lune, qui nous ostoit tout moien de pouuoir retourner d'où nous estions venus: & neantmoins aprés auoir bien pensé, il fut resolu de rechercher nostre entree à quoy nous nous mismes en deuoir: Mais la nuict venant auec brumes, pluye & neges, & vn vent si impetueux que nous ne pouuions presque porter nostre grand papefi, nous osta toute cognoissance de nostre chemin. Car comme nous croyons esuiter lesdites glaces pour passer, le vent auoit desia fermé le passage; de façon que nous fusmes cōtraincts de retourner à l'autre bord, & n'auions loisir d'estre vn quart d'heure sur vn bord amurés, pour r'amurer sur l'autre, afin d'esuiter milles glaces qui estoiét de tous costez: & plus de 20. fois ne pensions sortir nos vies saunes. Toute la nuict se passa en peines & trauaux: & iamais ne fut mieux fait le quart, car parsonne n'auoit enuie de reposer, mais bié de s'esuertuer de sortir des glaces & perils. Le froid estoit si grand que tous les maneuures dudit vaisseau estoient si gelez & pleins de gros glaços, que l'ō ne pouuoit manouurer, ny se tenir sur le Tillac dudit vaisseau. Aprés donc auoir bien couru d'vn costé & d'autre, attendant le iour, qui nous donnoit quelque esperance: lequel venu auec vne brume, voyant que le trauail & fatigue ne pouuoit nous seruir, nous resolusmes d'aller à vn banc de glace, où nous pourrions estre à l'abrit du grand vent qu'il faisoit, & amener tout bas, & nous laisser driuer comme lesdites glaces, afin que quand nous les aurions quelque peu esloignees nous remissions à la voile, pour aller retrouuer ledit bãc, & faire comme auparauant, attendãt que la brume fut passée, pour pouuoir sortir le plus promptement que nous pourrions. Nous fusmes ainsi tout le iour iusques au lendemain matin, où nous mismes à la voille, allant tantost d'vn costé & d'autre, & n'allions en aucun endroit que ne nous trouuasions enfermez en de grands bancs de glaces, comme en des estangs qui sont en terre. Le soir apperceusmes vn vaisseau, qui estoit de l'autre costé d'vn desdicts bancs de glace, qui, ie m'asseure, n'estoit point moins en soing que nous, & fusmes quatre ou cinq iours en ce peril en extremes peines, iusques à ce qu'à vn matin iettans la veue de tous costez nous n'apperceusmes aucun passage, sinon à vn endroit où l'on iugea que la glace n'estoit espoisse, & que facilement nous la pourrions passer. Nous nous mismes en deuoir & passames par quãtité de bourguignons, qui sont morceaux

de glace ſeparez des grands bancs par la vio-
lance des vents. Eſtans paruenus audit banc de
glaſſe, les matelots commencerent à s'armer de
grands auirons, & autres bois pour repouſſer
les bourguignons que pourrions rencontrer,
& ainſi paſſaſmes ledit banc, qui ne fut pas ſans
bien aborder des morceaux de glace qui ne firent nul bien à noſtre vaiſſeau, toutesfois ſans
nous faire dommage qui peuſt nous offencer.
Eſtant hors nous louaſmes Dieu de nous auoir
deliurez. Continuans noſtre routte le lendemain, nous en rencontraſmes d'autres, & nous
engageaſmes de telle façon dedans, que nous
nous trouuaſmes enuironés de tous coſtés, ſinõ
par où nous eſtions venus, qui fut occaſiõ qu'il
nous fallut retourner ſur nos briſees pour eſ-
ſayer de doubler la pointe du coſté du Su: ce
que ne peuſmes faire que le deuxieſme iour,
paſſant par pluſieurs petits glaçons ſeparez dudit grand banc, qui eſtoit par la hauteur de 44.
degrez & demy, & ſinglaſmes iuſques au
lendemain matin, faiſant le Noroueſt & Nor-
noroueſt, que nous rencontraſmes vn autre
grand banc de glace, tant que noſtre veue ſe
pouuoit eſtendre deuers l'Eſt & l'Oueſt, lequel
quand l'on l'apperceut l'on croioit que ce fut
terre: car ledit banc eſtoit ſi vny que l'on euſt
dit proprement que cela auoit eſté ainſi fait

exprés, & auoit plus de dixhuit pieds de haut, & deux fois autant soubs l'eau, & faisions estat de n'estre qu'à quelque quinze lieues du cap Breton, qui estoit le vingtsixiesme iour dudit mois. Ces rencontres de glaces si souuent nous apportoient beaucoup de desplaisir : croyant aussi que le passage dudit cap Breton & cap de Raye seroit fermé, & qu'il nous faudroit tenir la mer long temps deuant que de trouuer passage. Ne pouuans donc rien faire nous fusmes contraincts de nous remettre à la mer quelque quatre ou cinq lieues pour doubler vne autre pointe dudit grād banc, qui nous demeuroit à l'Ouest-surouest, & aprés retournames à l'autre bord au Norouest, pour doubler lad. pointe, & singlasmes quelques sept lieues, & puis fismes le Nor-norouest quelque trois lieues, où nous apperçusmes derechef vn autre banc de glace. La nuit s'approchoit, & la brume se leuoit, qui nous fit mettre à la mer pour passer le reste de la nuit attendant le iour, pour retourner recognoistre lesdites glaces. Le vintseptiesme iour dud. mois, nous aduisasmes terre à l'Ouest-norouest de nous, & ne vismes aucunes glaces qui nous peussét demourer au Nor-nordest : Nous approchasmes de plus prés pour la mieux recognoistre, & vismes que c'estoit Campseau, qui nous fit porter au Nort pour aller à l'isle du cap Breton, nous n'eusmes pas plustost fait deux lieues que rencontrasmes vn banc de glace qui fuioit au Nordest. La nuit venant nous fusmes contraincts de nous mettre à la mer iusques au lendemain, que fismes le Nordest, & rencontrasmes vne autre glace qui nous demeuroit à l'Est & Est-suest, & là costoyasmes, mettant le cap au Nordest & au Nor plus de quinze lieus: En fin fusmes contraincts de refaire l'Ouest, qui nous dóna beaucoup de desplaisir voyant que ne pouuions trouuer passage, & fusmes contraincts de nous en retirer & retourner sur nos brisees : & le mal pour nous que le calme nous prit de telle façon que la houle nous pensa ietter sur la coste dudit banc de glace, & fusmes prests de mettre nostre batteau hors, pour nous seruir au besoin. Quand nous nous fussions sauuez sur lesdites glaces il ne nous eut seruy que de nous faire languir, & mourir tous miserables. Comme nous estions donc en deliberation de mettre nostredit batteau hors, vne petite fraischeur se leua, qui nous fit grand plaisir, & par ainsi euitasmes lesdites glaces. Comme nous eusmes fait deux lieues, la nuit venoit auec vne brume fort espoisse, qui fut occasion que nous amenasmes pour ne pouuoir voir : & aussi qu'il y auoit plusieurs grãdes glaces en nostre routte, que craignions abborder: & demeurasmes ainsi toute la nuit iusques au lendemain vingt-neufiesme iour dudit mois, que la brume renforça de telle façon, qu'a peine pouuoit on voir la longueur du vaisseau, & faisoit fort peu de vent: neātmoins nous ne laissasmes de nous appareiller pour esuiter lesdites glaces: mais pensans nous desgager, nous nous y trouuasmes si embarrassez, que nous ne sçauions de quel bort amurer : & derechef fusmes contraints d'amener, & nous laisser driuer iusques à ce que lesdites glaces nous fissent appareiller, & fismes cent bordees d'vn costé & d'autre, & pensasmes nous perdre par plusieurs fois: & le plus asseuré y perdroit tout iugement; ce qu'eust aussi bien fait le plus grand astrologue du monde. Ce qui nous donnoit du desplaisir d'auātage, c'estoit le peu de veue, & la nuit qui venoit, & n'auions refuite d'vn quart de lieu sans trouuer banc ou glaces, & quantité de bourguignons, que le moindre eust esté suffisant de faire perdre quelque vaisseau que ce fust: Or comme nous estions tousiours cottoyans au tour des glaces, il s'esleua vn vent si impetueux qu'en peu de tēps il separa la brume, & fit faire veue, & en moins d'vn rien rendit l'air clair, & beau soleil. Regardant au tour de nous, nous nous vismes enfermez dedans vn petit eſtang, qui ne contenoit pas lieuë & demie en rondeur, & apperceuſmes l'iſle dudit cap Breton, qui nous demeuroit au Nort, preſque à quatre lieuës, & iugeaſmes que le paſſage eſtoit encore fermé iuſques audit cap Breton. Nous apperceuſmes auſſi vn petit banc de glace au derriere de noſtredit vaiſſeau, & la grand mer qui paroiſſoit au delà, qui nous fit prendre reſolution de paſſer par deſſus ledit banc, qui eſtoit rompu: ce que nous fiſmes dextremét ſans offenſer noſtredit vaiſſeau, & nous nous miſmes à la mer toute la nuit, & fiſmes le Sueſt deſdites glaces. Et comme nous iugeaſmes que nous pouuions doubler ledit bâc de glace, nous fiſmes l'Eſt-nordeſt quelques quinze lieuës, & apperceuſmes ſeulement vne petite glace, & la nuit amenaſmes iuſques au lendemain, que nous apperceuſmes vn autre banc de glace au Nord de nous, qui continuoit tant que noſtre veuë ſe pouuoit eſtendre, & auions driué à demy lieuë prés, & miſmes les voiles haut, cottoyant touſiours ladite glace pour en trouuer l'extremité. Ainſi que nous ſinglions nous auiſaſmes vn vaiſſeau le premier iour de May qui eſtoit parmy les glaces, qui auoit bien eu de la peine d'en ſortir auſſi bien que nous, & miſmes vent deuant pour attendre ledit vaiſſeau qui faiſoit

large

large fur nous, d'autant que defirons sçauoir s'il n'auoit point veu d'autres glaces. Quand il fut proche, nous apperçeufmes que c'eſtoit le fils du fieur de Poitrincourt qui alloit trouuer fon pere qui eſtoit à l'habitatiõ du port Royal; & y auoit trois mois qu'il eſtoit party de France (ie crois que ce ne fut pas fans beaucoup de peine) & s'ils eſtoient encore à prés de cent quarante lieues dudit port Royal, bien à l'eſcart de leur routte. Nous leur difmes que nous auions eu cognoiſſance des iſles de Campfeau, qui à mon opiniõ les aſſeura beaucoup; d'autãt qu'ils n'auoient point encore eu cognoiſſance d'aucune terre,&s'en alloiẽt dõner droit entre le cap S. Laurés,& cap de Raye, par où ils n'euſſent pas trouué led. port Royal, ſi ce n'euſt eſté en trauerſant les terres. Aprés auoir quelque peu parlé enſemble, nous nous departifmes chacun fuiuant fa routte. Le lendemain nous eufmes cognoiſſance des iſles fainct Pierre, fans trouuer glace aucune: & continuant noſtre routte, le lendemain troifieſme iour du mois eufmes cognoiſſance du cap de Raye, fans auſſi trouuer glaces. Le quatrieſme dudit mois eufmes cognoiſſance de l'iſle fainct Paul, & cap fainct Laurens: & eſtiõs à quelques huit lieues au Nord dudit cap S. Laurens. Le lendemain eufmes cognoiſſance de Gafpé. Le feptiefme

N n

iour dudit mois fufmes contrariez du vent de Norouest, qui nous fit driuer prés de trête cinq lieues de chemin, puis le vent se vint à calmer, & en beauture, qui nous fut fauorable iufques à Tadouffac, qui fut le trefiefme iour dud. mois de May, où nous fifmes tirer vn coup de canon pour aduertir les fauuages, afin de fçauoir des nouuelles des gens de noftre habitation de Quebecq. Tout le pays eftoit encore prefque couuert de neige. Il vint à nous quelques canots, qui nous dirent qu'il y auoit vne de nos pattaches qui eftoit au port il y auoit vn mois, & trois vaiffeaux qui y eftoient arriuez depuis huit iours. Nous mifmes noftre batteau hors, & fufmes trouuer lefdicts fauuages, qui eftoient affez miferables, & n'auoient à traicter que pour auoir feulement des rafraichiffemens, qui eftoit fort peu de chofe: encore voulurent ils attêdre qu'il vint plufieurs vaiffeaux enfemble, afin d'auoir meilleur marché des marchandifes: & par ainfi ceux s'abufent qui penfent faire leurs affaires pour arriuer des premiers; car ces peuples font maintenant trop fins & fubtils.

Le dixfeptiefme iour dudit mois ie partis de Tadouffac pour aller au grand faut trouuer les fauuages Algoumequins & autres nations qui m'auoient promis l'annee precedente de fi

DV SIEVR DE CHAMPLAIN.

trouuer auec mon garçon que ie leur auois baillé, pour apprendre de luy ce qu'il auroit veu en son yuernement dans les terres. Ceux qui estoient dans ledit port, qui se doutoient bien, où ie deuois aller, suiuant les promesses que i'auois faites aux sauuages, comme i'ay dit cy dessus, commecerent à faire bastir plusieurs petites barques pour me suiure le plus promptement qu'ils pouroient: Et plusieurs, à ce que i'appris deuant que partir de France, firent equipper des nauires & pattaches sur l'entreprise de nostre voyage, pensant en reuenir riches comme d'vn voyage des Indes.

Le Pont demeura audit Tadoussac sur l'esperance que s'il n'y faisoit rien, de prendre vne pattache, & me venir trouuer audit saut. Entre Tadoussac & Quebecq nostre barque faisoit grand eau, qui me contraignit de retarder à Quebecq pour l'estancher, qui fut le 21. iour de May.

DESCENTE A QVEBECQ POVR FAIRE RACOMmoder la barque. Partement dudit Quebecq pour aller au saut trouuer les sauuages & recognoistre vn lieu propre pour vne habitation.

CHAP. II.

EStans à terre ie trouuay le sieur du Parc qui auoit yuerné en ladite habitation, & tous ses compagnons, qui se portoiét fort bien,

Nn ij

sans auoir eu aucune maladie. La chasse & gibier ne leur manqua aucunement en tout leur yuernement, à ce qu'ils me dirent. Ie trouuay le Capitaine sauuage appelé Batiscan & quelques Algoumequins, qui disoient m'attendre, ne voulãt retourner à Tadoussac qu'ils ne m'eussent veu. Ie leur fis quelque proposition de mener vn de nos gens aux trois riuieres pour les recognoistre, & ne peu obtenir aucune chose d'eux pour ceste annee, me remettant à l'autre: neantmoins ie ne laissay de m'informer particulierement de l'origine & des peuples qui y habitent: ce qu'ils me dirent exactement. Ie leur demanday vn de leurs canots, mais il ne s'en voulurent des faire en aucune façon que ce fut pour la necessité qu'ils en auoiét: car i'estois deliberé d'enuoyer deux ou trois hommes descouurir dedans lesdites trois riuieres voir ce qu'il y auroit: ce que ie ne peu faire, à mon grand regret, remettant la partie à la premiere occasion qui se presenteroit.

Ie fis cependant diligeance de faire accommoder nostredicte barque. Et comme elle fut preste, vn ieune homme de la Rochelle appelé Tresart, me pria que ie luy permisse de me faire compagnie audit saut, ce que ie luy refusay, disant que i'auois des desseins particuliers, &

que ie ne defirois eftre côducteur de perfonne à mon preiudice, & qu'il y auoit d'autres compaignies que la mienne pour lors, & que ie ne defirois ouurir le chemin & feruir de guide, & qu'il le trouueroit affés aifement fans moy.

Ce mefme iour ie partis de Quebecq, & arriuay audit grand faut le vingthuictiefme de May, où ie ne trouuay aucun des fauuages qui m'auoient promis d'y eftre au vingtiefme dudit mois. Auffitoft ie fus dans vn mefchant canot auec le fauuage que i'auois mené en France, & vn de nos gens. Aprés auoir vifité d'vn cofté & d'autre, tant dans les bois que le long du riuage, pour trouuer vn lieu propre pour la fcituation d'vne habitation, & y preparer vne place pour y baftir, ie fis quelques huit lieues par terre cottoyant le grand faut par des bois qui font affez clairs, & fus iufques à vn lac, où noftre fauuage me mena, où ie confideray fort particulierement le pays; Mais en tout ce que ie vy, ie n'en trouuay point de lieu plus propre qu'vn petit endroit, qui eft iufques où les barques & chalouppes peuuét môter aifement: neantmoins auec vn grand vent, ou à la cirque, à caufe du grand courant d'eau: car plus haut que ledit lieu (qu'auons nommé la place Royalle) à vne lieue du mont Royal, y a quantité de petits rochers & baffes, qui font

N n iij

fort dangereuses. Et proches de ladite place Royalle y a vne petite riuiere qui va aſſez auāt dedans les terres, tout le long de laquelle y a plus de 60. arpens de terre deſertés qui ſont comme prairies, où l'on pourroit ſemer des grains, & y faire des iardinages. Autresfois des ſauuages y ont labouré, mais ils les ont quitées pour les guerres ordinaires qu'ils y auoiēt. Il y a auſſi grāde quātité d'autres belles prairies pour nourrir tel nombre de beſtail que l'on voudra : & de toutes les ſortes de bois qu'auons en nos foreſts de pardeça : auec quantité de vignes, noyers, prunes, ſerizes, fraiſes, & autres ſortes qui ſont trés-bonnes à manger, entre autres vne qui eſt fort excellente, qui à le gout ſucrain, tirāt à celuy des plantaines (qui eſt vn fruit des Indes) & eſt auſſi blanche que neige, & la fueille reſſemblāt aux orties, & rampe le long des arbres & de la terre, comme le lierre. La peſche du poiſſon y eſt fort abōdāte, & de toutes les eſpeces que nous auons en France, & de beaucoup d'autres que nous n'auons point, qui ſont tres-bons : comme auſſi la chaſſe des oiſeaux auſſi de diferétes eſpeces : & celle des Cerfs, Daims, Cheureuls, Caribous, Lapins, Loups-ſeruiers, Ours, Caſtors, & autres petites beſtes qui y ſont en telle quantité, que durant que nous fuſmes audit faut, nous n'en manquasmes aucunement.

Ayant donc recogneu fort particulierement & trouué ce lieu vn des plus beaux qui fut en ceste riuiere, ie fis aussitost coupper & deffricher le bois de ladite place Royalle pour la rendre vnie, & preste à y bastir; & peut-on faire passer l'eau au tour aisement, & en faire vne petite isle, & s'y establir côme l'on voudra.

Il y a vn petit islet à quelque 20. thoises de ladite place Royalle, qui a quelques cent pas de long, où l'on peut faire vne bonne & forte habitation. Il y a aussi quantité de prairies de trés-bonne terre grasse à potier, tant pour bricque que pour bastir, qui est vne grande cômodité. I'en fis accommoder vne partie & y fis vne mouraille de quatre pieds d'espoisseur & 3. a 4. de haut, & 10. toises de long pour voir comme elle se conserueroit durant l'yuer quâd les eaux descenderoient, qui à mon opinion ne sçauroit paruenir iusques à lad. muraille, d'autât que le terroir est de douze pieds essleué dessus ladite riuiere, qui est assez haut. Au milieu du fleuue y a vne isle d'enuiron trois quarts de lieues de circuit, capable d'y bastir vne bonne & forte ville, & l'auons nommée l'isle de sainte Elaine. Ce saut descend en maniere de lac, où il y a deux ou trois isles & de belles prairies.

Le premier iour de Iuin le Pont arriua audit saut, qui n'auoit rien sceu faire à Tadoussac; & bonne compagnie le suiuirent & vindrent aprés luy pour y aller au butin, car sans ceste esperance ils estoient bien de l'arriere.

Or attendant les sauuages, ie fis faire deux iardins, l'vn dans les prairies, & l'autre au bois, que ie fis deserter: & le deuxiesme iour de Iuin i'y semay quelques graines, qui sortirent toutes en perfection, & en peu de temps, qui demonstre la bonté de la terre.

Nous resolusmes d'enuoyer Sauignon nostre sauuage auec vn autre, pour aller audeuant de ceux de son pays, afin de les faire haster de venir, & se deliberent d'aller dans nostre canot, qu'ils doubtoient, d'autant qu'il ne valoit pas beaucoup.

Ils partirent le cinquiesme iour dudit mois. Le lendemain arriua quatre ou cinq barques (c'estoit pour nous faire escorte) d'autant qu'ils ne pouuoient rien faire audit Tadoussac.

Le septiesme iour ie fus recognoistre vne petite riuiere par où vont quelques fois les sauuages à la guerre, qui se va rendre au saut de la riuiere des Yroquois: elle est fort plaisante, y ayant plus de trois lieues de circuit de prairies, & force terres, qui se peuuent labourer: elle est à vne lieue du grand saut, & lieu
&

& demie de la place Royalle.

Le neufiesme iour nostre sauuage arriua, qui fut quelque peu pardela le lac qui a quelque dix lieues de long, lequel i'auois veu auparauant, où il ne fit rencontre d'aucune chose, & ne purent passer plus loin à cause de leurdit canot qui leur manqua; & furent contraints de s'en reuenir. Ils nous rapporterent que passant le saut ils virent vne isle où il y auoit si grande quantité de herons, que l'air en estoit tout couuert. Il y eust vn ieune homme qui estoit au sieur de Mons appelé Louys, qui estoit fort amateur de la chasse, lequel entendant cela, voulut y aller contenter sa curiosité, & pria fort instammét nostredit sauuage de l'y mener: ce que le sauuage luy accorda auec vn Capitaine sauuage Montagnet fort gentil personnage, appelé Outetoucos. Des le matin led. Louys fut appeler les deux sauuages pour s'en aller à ladite isle des herons. Ils s'embarquerent dans vn canot & y furent. Ceste isle est au milieu du saut, où ils prirent telle quantité de heronneaux & autres oyseaux qu'ils voulurent, & se rembarquerent en leur canot. Outetoucos contre la volonté de l'autre sauuage & de l'instance qu'il peut faire, voulut passer par vn endroit fort dangereux, où l'eau tomboit prés de trois pieds de haut, disant

Oo

que d'autresfois il y auoit paſſé, ce qui eſtoit faux, il fut long temps à debatre contre noſtre ſauuage qui le voulut mener du coſté du Su le long de la grand Tibie, par où le plus ſouuent ils ont accouſtumé de paſſer, ce que Outetoucos ne deſira, diſant qu'il n'y auoit point de danger. Cóme noſtre ſauuage le vit opiniaſtre, il condeſcendit à ſa volonté: mais il luy dit qu'a tout le moins on deſchargeaſt le canot d'vne partie des oyſeaux qui eſtoient dedans, d'autant qu'il eſtoit trop chargé, ou qu'infalliblement ils empliroiết d'eau, & ſe perdoient: ce qu'il ne voulut faire, diſant qu'il ſeroit aſſez à temps s'ils voyoient qu'il y eut du peril pour eux. Ils ſe laiſſarent donc driuer dans le courất. Et comme ils furent dans la cheute du ſaut, ils en voulurent ſortir & ietter leurs charges, mais il n'eſtoit plus temps, car la viteſſe de l'eau les maiſtriſoit ainſi qu'elle vouloit, & emplirent auſſitoſt dans les boullons du ſaut, qui leur feſoient faire mille tours haut & bas. Ils ne l'abandonnerént de long temps: Enfin la roideur de l'eau les laſſa de telle façon, que ce pauure Louys qui ne ſçauoit nager en aucune façon perdit tout iugemét & le canot eſtất au fonds de l'eau il fut contraint de l'abandonner: & reuenant au haut les deux autres qui le tenoient touſiours ne virent plus noſtre Louys, & ainſi mourut misérablement. Les deux autres tenoient tousiours ledit canot: mais comme ils furent hors du faut, ledit Outetoucos estant nud, & se fiant en son nager, l'abandonna, pensant gaigner la terre, bien que l'eau y courust encor de grande vitesse, & se noya: car il estoit si fatigué & rompu de la peine qu'il auoit eue, qu'il estoit impossible qu'il se peust sauuer ayant abandonné le canot, que nostre sauuage Sauignon mieux aduisé tint tousiours fermement, iusques à ce qu'il fut dans vn remoul, où le courant l'auoit porté, & sceut si bien faire, quelque peine & fatigue qu'il eut eue, qu'il vint tout doucement à terre, où estāt arriué il ietta l'eau du canot, & s'en reuint auec grāde apprehētion qu'on ne se vāgeast sur luy, comme ils font entre eux, & nous conta ces tristes nouuelles, qui nous apporterent du desplaisir.

Le lendemain ie fus dans vn autre canot audit saut auec le sauuage, & vn autre de nos gens, pour voir l'endroit où ils s'estoient perdus: & aussi si nous trouuerions les corps, & vous asseure que quand il me monstra le lieu les cheueux me herisserent en la teste, de voir ce lieu si espouuentable, & m'estonnois comme les deffuncts auoient esté si hors de iugement de passer vn lieu si effroiable, pouuant

Oo ij

aller par ailleurs: car il est impossible d'y passer pour auoir sept à huit cheutes d'eau qui descendét de degré en degré, le moindre de trois pieds de haut, où il se faisoit vn frain & bouillonnement estrange, & vne partie dudit saut estoit toute blãche d'escume, qui mõtroit le lieu plus effroyable, auec vn bruit si grand que l'on eut dit que c'estoit vn tonnerre, comme l'air retentissoit du bruit de ces cataraques. Aprés auoir veu & consideré particulieremét ce lieu & cherché le long du riuage lesdicts corps, cependant qu'vne chalouppe assez legere estoit allée d'vn autre costé, nous nous en reuinsmes sans rien trouuer.

DV SIEVR DE CHAMPLAIN.

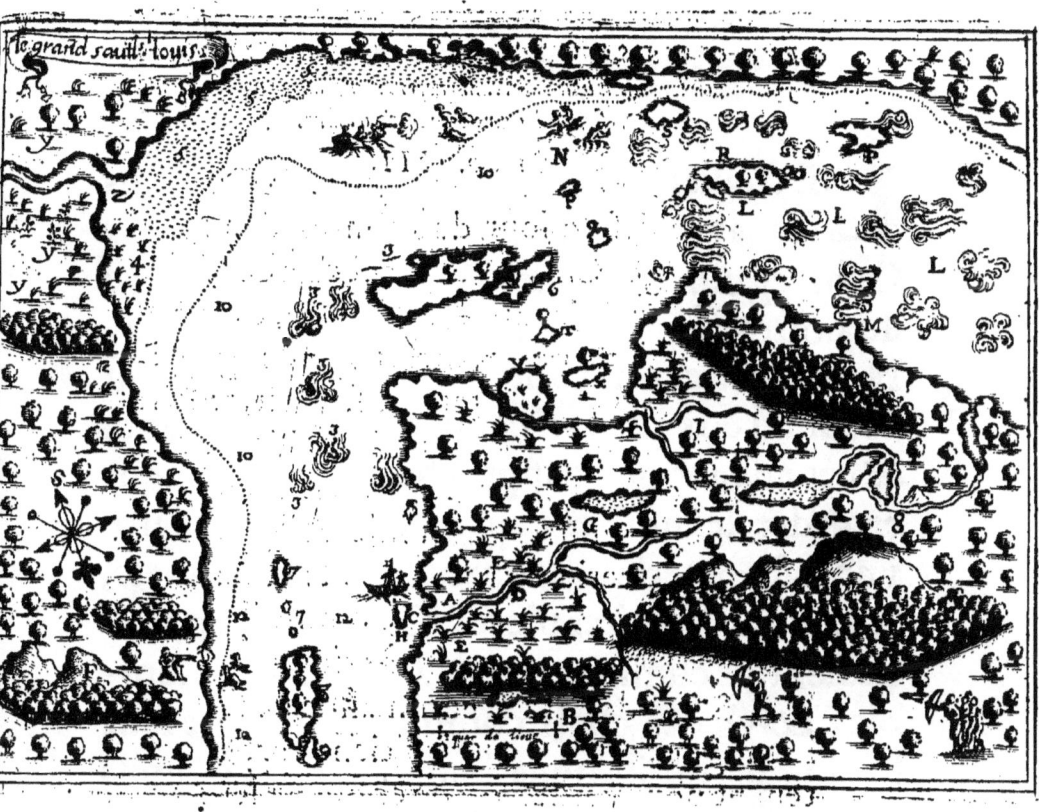

A Petite place que ie fis defricher.
B Petit estang.
C Petit islet où ie fis faire vne muraille de pierre.
D Petit ruisseau où se tiennēt les barques.
E Prairies où se mettent les sauuages quand ils viennent en ce pays.
F Montaignes qui paroissent dans le terres.
G Petit estang.
H Mont Royal.
I Petit ruisseau.
L Le saut.
M Le lieu où les sauuages passent leurs canots, par terre du costé du Nort.
N Endroit où vn de nos gens & vn sauuage se noyerent.
O Petit islet de rochers.
P Autre islet où les oyseaux font leurs nids.
Q L'isle aux herons.
R Autre isle dans le saut.
S Petit islet.
T Petit islet rond.
V Autre islet demy couuert d'eau.
X Autre islet où il y a force oyseaux deriuiere.
Y Prairies.
Z Petite riuiere.
2 Isles assez grandes & belles.
3 Lieux qui descouurēt quād les eaux baissēt, où il se fait grāds bouillōnemēts, comme aussi fait audit saut.
4 Prairies plaines d'eaux.
5 Lieux fort bas & peu de fonds.
6 Autre petit islet.
7 Petis rochers.
8 Isle sainct Helaine.
9 Petit islet desgarny d'arbres.
8 Marescages qui s'escoulent dans le grand saut.

*DEVX CENS SAVVAGES RAMENENT LE FRAN-
çois qu'on leur auoit baillé, & remmenerent leur sauuage qui estoit retourné de France. Plusieurs discours de part & d'autre.*

CHAP. III.

LE treisiesme iour dudit mois deux cens sauuages Charioquois, auec les Capitaines Ochateguin, Yroquet & Tregouaroti frere de nostre sauuage amenerent mon garçon. Nous fusmes fort contens de les voir, ie fus au deuant d'eux auec vn canot & nostre sauuage, & cependant qu'ils approchoient doucement en ordre, les nostres s'apareillerét de leur faire vne escopeterie d'arquebuses & mousquets, & quelques petites pieces. Comme ils approchoient, ils commencerent à crier tous ensemble, & vn des chefs commanda de faire leur harangue, où ils nous louoient fort, & nous tenant pour veritables, de ce que ie leur auois tenu ce que ie leur promis, qui estoit de les venir trouuer audit saut. Aprés auoir fait trois autres cris, l'escopeterie tira par deux fois de 13. barques ou pattaches qui y estoient, qui les estonna de telle façon qu'ils me prierent de dire que l'on ne tirast plus, & qu'il y en auoit la plus grand part, qui n'auoient iamais veu de Chrestiés, ny ouy des tonnerres de la façon, & craignoient qu'il ne leur fit mal, & furent fort contans de voir nostredit sauuage sain, qu'ils pensoiét mort, sur des rapports que leur auoiét fait quelques Algoumequins qui l'auoient ouy dire à des sauuages Montagnets. Le sauuage se loua du traictement que ie luy auois fait en France, & des singularitez qu'il auoit veues, dont ils entrerent tous en admiration, & s'en allarent cabaner dans le bois assez legerement, attendant le lendemain, que ie leur monstrasse le lieu ou ie desirois qu'ils se logassent. Aussi ie vis mon garçon qui vint habillé à la sauuage, qui se loua du traictement des sauuages, selon leur pays, & me fit entendre tout ce qu'il auoit veu en son yuernement, & ce qu'il auoit apris desdicts sauuages.

Le lendemain venu, ie leur monstray vn lieu pour aller cabaner, où les antiens & principaux deuiserent fort ensemble: Et aprés auoir esté vn long temps en cest estat, ils me firent appeler seul auec mon garçon, qui auoit fort bien apris leur langue, & luy dirent qu'ils desiroiét faire vne estroite amitié auec moy, & estoient faschez de voir toutes ces chalouppes ensemble, & que nostre sauuage leur auoit dit qu'il ne les cognoissoit point, ny ce qu'ils auoient dans l'ame, & qu'ils voyoient bien qu'il n'y auoit que le gain & l'auarice qui les y amenoit, & que quand ils auroient besoin de leur assistance qu'ils ne leur donneroiét aucun secours, & ne feroient comme moy qui m'offrois auec mes compagnons d'aller en leur pays, & les assister, & que ie leur en auois monstré des tesmoignages par le passé, en se loüát tousiours du traictement que i'auois fait à nostre sauuage comme à mon frere, & que cela les obligeoit tellement à me vouloir du bien, que tout ce que ie desirerois d'eux, ils assayeroient à me satisfaire, & craignoient que les autres pattaches ne leur fissent du desplaisir. Ie leur asseuray que non feroient, & que nous estions tous soubs vn Roy, que nostredit sauuage auoit veu, & d'vne mesme nation, (mais pour ce qui estoit des affaires, qu'elles estoient particulieres) & ne deuoiét point auoir peur, estant aussi asseurez comme s'ils eussent esté dás leur pays. Aprés plusieurs discours, ils me firét vn present de 100. castors. Ie leur dónay en eschange d'autres sortes de marchandise, & me dirent qu'il y auoit plus de 400. sauuages qui deuoient venir de leur pays, & ce qui les auoit retardés, fut vn prisonnier Yroquois qui estoit à moy, qui s'estoit eschappé & s'en estoit allé en son pays, & qu'il auoit donné à entendre que ie luy auois dóné liberté & des marchádises, & que ie deuois aller audit saut auec 600. Yroquois attendre les Algoumequins, & les tuer tous:

Que

Que la crainte de ces nouuelles les auoit arreſtés, & que ſans cela qu'ils fuſſent venus. Ie leur fis reſpôſe que le priſonnier s'eſtoit deſrobé ſans que ie luy euſſe dóné congé, & que noſtredit ſauuage ſçauoit bien de quelle façon il s'en eſtoit allé, & qu'il n'y auoit aucune apparence de laiſſer leur amitié comme ils auoient ouy dire, ayant eſté à la guerre auec eux, & enuoyé mon garçon en leur pays pour entretenir leur amitié; & que la promeſſe que ie leur auois ſi fidelement tenue le confirmoit encore. Ils me reſpondirent que pour eux ils ne l'auoient auſſi iamais penſé, & qu'ils recognoiſſoient bien que tous ces diſcours eſtoient eſloignez de la verité; & que s'ils euſſent creu autremét, qu'ils ne fuſſent pas venus, & que c'eſtoit les autres qui auoient eu peur, pour n'auoir iamais veu de François que mon garçon. Ils me dirent auſſi qu'il viendroit trois cens Algoumequins dás cinq ou ſix iours, ſi on les vouloit attendre, pour aller à la guerre auec eux contre les Yroquois, & que ſi ie n'y venois ils s'en retourneroient ſans la faire. Ie les entretins fort ſur le ſubiet de la ſource de la grande riuiere, & de leur pays, dont ils me diſcoururent fort particulierement, tant des riuieres, ſauts, lacs, & terres, que des peuples qui y habitent, & de ce qui s'y trouue. Quatre d'entre eux

Pp

m'asseurerent qu'ils auoient veu vne mer fort
esloignee de leur pays, & le chemin difficile,
tant à cause des guerres, que des deserts qu'il
faut passer pour y paruenir. Ils me dirent aussi
que l'yuer precedãt il estoit venu quelques sauuages du costé de la Floride par derriere le pays
des Yroquois, qui voyoient nostre mer Ocea-
ne, & ont amitié auec lesdicts sauuages : Enfin
ils m'en discoururent fort exactement, me de-
monstrant par figures tous les lieux où ils a-
uoient esté, prenant plaisir à men discourir:
& moy ie ne m'ennuiois pas à les entendre,
pour estre fait certain des choses dont i'a-
uois esté en doute iusques à ce qu'ils m'en eurent esclarcis. Aprés tous ces discours finis, ie
leur dis qu'ils traictassent ce peu de cõmodités
qu'ils auoiẽt, ce qu'ils firent le lendemain, dont
chacune des barques emporta sa piece : nous
toute la peine & aduanture, les autres qui ne se
soucioiẽt d'aucunes descouuertures, la proye,
qui est la seule cause qui les meut, sans rien
employer ny hazarder.

Le lendemain aprés auoir traité tout ce qu'ils
auoient, qui estoit peu de chose, ils firent vne
barricade autour de leur logement du costé du
bois, & en partie du costé de nos pattaches, &
disoient que c'estoit pour leur seureté, afin
d'esuiter la surprinse de leurs ennemis : ce que

nous prifmes pour argent content. La nuit venue ils appellerent noſtre ſauuage qui couchoit à ma pattache,& mon garçon,qui les furent trouuer: Aprés auoir tenu pluſieurs diſcours, ils me firent auſſi appeler enuiron ſur la minuit. Eſtát en leurs cabannes ie les trouuay tous aſſis en conſeil, où ils me firent aſſoir prés deux,diſans que leur couſtume eſtoit que quád ils vouloient s'aſſembler pour propoſer quelque choſe,qu'ils le faiſoient la nuit,afin de n'eſtre diuertis par l'aſpect d'aucune choſe,& que l'on ne penſoit qu'a eſcouter,& que le iour diuertiſſoit l'eſprit par les abiects: mais à mon opinion ils me vouloient dire leur volonté en cachette, ſe fians en moy. Et d'ailleurs ils craignoient les autres pattaches, comme ils me donnerét à entendre depuis. Car ils me dirent qu'ils eſtoiét fachez de voir tát de François,qui n'eſtoient pas bien vnis enſemble, & qu'ils euſſent bien deſiré me voir ſeul: Que quelques vns d'entre eux auoient eſté battuz: Qu'il me vouloient autant de bien qu'a leurs enfans, ayant telle fiance en moy, que ce que ie leur dirois ils le feroient,mais qu'ils ſe m'effioiét fort des autres: Que ſi ie retournois, que i'amenaſſe telle quantité de gens que ie voudrois,pourueu qu'ils fuſſent ſoubs la conduite d'vn chef: & qu'ils m'enuoyoient querir pour m'aſſeurer

Pp ij

d'auantage de leur amitié, qui ne se romproit iamais, & que ie ne fusse point faché contre eux : & que sçachans que i'auois pris deliberation de voir leur pays, ils me le feroinet voir au peril de leurs vies, m'assistant d'vn bon nombre d'hommes qui pourroient passer par tout. Et qu'a l'aduenir nous deuions esperer d'eux comme ils faisoient de nous. Aussitost ils firent venir 50. castors & 4. carquans de leurs porcelaines (qu'ils estiment entre eux comme nous faisons les chaisnes dor) & que i'en fisse participant mon frere (ils entendoient Pontgraué d'autant que nous estions ensemble) & que ces presens estoient d'autres Capitaines qui ne m'auoient iamais veu, qui me les enuoyoient, & qu'ils desiroient estre tousiours de mes amis : mais que s'il y auoit quelques François qui voulussent aller auec eux, qu'ils en eussent esté fort contens, & plus que iamais, pour entretenir vne ferme amitié. Aprés plusieurs discours faits, ie leur proposay, Qu'ayant la volonté de me faire voir leur pays, que ie supplierois sa Maiesté de nous assister iusques à 40. ou 50. hommes armez de choses necessaires pour ledit voyage, & que ie m'enbarquerois auec eux, à la charge qu'ils nous entretiendroient de ce qui seroit de besoin pour nostre viure durant ledit voyage, & que ie leur apporterois dequoy faire des presens aux chefs qui sont dans les pays par où nous passerions, puis nous nous en reuiēdriōs yuerner en nostre habitation : & que si ie recognoissois le pays bon & fertile, l'on y feroit plusieurs habitations; & que par ce moyen aurions communication les vns auec les autres, viuãs heureusement à l'auenir en la crainte de Dieu, qu'on leur feroit cognoistre. Ils furent fort contens de ceste proposition, & me prierent d'y tenir la main, disans qu'ils feroient de leur part tout ce qu'il leur seroit possible pour en venir au bout: & que pour ce qui estoit des viures, nous n'en manquerions non plus que eux mesmes, m'asseurans de rechef, de me faire voir ce que ie desirois : & la dessus ie pris cōgé d'eux au point du iour, en les remerciant de la volonté qu'ils auoient de fauoriser mon desir, les priant de tousiours continuer.

 Le lendemain 17. iour dud. mois ils dirent qu'ils s'en alloient à la chasse des castors, & qu'ils retourneroient tous. Le matin venu ils acheuerent de traicter ce peu qu'il leur restoit, & puis s'embarquerent en leurs canots, nous prians de ne toucher à leurs logemēts pour les deffaire, ce que nous leur promismes : & se separerent les vns des autres, faignant aller chasser en plusieurs endroits, & laisserent nostre sauuage auec moy pour nous dóner moins de mesfiance d'eux: & neātmoins ils s'estoient donnez le randez-vous par de là le saut, où ils iugeoient bien que nous ne pourrions aller auec nos barques: cependant nous les attandions, comme ils nous auoient dit.

Le lendemain il vint deux sauuages, l'vn estoit Yroquet, & l'autre le frere de nostre Sauignon, qui le venoiēt requerir, & me prier de la part de tous leurs cōpágnós que i'allasse seul auec mon garçon, où ils estoiēt cabannez, pour me dire quelque chose de consequence, qu'ils ne desiroient communiquer deuant aucuns François: Ie leur promis d'y aller.

Le iour venu ie donnay quelques bagatelles à Sauignon qui partit fort content, me faisant entendre qu'il s'en alloit prendre vne vie bien penible aux prix de celle qu'il auoit eue en France; & ainsi se separa auec grand regret, & moy bié aise d'en estre deschargé. Les deux Capitaines me dirent que le lendemain au matin ils m'enuoyeroient querir, ce qu'ils firent. Ie m'enbarquay & mon garçon auec ceux qui vinrent. Estant au saut, nous fusmes dans le bois quelques huit lieues, où ils estoient cabannez sur le bort d'vn lac, où i'auois esté auparauant. Comme ils me virent ils furent fort contens, & commencerent à s'escrier selon leur coustume, & noſtre ſauuage s'en vint audeuant de moy me prier d'aller en la cabane de ſon frere, où auſſi toſt il fit mettre de la cher & du poiſſõ ſur le feu, pour me feſtoyer. Durant que ie fus là il ſe fit vn feſtin, où tous les principaux furẽt inuitez: ie n'y fus oublié, bien que i'euſſe deſia pris ma refection honneſtement, mais pour ne rõpre la couſtume du pays i'y fus. Aprés auoir repeu, ils s'en allerent dans les bois tenir leur Conſeil, & cependant ie m'amuſay à contempler le paiſage de ce lieu, qui eſt fort aggreable. Quelque temps aprés ils m'enuoyerent appeler pour me communiquer ce qu'ils auoient reſolu entre eux. I'y fus auec mon garçon. Eſtant aſſis auprés d'eux ils me dirẽt qu'ils eſtoient fort aiſes de me voir, & n'auoir point manqué à ma parolle de ce que ie leur auois promis, & qu'ils recognoiſſoient de plus en plus mon affection, qui eſtoit à leur continuer mon amitié, & que deuant que partir, ils deſiroient prendre congé de moy, & qu'ils euſſent eu trop de deſplaiſir s'ils s'en fuſſent allez ſans me voir, croyant qu'autrement ie leur euſſe voulu du mal: & que ce qui leur auoit faict dire qu'ils alloient à la chaſſe, & la barricade qu'ils auoient faite, ce n'eſtoit la crainte de leurs ennemis, ny le deſir de la chaſſe, mais la crainte qu'ils auoient de toutes les autres pattaches qui estoient auec moy à cause qu'ils auoient ouy dire que la nuit qu'ils m'enuoyerent appeler, qu'on les deuoit tous tuer, & que ie ne les pourrois deffendre contre les autres, estans beaucoup plus que moy, & que pour se defrober, ils vserent de ceste finesse: mais que s'il n'y eust eu que nos deux pattaches qu'ils eussent tardé quelques iours d'auantage qu'ils n'auoient fait; & me prierent que reuenant auec mes compagnons ie n'en amenasse point d'autres. Ie leur dis que ie ne les amenois pas, ains qu'ils me suiuoient sans leur dire, & qu'a l'aduenir i'yrois d'autre façon que ie n'auois fait, laquelle ie leur declaray, dont ils furent fort contens.

Et derechef ils me commencerent à reciter ce qu'ils m'auoient promis touchant les descouuertures des terres; & moy ie leur fis promesse d'accomplir, moyennant la grace de Dieu, ce que ie leur auois dit. Ils me prierent encore de rechef de leur donner vn homme: ie leur dis que s'il y en auoit parmy nous qui y voulussent aller que i'en serois fort content.

Ils me dirent qu'il y auoit vn marchand appelé Bouier qui commandoit en vne pattache, qui les auoit priés d'emmener vn ieune garçõ; ce qu'ils ne luy auoient voulu accorder qu'auparauant ils n'eussent sçeu de moy si i'en estois

content

content, ne sçachant si nous estions amis, d'autant qu'il estoit venu en ma compagnie traicter auec eux; & qu'ils ne luy auoient point d'obligation en aucune façon : mais qu'il s'offroit de leur faire de grands presens.

Ie leur fis responſe que nous n'eſtions point ennemis, & qu'ils nous auoient veu conuerſer ſouuent enſemble : mais pour ce qui eſtoit du trafic, chacun faiſoit ce qu'il pouuoit, & que ledit Bouyer peut eſtre deſiroit enuoyer ce garçon, comme i'auois fait le mien, penſant eſperer à l'aduenir, ce que ie pouuois auſſi pretendre d'eux : Toutesfois qu'ils auoient à iuger auquel ils auoient le plus d'obligation, & de qui ils deuoient plus eſperer.

Ils me dirēt qu'il n'y auoit point de comparaiſon des obligations de l'vn à l'autre, tant des aſſiſtāces que ie leur auois faites en leurs guerres contre leurs ennemis, que de l'offre que ie leur faiſois de ma perſonne pour l'aduenir, où touſiours ils m'auoient trouué veritable, & que le tout deſpendoit de ma volonté : & que ce qui leur en faiſoit parler eſtoit leſdicts preſens qu'il leur auoit offert : & que quand bien ledit garçon iroit auec eux, que cela ne leſpouuoit obliger enuers ledit Bouuier comme ils eſtoient enuers moy, & que cela n'importeroit de rien à l'aduenir, veuque ce n'eſtoit que pour

Qq

auoir lefdicts prefens dudit Bouuier.

Ie leur fis refponfe qu'il m'eftoit indifferent qu'ils le prinſſent ou non, & qu'à la verité s'ils le prenoient auec peu de chofe, que i'en ferois fafché, mais en leur faifant de bons prefens que i'en ferois comptant, pourueu qu'il demouraft auec Yroquet: ce qu'ils me promirent. Et aprés m'auoir fait entendre leur volonté pour la derniere fois, & moy à eux la mienne, il y eut vn fauuage qui auoit efté prifonnier par trois fois des Yroquois, & s'eftoit fauué fort heureufement, qui refolut d'aller à la guerre luy dixiefme, pour fe venger des cruautez que fes ennemis luy auoient fait fouffrir. Tous les Capitaines me prierent de l'en deftourner fi ie pouuois d'autant qu'il eftoit fort vaillant, & craignoiẽt qu'il ne s'engageaft fi auãt parmy les ennemis auec fi petite trouppe, qu'il n'en reuint iamais. Ie le fis pour les contenter, par toutes les raifons que ie luy peus alleguer, lefquelles luy feruirent peu, me monftrant vne partie de fes doigts couppez, & de grãdes taillades & bruflures qu'il auoit fur le corps, comme ils l'auoient tourmanté, & qu'il luy eftoit impoffible de viure, s'il ne faifoit mourir de fes ennemis, & n'en auoit vengeance, & que fon cœur luy difoit qu'il failloit qu'il partift au pluftoft qu'il luy feroit poffible : ce qu'il fit fort deliberé de bien faire.

Aprés auoir fait auec eux, ie les priay de me ramener en noſtre pattache: pour ce faire ils equipperent 8. canots pour paſſer ledit ſaut & ſe deſpouillerent tous nuds, & me firent mettre en chemiſe : car ſouuant il arriue que d'aucuns ſe perdent en le paſſant, partant ſe tiennent les vns prés des autres pour ſe ſecourir promptement ſi quelque canot arriuoit à renuerſer. Ils me diſoient ſi par malheur le tien venoit à tourner, ne ſachant point nager, ne l'abandonne en aucune façon, & te tiens bien à de petits baſtós qui y ſont par le milieu, car nous te ſauuerons ayſement: Ie vous aſſeure que ceux qui n'ont pas veu ny paſſé ledit endroit en des petits batteaux comme ils ont, ne le pouroient pas ſans grande apprehenſion meſmes le plus aſſeuré du monde. Mais ces nations ſont ſi addextres à paſſer les ſauts, que cela leur eſt facile: Ie le paſſay auec eux, ce que ie n'auois iamais fait, ny autre Chretien, horſmis mondit garçon: & vinſmes à nos barques, ou i'en logay vne bonne partie, & i'eus quelques paroles auec ledit Bouuier pour la crainte qu'il auoit que ie n'épeſchaſſe que ſon garçon n'allaſt auec leſdits ſauuages, qui le lendemain s'en retournerent auec ledit garçó, lequel couſta bon à ſon maiſtre, qui auoit l'eſperance à mó opinió, de recouurir la perte de ſon voyage

Qq ij

qu'il fit assés notable, comme firent plusieurs autres.

Il y eut vn ieune homme des nostres qui se delibera d'aller auec lesdicts sauuages, qui sont Charioquois esloignez du saut de quelques cent cinquante lieues; & fut auec le frere de Sauignon, qui estoit l'vn des Capitaines, qui me promit luy faire voir tout ce qu'il pourroit: Et celuy de Bouuier fut auec ledit Yroquet Algoumequin, qui est à quelque quatrevingts lieues dudit saut. Ils s'en allerent fort contens & satisfaicts.

Aprés que les susdicts sauuages furent partis, nous attendimes encore les 300. autres que l'on nous auoit dit qui deuoiét venir sur la promesse que ie leur auois faite. Voyant qu'ils ne venoient point, toutes les pattaches resolurent d'inciter quelques sauuages Algoumequins, qui estoient venus de Tadoussac, d'aller audeuant d'eux moyennant quelque chose qu'on leur donneroit quand ils seroyent de retour, qui deuoit estre au plus tard dans neuf iours, afin d'estre asseurés de leur venue ou nõ, pour nous en retourner à Tadoussac: ce qu'ils accorderét, & pour cest effect partit vn canot.

Le cinquiesme iour de Iuillet arriua vn canot des Algoumequins de ceux qui deuoient venir au nombre de trois cés, qui nous dit que le canot qui eſtoit party d'auec nous eſtoit arriué en leur pays, & que leurs cōpagnōs eſtans laſſez du chemin qu'ils auoient fait ſe rafraiſchiſſoient, & qu'ils viendroient bien toſt effectuer la promeſſe qu'ils auoient faite, & que pour le plus ils ne tarderoient pas plus de huit iours, mais qu'il n'y auroit que 24. canots: d'autant qu'il eſtoit mort vn de leurs Capitaines & beaucoup de leurs compagnons, d'vne fieure qui s'eſtoit miſe parmy eux: & auſſi qu'ils en auoyent enuoyé pluſieurs à la guerre, & que c'eſtoit ce qui les auoit empeſchez de venir. Nous reſoluſmes de les attendre.

Voyant que ce temps eſtoit paſſé, & qu'ils ne venoyent point: Pontgraué partit du ſaut le 11. iour dudit mois, pour mettre ordre à quelques affaires qu'il auoit à Thadouſſac, & moy ie demeuray pour attendre leſdits ſauuages.

Cedit iour arriua vne pattache, qui apporta du rafraichiſſemēt à beaucoup de barques que nous eſtiōs: Car il y auoit quelques iours que le pain, vin, viande & le cidre nous eſtoiēt faillis, & n'auions recours qu'à la peſche du poiſſon, & à la belle eau de la riuiere, & à quelques racines qui ſont au pays, qui ne nous māquerent en aucunne façon que ce fuſt: & ſans cela il nous en euſt falu retounrer. Ce meſme iour arriua vn canot Algoumequin, qui nous affura que le lendemain lefdits vingtquatre canots deuoyent venir, dont il y en auoit douze pour la guerre.

Le 12. dudit mois arriuerent lefdits Algoumequins auec quelque peu de marchandife. Premier que traicter ils firent vn prefent à vn fauuage Môtagnet, qui eftoit fils d'Annadabigeau dernier mort, pour l'appaifer & defafcher de la mort de fondit pere. Peu de temps apres ils fe refolurẽt de faire quelques prefents a tous les Capitaines des pattaches. Ils donnerent à chacun dix Caftors : & en les donnant, ils dirent qu'ils eftoyent bien marris de n'en auoir beaucoup, mais que la guerre (ou la plus part alloyent) en eftoit caufe : toutesfois que l'on prift ce qu'ils offroyent de bon cœur, & qu'il eftoyent tous nos amis, & à moy qui eftois affis aupres d'eux, par deffus tous les autres, qui ne leur vouloyent du bien que pour leurs Caftors : ne faifant pas cõme moy qui les auois toufiours affiftez, & ne m'auoiẽt iamais trouué en deux parolles comme les autres.

Ie leur fis refponfe que tous ceux qu'ils voioyent affemblez eftoyent de leurs amis, & que peuft-eftre que quand ils fe prefenteroit quelque occafion, ils ne laifferoyent de faire leur deuoir, & que nous eftions tous amis, & qu'ils continuassent à nous vouloir du bien, & que nous leurs ferions des presens au reciprocque de ce qu'ils nous donnoyent, & qu'ils traitassent paisiblement : ce qu'ils firent, & chacun en emporta ce qu'il peut.

Le lendemain ils m'apporterent, comme en cachette quarante Castors, en m'asseurant de leur amitié, & qu'ils estoyent tres-aises de la deliberation que i'auois prinse auec les sauuages qui s'en estoyent allez, & que l'on faisoit vne habitation au saut, ce que ie leur asseuray, & leur fis quelque present en eschange.

Apres toutes choses passees, ils se delibererent d'aller querir le corps d'Outetoucos qui s'estoit noyé au saut, comme nous auons dit cy dessus. Ils furent où il estoit, le desenterreret & le porterent en l'isle sainte Helaine, où ils firent leurs ceremonies accoustumees, qui est de chanter & danser sur la fosse, suiuies de festins & banquets. Ie leur demanday pourquoy ils desenterroyent ce corps : Ils me respondirent que si leurs ennemis auoyent trouué la fosse, qu'ils le feroyent, & le mettroit en plusieurs pieces, qu'ils pendroyent à des arbres pour leur faire du desplaisir ; & pour ce subiect ils le transportoyent en lieu escarté du chemin & le plus secrettement qu'ils pouuoyent.

Le 15. iour du mois arriuerent quatorze canots, dōt le chef s'appelloit Tecouehata. A leur arriuee tous les autres sauuages se mirent en armes, & firent quelques tours de limaſſon. Apres auoir aſſez tourné & danſé, les autres qui eſtoyent en leurs canots commencerent auſſi à danſer en faiſant pluſieurs mouuemēs de leurs corps. Le chant fini, ils deſcendirent à terre auec quelque peu de fourrures, & firent de pareils preſens que les autres auoyent faict. On leur en fit d'autres au reciproque ſelon la valeur. Le lendemain ils traitterent ce peu qu'ils auoyent, & me firent preſent encore particulierement de trente Caſtors, dont ie les recompenſay. Ils me prierent que ie continuaſſe à leur vouloir du bien, ce que ie leur promis. Ils me diſcoururent fort particulierement ſur quelques deſcouuertures du coſté du Nord, qui pouuoyent apporter de l'vtilité : Et ſur ce ſubiect ils me dirent que s'il y auoit quelqu'vn de mes cōpagnons qui voulut aller auec eux, qu'ils luy feroyent voir choſe qui m'apporteroit du contentement, & qu'ils le traiteroyent comme vn de leurs enfans. Ie leur promis de leur donner vn ieune garçon, dont ils furent fort contens. Quand il prit congé de moy pour aller auec eux, ie luy baillay vn memoire fort particulier des choſes qu'il deuoit obſeruer eſtant parmi eux. Apres qu'ils eurēt traicté

tout

tout le peu qu'ils auoyent, ils se separerent en trois: les vns pour la guerre, les autres par ledit grand saut, & les autres par vne petitte riuiere, qui va rendre en celle dudit grand saut: & partirent le dixhuictiesme iour dudit mois, & nous aussi le mesme iour.

Cedit iour fismes trente lieues qu'il y a dudit saut aux trois riuieres, & le dixneufiesme arriuasmes à Quebec, où il y a aussi trente lieues desdittes trois riuieres. Ie disposay la plus part d'vn chacun à demeurer en laditte habitation, puis y fis faire quelques reparations & planter des rosiers, & fis charger du chesne de fente pour faire l'espreuué en France, tant pour le marrin lambris que se nestrages: Et le landemain 20. dudit mois de Iuillet en partis. Le 23. i'arriuay à Tadoussac, où estant ie me resoulus de reuenir en Fráce, auec l'aduis de Pont-graué. Apres auoir mis ordre a ce qui despandoit de nostre habitation, suiuát la charge que ledit sieur de Monts m'auoit donnee, ie m'enbarquay dedans le vaisseau du capitaine Tibaut de la Rochelle, l'onziesme d'Aoust. Sur nostre trauerse nous ne manquasme de poisson, comme d'Orades, Gráde-oreille, & de Pilotes qui sont comme harangs, qui se mettent autour de certains aix chargez de poulse-pied, qui est vne sorte de coquillage

Rr

qui s'y attache, & y croist par succession de temps. Il y a quelquesfois vne si grande quantité de ces petits poissons, que c'est chose estrange à voir. Nous prismes aussi des marsouins & autres especes. Nous eusmes asses beau temps iusques à Belle-isle, où les brumes nous prirent, qui durerent 3. ou 4. iours: puis le temps venant beau nous eusmes cognoissance d'Aluert, & arriuasmes à la Rochelle le dixsiesme Septembre. 1611.

ARRIVEE A LA ROCHELLE. ASSOCIAtion rompue entre le sieur de Mons & ses associez, les sieurs Colier & le Gendre de Rouen. Enuie des François touchant les nouuelles descouuertures de la nouuelle France.

Chap. IIII.

Estans arriués à la Rochelle ie fus trouuer le sieur de Mons à Pont en Xintóge, pour luy donner aduis de tout ce qui s'estoit passé au voyage, & de la promesse que les sauuages Ochateguins & Algoumequins m'auoiēt faitte, pourueu qu'on les assistast en leurs guerres, cóme ie leurs auois promis. Le sieur de Mons ayāt le tout entendu, se delibera d'aller en Cour pour mettre ordre à ceste affaire. Ie prins le deuāt pour y aller aussi: mais en chemin ie fus arresté par vn mal'heureux cheual qui tomba sur

LES VOYAGES

moy & me pensa tuer. Ceste cheute me retarda beaucoup: mais aussi tost que ie me trouuay en asses bonne disposition, ie me mis en chemin, pour parfaire mō voyage & aller trouuer ledit sieur de Mons à Fontaine-bleau, lequel estant retourné à Paris parla à ses associez, qui ne voulurent plus continuer en l'association pour n'auoir point de cōmission qui peut empescher vn chacun d'aller en nos nouuelles descouuertures negotier auec les habitās du pays. Ce que voyant ledit sieur de Mons, il conuint auec eux de ce qui restoit en l'habitatiō de Quebec, moyennant vne somme de deniers qui leur donna pour la part qu'ils y auoyent: & enuoya quelques hommes pour conseruer ladite habitation, sur l'esperance d'obtenir vne commissiō de sa Majesté. Mais comme il estoit en ceste poursuitte, quelques affaires de consequence luy suruindrent, qui la luy firent quitter, & me laissa la charge d'en rechercher les moyens: Et ainsi que i'estois apres à y mettre ordre, les vesseaux arriuerent de la nouuelle France, & par mesme moyen des gens de nostre habitions, de ceux que i'auois enuoyé dans les terres auec les sauuages, qui m'aporterent d'assez bonnes nouuelles, disans que plus de deux cents sauuages estoiēt venus, pensans me trouuer au grand saut S. Louys, où ie leur auois

R ij

donné le rende-vous, en intention de les affister en ce qu'ils m'auoient supplié : mais voyans que ie n'auois pas tenu ma promesse, cela les fascha fort : toutesfois nos gens leur firent quelques excuses qu'ils prirent pour argent content, les assurant pour l'annee suiuante oubien iamais, & qu'ils ne menquassent point de venir : ce qu'il promirent de leur part. Mais plusieurs autres qui auoiét quitté Tadoussac, traffic encien, vindrent audit saut auec quátité de petites barques, pour voir s'ils y pourroient faire leurs affaires auec ces peuples, quils asseuroient de ma mort, quoy que peussent dire nos gens, qui affermoyent le contraire. Voila comme l'enuie se glisse dans les mauuais naturels contre les choses vertueses ; & ne leur faudroit que des gens qui se hasardassent en mille dangers pour descouurir des peuples & terres, afin qu'ils en eussét la depouille, & les autres la peine. Il n'est pas raisonnable qu'ayant pris la brebis, les autres ayent la toison. S'ils vouloient participer en nos descouuertures, employer de leurs moyens, & hasarder leurs personnes, ils monstreroyent auoir de l'honneur & de la gloire : mais au contraire ils monstrent euidemment qu'ils sont poussez d'vne pure malice de vouloir esgalement iouir du fruict de nos labeurs. Ce fuiect me fera encore dire quelque chofe pour monftrer comme plufieurs tafchent a deftourner de louables deffins, comme ceux de fainct Maflo & d'autres, qui difent, que la iouyffance de fes defcouuertures leur appartiét, pource que Iaques Quartier eftoit de leur ville, qui fut le premier audit pays de Canada & aux ifles de Terre-neufue: comme fi la ville auoit contribué aux frais des dittes defcouuertures de Iaques Quartier, qui y fut par cómendement, & aux defpens du Roy François premier és annee 1534. & 1535. defcouurir fes terres auiourd'huy appelees nouuelle France? Si donc ledit Quartier a defcouuert quelque chofe aux defpens de fa Majefté, tous fes fuiets peuuent y auoir autant de droit & de liberté que ceux de S. Maflo, qui ne peuuent empefcher que fi aucuns defcouurent autre chofe à leurs defpens, comme l'on fait paroiftre par les defcouuertures cy deffus defcriptes, qu'ils n'en iouiffent paifiblement: Donc ils ne doiuent pas s'attribuer aucun droict, fi eux mefmes ne cótribuent. Leurs raifons font foibles & debiles, de ce cofté. Et pour móftrer encore a ceux qui voudroiét fouftenir cette caufe, qu'ils font mal fondez, pofons le cas qu'vn Efpagnol ou autre eftranger ait defcouuert quelques terres & richeffes aux defpés du Roy de Fráce, fcauoir fi les

Espagnols où autres estrangers s'attribueroiēt les descouuertures & richesses pour estre l'entrepreneur Espagnol ou estranger: non, il n'y a pas de raison, elles seroient tousiours de Fráce: de sorte que ceux de S. Maslo ne peuuēt se l'attribuer, ainsi que dit est, pour estre ledit Quartier de leur ville: mais seulemēt a cause qu'il en est sorty, ils en doiuēt faire estat, & luy donner la louange qui luy est deue. Dauantage ledit Quartier au voyage qu'il a fait ne passa iamais ledit grand saut S. Louys, & ne descouurit rien Nort ny Su, dans les terres du fleuue S. Laurés: ses relations n'ē donnent aucun tesmoignage, & n'y est parlé que de la riuiere du Saquenay, des trois riuieres & sainte Croix, où il hyuerna en vn fort, proche de nostre habitatiō: car il ne l'e ust obmis nō plus que ce qu'il a descrit, qui monstre qu'il à laissé tout le haut du fleuue S. Laurens, depuis Tadoussac iusques au grand saut, difficile a descouurir les terres, & qu'il ne s'est voulu hasarder n'y laiser ses barques pour s'i aduēturer: de sorte que cela est tousiours demeuré inutile, sinō depuis quatre ans que nous y auons fait nostre habitation de Quebec, où apres l'auoir faite edifier, ie me mis au hazard de passer ledit saut pour assister les sauuages en leurs guerres, y enuoyer des hommes pour cognoistre les peuples, leurs façon de viures &

que c'eſt que de leurs terres. Nous y eſtans ſi bien employez, n'eſt-il pas raiſon que nous iouïſſiõs du fruit de nos labeurs, ſa Majeſté n'ayant donné aucun moyen pour aſſiſter les entrepreneurs de ces deſſins iuſques a preſent? I'eſpere, que Dieu luy fera la grace vn iour de faire tant pour le ſeruice de Dieu; de ſa grandeur & bien de ſes ſubiets, que d'amener pluſieurs pauures peuples à la cognoiſſance de noſtre foy, pour iouir vn iour du Royaume celeſte.

INTELLIGENCE DES DEVX
cartes Geograffiques de la nouuelle France.

IL m'a semblé bon de traicter aussi quelque chose touchāt les deux cartes Geografiques, pour en donner l'intelligence: car bien que l'vne represente l'autre, en ce qui est des ports, bayes, caps, promontoires, & riuieres qui entrent dans les terres, elles sont toutesfois differentes en ce qui est des situations. La plus petite est en son vray meridien, suiuant ce que le sieur de Castelfranc le demonstre en son liure de la mecometrie de la guide-aymant, où i'en ay obserué plusieurs declinaisons, qui m'ont beaucoup serui, comme il se verra en ladite carte, auec toute les hauteurs, latitudes & longitudes, depuis le quarante vniesme degré de latitude, iusques au cinquante vniesme, tirant au pole artique, qui sont les confins de Canada ou grande Baye, où se faict le plus souuent la pesche de balaine, par les Basques & Espagnols. Ie l'ay aussi obserué en certains endroits dans le grand fleuue de S. Laurens sous la hauteur de quarante cinq degrez de latitude iusques à vingt vng degré de declinaison de la guide-aymant, qui est la plus grande que iaye veue: & de ceste petite carte, l'on se pourra fort bien seruir à la nauigation, pourueu qu'ō scache appliquer

pliquer l'aiguille à la rose des vents du compas: Comme par exemple, ie desire m'en seruir, il est donc de besoin, pour plus de facilité, de prendre vne rose, où les trentedeux vents soyent marquez egalement, & faire mettre la pointe de la guideaymant à 12. 15. ou 16. degrez de la fleur de lis, du costé du nortouest, qui est prés d'vn quart & demy de vent, comme au Nort vn quart du norouest, ou vn peu plus de la fleur de lis de laditte rose des vents, & appliquer la roze dans le compas, quand l'on sera sur le grand banc, où se fait la pesche du poisson vert, par ce moyen l'on pourra aller cercher fort asseurement toutes les hauteurs des caps, ports & riuieres. Ie scay qu'il y en aura beaucoup qui ne s'en voudront seruir, & courront plustost à la grande, dautant qu'elle est fabriquee sur le compas de France, ou la guide-aymant nordeste, dautant qu'ils ont si bien prins ceste routine, qu'il est mal aisé de leur faire cháger. C'est pourquoy i'ay dressé la grãde carte en ceste façõ, pour le soulagement de la plus-part des pilotes & nauigateurs des parties de la nouuelle France, craignant que si ie ne l'eusse ainsi fait, ils m'eussent attribué vne faute, qu'ils neussent sceu dire d'ou elle procedoit. Car les petits cartrõs ou cartes des terres neufues, pour la plufpart sont presque toutes diuerses en

Sf

tous les gisemens & hauteurs des terres. Et s'il y en a quelques vns qui ayent quelques petits eschantillons assez bons, ils les tiennent si precieux qu'ils n'en donnent l'intelligence à leur patrie, qui en pourroit tirer de l'vtilité. Or la fabrique des cartaux est d'vne telle façon, qu'ils font du Nor-nordest leur ligne meridienne, & de l'Ouest-norouest, l'Ouest, chose contraire au vray meridien de ce lieu, de l'appeler Nort nordest pour le Nort: Car au lieu que l'aiguille doit norouester elle nordeste, cõme si c'estoit en France. Qui a fait que l'erreur s'en est ensuiuy & s'ensuiura, dautant qu'ils ont ceste vieille coustume d'ancienneté, qu'ils retiennent, encores qu'ils tombent en de grands erreurs. Ils se seruẽt aussi d'vn compas touché Nort & Su, qui est mettre la poincte de la guide-aymant droit sous la fleur de lis. Sur ce cõpas beaucoup forment leurs petites cartes, ce qui me semble le meilleur, & approcher plus pres du vray meridien de la Nouuelle France, que non pas les copas de la Frãce Orientale qui nordestent. Il s'est doncques ensuiuy en ceste façon, que les premiers nauigateurs qui ont nauigué aux parties de la nouuelle France Occidãtale croioyent n'engendrer non plus d'erreur d'aller en ces parties que d'aller aux Essores, ou autres lieux proches de France, où l'erreur est presque insensible en la nauigatiõ, dont les pilotes n'õt autres compas que ceux de France, qui nordestent, & representét le vray meridien. Et nauiguant tousiours à l'Ouest, voulãt aller trouuer vne hauteur certaine, faisoient la routte droit à l'Ouest de leur compas, pensant marcher sur vne paralelle où ils vouloiét aller. Et allãt tousiours droictement en plat, & non circulairement, comme sont toutes les paralelles sur le globe de la terre, apres auoir faict vne quantité de chemin, pres de venir à la veüe de la terre, ils se trouuoiét quelquesfois trois, quatre ou cinq degrés plus Su qu'il n'estoit de besoing: & par ainsi se trouuoiét desceus de leur hauteur & estime. Toutesfois il est bien vray que quand le beau temps paroissoit, & que le soleil estoit beau, ils se redressoient de leur hauteur: mais ce n'estoit sans s'estonner d'où procedoit que la routte estoit fausse; qui estoit qu'au lieu d'aller circulairement selon ladicte paralelle, ils alloiét droictement en plat; & que changeant de meridien, ils changeoiét aussi d'airs de vent du cõpas: & par ainsi de routte. C'est donc vne chose fort necessaire de sçauoir le meridien & declinaison de la guide-aymant: car cela peut seruir pour tous pilotes qui voyagét par le mõde, d'autant que ne la sachant point, & principalement au Nort & au Su où il se fait de plus grandes variations de la guide-aymant: aussi que les cercles de longitude sont plus petits, & par ainsi l'erreur seroit plus grand à faute de ne sçauoir ladicte declinaison de la guideaymant. C'est donques pourquoy ladite erreur s'est ensuiuie, que les voyageurs ne l'ayant voulu ou ne lesçachant corriger, ils l'ont laissé en la façon que maintenant elle est: de sorte qu'il est mal aisé d'oster ceste dicte façon accoustumée de nauiguer en cesdits lieux de la nouuelle France. C'est ce qui m'a fait faire ceste grande carte, tant pour estre plus particuliere que la petite, que pour le contentement des nauiguans qui pourront nauiguer, comme si c'estoit sur leur petits cartrós ou cartes: & m'excuseront si ie ne les ay mieux faites & particularisees, dautant que l'aage d'vn hôme ne pourroit suffire à recognoistre si exactement les choses, qu'à la fin du téps il ne se trouuast quelque chose d'obmis, qui fera que toutes personnes curieuses & laborieuses pourrót remarquer en voyageant, des choses qui ne seront en ladicte carte & les y adapter: tellemét qu'auec le téps on ne doutera d'aucunes choses de cesdicts lieux. Pour le moins il me semble que i'ay fait mon deuoir en ce que i'ay peu, où ie n'ay oublié rien de ce que i'ay veu a mettre en madicte carte, & donner vne cognoissance parti-

CARTES GEOGRAFIQVES.

culiere au public, qui n'auoit iamais esté descripte, ny descouuerte si particulieremét comme i'ay fait, bien que quelque autre par le passé en ayt escript, mais c'estoit bien peu de chose au respect de ce que nous auons descouuert depuis dix ans en çà.

Moyen de prendre la ligne Meridienne.

Prenez vne planchette fort vnie, & au milieu posez vne esguille C, de trois pousses de haut, qui soit droictement à plomb, & le posez au Soleil deuant Midy, à 8. ou 9. heures, où l'ombre de l'esguille C, arriuera, soit marqué auec vn compas, lequel sera ouuert, sçauoir vne poincte sur C, & l'autre sur l'ombre B, & puis

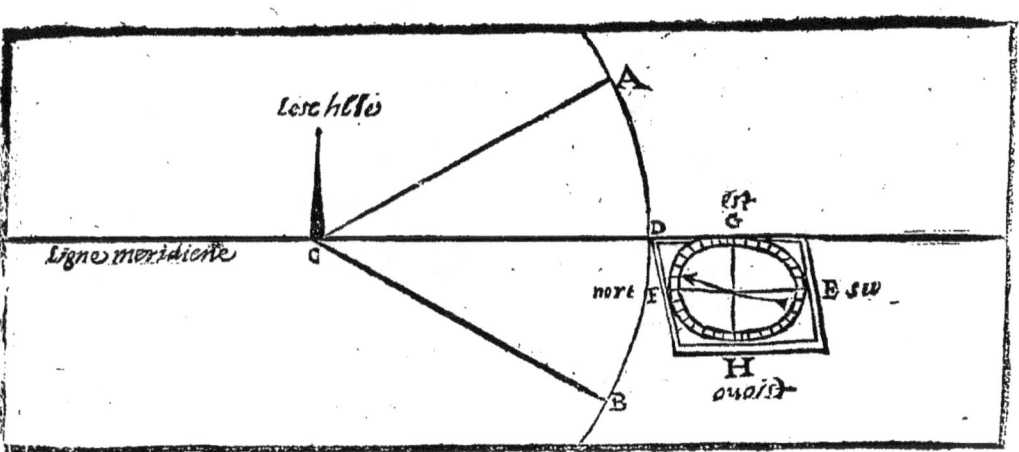

trasserez vn demy cercle A, B, laissant le tout iusqu'apres midy, qu'y verrez l'ombre paruenir sur le bort du demy cercle A. Puis partirez le demy cercle A. B. par la moitié, & aussi tost prendrez vne reigle que poserez sur le poinct C. & l'autre sur le poinct D. & trasserez vne ligne tant qu'elle pourra courir le long de ladicte planchette, qu'il ne faut bouger que l'obseruation ne soit faicte, & la ligne sera la Meridienne du lieu où vous serez.

Et pour sçauoir la declinaison du lieu où vous serez sur la ligne Meridienne, posez vn quadran qui soit quarré, comme demonstre la figure cy dessus le long de la ligne Meridienne; & au fonds dudit quadran y aura vn cercle diuisé en 360. degrez, & partissez ledit cercle par entredeux lignes diametrales, dont l'vne est representée pour le septentrion, & l'autre pour le midy, comme monstrera E. F. & l'autre ligne represente l'Orient & l'Occident, comme monstre G. H. & alors regardez l'aiguille de la guide-aymant, qui est au fonds du quadran, sur le piuot, laquelle verrez où elle decline de la ligne Meridienne fixe, qui est au fonds du quadran, & combien de degrez elle Nordeste ou Norouëste.

TABLE DES MATIERES.

A

Lgoumequins 308
Almouchiquois n'adorent aucune chose. 87. Ont des superstitions. 87. Leur naturel 87. ont vn langage different à celuy des Souriquois & Etechemins 66. vont tous nuds, hommes & femmes hormis leur nature 125 portent quelquesfois des robbes faictes d'herbes 86. ne font prouision de pelleterie que pour se vestir 67. sont bien proportionnez de leurs corps 125 ont le tein oliuastre 125. comment portent leurs cheueux 67. 87. se parent de plumes, de patenostres de porcelines & autres ioliuetez 125. se peindent de noir rouge & iaune 87. s'arrachent le poil de la barbe 87. leurs logemens 87. 126. ont grande quantité de puces, mesmes parmy les champs 127. comment se comportent quand ils ont quelque mauuais dessein 129. 130. leurs armes 126. n'ont point de police, gouuernement, ny creance. 126. font entreprise sur les François. 129. voyez François. Amateurs du labourage 125. comment labourent les terres. 84. ont autant de terre qu'il est necessaire pour leur nourriture. 82. comment font leurs bleds d'Inde. 68. comment ils en conseruent leur prouision pour l'hyuer. 125. comment l'accommodent pour le manger. 87. cultiuent de certaines racines 83. sont fort vistes 132. voyez Sauuages.

Aneda herbe recommandée par Iaques Quartier. 65.
Aubry Prestre esgaré dixsept iours dans des bois. 19. 20.

B

Balaines comment se peschent 266. 267. 268.
Basques pris faisant traitte de pelleterie. 36.
Basques traitent la force en la main & leur violence contre le vaisseau de Pont-graué. 166. 167. 168.
Barque eschouée sur vne roche miraculeusement sauuée. 76.
Baye Françoise. 24. 27.
Baye sainct Laurens. 25.
Baye saincte Marie. 18. 20.
Baye de toutes isles. 156.
Bedabedec, pointe ainsi appelée des sauuages. 43. 44.

C

Cap de la Héue. 7. & 8.
Cap Negre. 11.
Cap de Sable. 11.
Cap Fourchu. 13.
Cap des deux Bayes. 24.
Cap aux isles. 73.
Cap sainct Louys. 76.
Cap Blanc. 81.
Cap Breton. 201.
Cap Batturier. 123.
Cap Dauphin. 173.
Cap de l'Aigle. 173.
Cap. de tourmente. 174.
Campseau. 158.
Canada. 190.
Canadiens ne font point de prouision pour l'hyuer. 201.
Canots des sauuages. 74. 75. 168. 169.
Champdoré pilote. 106. emmenoté, liberé. 109.

TABLE.

Champ semé de bled d'Inde. 83.
Chanure. 78.
Charioquois. 308.
Chasse des sauuages. 56. 57.
Chouacoet. 150.
Chouassarou poisson. 224. 225.
Citrouilles. 83.
Commission du sieur de Mons. 163.
Conspiration contre ma personne. 177. descouuerte 178. conspirateurs pris 179. Procedures en leur procés. 181, 182, 183.
Corde faite d'escorce d'arbre. 78.
Coste de Norembegue 40. 41. 42. 43. 44. 45. 46. 47. 48. 49. 50. 51.
Coste des Almouchiquois. 58.
Croix fort ancienne marque de Chrestiens. 152.
Cul de sac où il y a plusieurs isles & beaucoup d'endrois pour mettre nombre de vaisseaux. 31.

D

DAnger proche de naufrage 41. autre 102. autre 104. autre 108.
premiere Defaite des Yroquois. 230. 231.
seconde Defaite des Yroquois. 254.

E

ESpouuante des Montagnets à la riuiere des Yroquois. 235.
Equille poisson. 21.
Etechemins n'ont point de demeure arrestée. 46. habitent quelquefois la riuiere de Quinibequi. 49.

F

LEs Femmes sont vn peu plus long habillées que les hommes 87. font tous les vestemens 56. surpassent en cruauté les hómes. 258.
François assistent les sauuages leurs alliés à la guerre contre leurs ennemis. 230. 231. 246. iusques à 254. Surpris par les Almouchiquois. 85. 86. 131. s'en vengent. 136.

G

GAspé. 201.
Gelées fort grandes. 55
Grande-oreille, poisson qui porte des égrettes. 269.

H

HAbitation de l'isle saincte Croix. 35. 36.
Habitation du port Royal. 98.
Habitation de Quebec. 184.
Harangue de Mantoumermer sauuage. 61.
Hyuer fort court. 243.

I

IAques Quartier, & de son Hyuernement. 185. iusques à 191.
Isle de sable. 7.
Isle aux Cormorans. 11.
Isles aux oyseaux. 12. 18.
Isles fort dangereuses. 12.
Isles aux Loups-marins. 13.
Isle Longue. 13. 14.
Isle Haute. 24. 43.
Isle aux Margots. 31.
Isle appelée des sauuages Menane 31. 58. 59.
Isle saincte Croix. 32. 33. 115. 191. appelée autrefois des sauuages Achelacy. 19.
Isles rangées. 40. 41. 156.
Isles des monts-deserts. 43.
Isles aux Corneilles. 59.
Isle de la tortue. 59. 60.
Isle de Bacchus. 66.
Isles Martyres. 155.
Isle Percée. 158.
Isle du cap Breton. 158. 159.
Isle aux coudres. 173. 188. 189. plusieurs Isles fort agreables enuironnées de rochers & basses fort dangereuses. 174.
Isle d'Orleans. 174. 175. ainsi appelée par Iaques Quartier. 190.
Isle sainct Eloy. 208.

TABLE.

Isle aux Herons. 289.

L

Lac de trois à quatre lieues de long. 62.
Lac sainct Pierre. 213.
Lac des Yroquois. 224.
Lac de Champlain. 232.
Lac. 170.

M

Mal de la terre, voyés Scurbut.
Mauues oyseaux. 152.
Maslouuins appelez Mistigoches par les Sauuages 245.
Mine d'argent. 14.
Mines de cuiure. 24. 25. 39. 100.
Mines de fer. 14. 15. 28. 29.
Montagnets vont demy nuds 192. l'hyuer se couurent de bonnes fourrures. 192. sont bien proportionnez & les femmes aussi, qui se frottent de peinture, qui les rend basannées. 192. quand peschent les anguilles qu'il font secher pour l'hyuer 191. quand vont à la chasse aux castors 192. vont à la chasse aux eslans & autres bestes sauuages, lors que leurs anguilles leur manquent. 192. ont quelquefois de grãdes famines, mangent leurs chiens & les peaux de quoy ils se couurent 192. pressez d'vne extresme necessité 197. iusques à 201. ne font point de prouisions. 260.
Mõtagnets croyẽt l'immortalité de l'ame 195. Disent qu'après leur mort ils se vont resiouir en d'autres païs 195. croyent que tous les songes qu'ils font sont veritables 192. n'ont point ny foy, ny loy 193. sont fort meschans, grands menteurs, & vindicatifs. 193. n'ẽtreprennent rien sans consulter leur Pilotois 193. leurs ceremonies quand ils arriuent à leur pays au retour de la guerre 236. 255. leurs mariages 194. leurs enterremens 195 dansent trois fois l'année sur la fosse de leurs amis. 195. sont fort craintifs & redoutent fort leurs ennemis. 196.
Miraculeusement sauuez d'vn naufrage 198. ont bon iugement. 192.
Mouches fort fascheuses. 35.

N

Normands appelés Mistigoches par les sauuages. 245.

O

Ordre de bon temps. 149.
Outarde oyseau. 91.
Oyseau qui à le bec en façon de lancette. 90.
Oyseaux cõme coqs d'Indes. 91. 92.
Oyseaux incarnats. 239.

P

Pierres à faire de la chaux. 152.
Pilotois deuineurs de bonne & mauuaise fortune. 193. leurs diableries & simagrees. 121. 122.
Place Royale. 285. 286. 287.
Pointe sainct Mathieu, autrement aux Allouettes. 165. 166.
Pointe de tous les Diables. 166.
Poisson auec trois rangs de dens. 239.
Port au Mouton. 10.
Port saincte Marguerite. 15. 16.
Port Royal. 20. 31.
Port aux mines. 24. 25.
Port aux isles. 71. 72.
Port du cap sainct Louys. 79.
Port de Malebarre. 82. 83.
beau Port. 116. 117. 118.
Port aux huistres. 121.
Port fortuné. 124.
Port sainct Helaine. 155. 156.
Port de Saualette. 157.
Port aux Anglois. 159.
Port Niganis. 159.

Q

TABLE.

Q

Qvebecq. 201. 203. 204. 175. 176. 313.

R

Acines que les sauuages cultiuent. 83.
Rencontre des Yroquois à qui nous allions faire la guerre. 228.
Riuiere du Boulay. 14.
Riuiere de l'Equille. 21. 22.
Riuiere sainct Antoine. 22.
Riuiere sainct Iean appelée des sauuages Ouygoudy. 28. 29.
Riuiere des Etechemins. 33.
Riuiere de Pimptegouet appelée de plusieurs pilotes & historiens Norembegue. 42. 43. 44. 49. 50.
Riuiere de Quinibequi. 59. 63.
Riuiere de la tortue. 59. 60.
Riuiere de Chouacoet. 71.
Riuiere saincte Marguerite. 155.
Riuiere de l'isle verte. 156.
Riuiere de Saguenay. 169. 170. 171.
Riuiere aux saumons. 173
grande Riuiere de sainct Laurens. 201. 206. 207. 208. 209. 210.
Riuiere saincte Marie. 208.
les trois Riuieres. 212.
Riuiere des Vroquois 223. 224.

S

Saincte croix, nom transferé de lieu à autre. 181. 186. 188. 189.
Saincte Susanne du cap blanc. 81.
Sault d'eau. 45.
grand Sault. 313.
Sauuages quand sont mal disposez, se tirent du sang auec les dents, d'vn poisson appelé Couassarou. 225. Leur dueil. 146. Leurs ceremonies aux enterremens. 146. en leurs harangues. 47. Quand ils veulent deliberer de quelque affaire, font leurs assemblees la nuit 299. Comment ils content les temps. 209. Leur façon de viure en hyuer. 57. en hyuer ne peuuent chasser, si les neiges ne sont grandes. 56. attachent des raquettes soubs leurs pieds, quand ils vont chasser en temps de neige, 56. 194 comment peschent le poisson. 78 viuent de coquillage, quand ils ne peuuent chasser. 56. comment desfrichent les terres. 118. Dansent & monstrent signes de resiouissance, quand ils voyent arriuer des vaisseaux de France. 65. Font de grandes admiratiõs quãd ils voyẽt premierement des Chrestiens. 258. Ont des gens parmi eux qui disent la bonne auanture ausquels ils adioustent foy. 126. voyez Pilotois. Croyent les songes veritables. 227. 228. Quand ils entendent des coups de canon se couchent contre terre. 133.
Sauuages quand vont à la guerre separẽt leurs troupes en trois, pour la chasse en auantcoureurs & le gros. 220. Font des marques, par où ils passent, par lesquelles ceux qui viennent apres reconoissent si ce sont amis ou ennemis qui ont passé. 220. Leurs chasseurs ne chassent jamais de l'auãt du gras. 220. Enuoyent descouurir si on n'aperceura point d'ennemis. 219. Toute la nuict se reposent sur la reueue des auantcoureurs. 219. Aprochans des terres de leurs ennemis ne cheminent plus que la nuict. 227. Leurs retranchemens. 219. Ont des chefs à qui ils obeissent, en ce qui est du faict de la guerre seulement. 226. Commẽ les chefs monstrent à leurs gens le rang & l'ordre qu'ils doiuent tenir au combat. 223. Executent

TABLE.

leurs desseins la nuict & non le iour. 131. Quand sont poursuiuis se sauuent dans les bois. 135. Escorchent la teste de leurs ennemis tuez pour trophee de leur victoire. 255. comment traittent leurs prisonniers. 232. 233. 234. 256. 257. 258.

Sauuages alliez vont à la guerre cõtre les Yroquois leurs ennemis. 246. iusques à 254. voyez Algoumequins & Montagnets.

Scurbut, où maladie de la terre. 53. 101. 149. 202. Sa cause. 202. 243. plusieurs regions en sont frappees. 204.

Siguenoc. 90.
Superstition des Sauuages. 61.

T

Tadoussac. 165. 201.
Temperature fort differente, pour 120. lieues. 201.

Terres desertées où le sieur de Mõs fit semer du froment. 33. autres terres defrichees. 79.

Terre ensemencee par le sieur de Poitrincour. 111.

Terres bonnes & fertiles. 113.
Terres couuertes la plus part de l'ãnee. 171.

Terres couuertes de neiges iusques à la fin de May. 201.

Terrre neufue. 201.
Traitte de pelleterie defendue. 166.

V

Vignes qui portent de tresbons raisins. 66.

Y

Yroquois. 226. desfaicts en guerre. 230. 231.

FIN.

QVATRIESME
VOYAGE DV
Sr DE CHAMPLAIN
CAPITAINE ORDINAIRE POVR
LE ROY EN LA MARINE, ET
Lieutenant de Monseigneur le Prince
de Condé en la Nouuelle France,
fait en l'annee 1613.

⁎

A TRESHAVT,

TRESPVISSANT ET TRES-EXCELLENT Henry de Bovrbon Prince de Condé, premier Prince du sang, premier Pair de France, Gouuerneur & Lieutenant de sa Majesté en Guyenne.

MONSEIGNEVR

L'honneur que i'ay reçeu de vostre grandeur en la charge des descouuertures de la nouuelle France, m'a augmenté l'affection de poursuiure auec plus de soing & diligence que iamais, la recherche de la mer du Nord. Pour cet effect en ceste annee 1613. i'y ay fait vn voyage sur le rapport d'vn homme que i'y auois enuoyé, lequel m'asseuroit l'auoir veuë, ainsi que vous pourrez voir en ce petit discours, que i'ose offrir à vostre excellence, où toutes les peines & trauaux que i'y ay eus sont particulierement d'escrits; desquels il ne me reste que le regret d'auoir perdu ceste annee, mais non pas l'esperance au premier voiage d'en auoir des nouuelles plus asseurées, par le moyen des Sau-

a ij

uages qui m'ont fait relation de plusieurs lacs & riuieres tirant vers le Nord, par lesquelles, outre l'asseurance qu'ils me donent d'auoir la cognoissance de ceste mer, il me semble qu'on peut aisémēt tirer coniecture des cartes, qu'elle ne doit pas estre loing des dernieres descouuertures que i'ay cy deuant faites. En attendant le temps propre & la commodité de continuer ces desseins, ie prieray le Createur qu'il vous conserue, Prince bien-heureux, en toutes sortes de felicités, où se terminent les vœux que ie fais à vostre grandeur, en qualité de son

Tres-humble & tres-affectionné seruiteur
SAMVEL DE CHAMPLAIN.

QVATRIESME

QVATRIESME VOYAGE DV SIEVR DE CHAMPLAIN, CAPITAINE ordinaire pour le Roy en la marine, & Lieutenant de Monseigneur le Prince de Condé en la Nouuelle France, fait en l'an 1613.

CE QVI M'A OCCASIONNÉ DE RECERCHER un reglement. Commission obtenue. Oppositions à l'encontre. En fin la publication par tous les ports de France.

CHAP. I.

LE desir que i'ay tousiours eu de faire nouuelles descouuertures en la Nouuelle France, au bien, vtilité & gloire du nom François: ensemble d'amener ces pauures peuples à la cognoissance de Dieu, m'a fait chercher de plus en plus la facilité de ceste entreprise, qui ne peut estre que par le moyen d'vn bon reglement: d'autant que chacun voulant cueillir les fruits de mon labeur, sans contribuer aux frais & grandes despences qu'il côuient faire à l'entretien des habitations necessaires pour amener ces desseins à vne bonne fin, ruine ce commerce par l'auidité de gaigner, qui est si grâde,

a iij

qu'elle fait partir les marchans deuant la saison, & se precipiter non seulement dans les glaces, en esperance d'arriuer des premiers en ce païs; mais aussi dans leur propre ruine : car traictans auec les sauuages à la desrobee, & donnant à l'enuie l'vn de l'autre de la marchandise plus qu'il n'est requis, sur-achetent les danrees; & par ainsi pensant tromper leurs compagnons se trompent le plus souuent eux mesmes.

C'est pourquoy estant de retour en France le 10. Septembre 1611. i'en parlay à monsieur de Monts, qui trouua bō ce que ie luy en dis : mais ses affaires ne luy permettant d'en faire la poursuitte en Cour, m'en laissa toute la charge.

Deslors i'en dressay des memoires, que ie monstray à Monsieur le President Ieannin, lequel (comme il est desireux de voir fructifier les bonnes entreprises) loüa mon dessein, & m'encouragea à la poursuitte d'iceluy.

Et m'asseurant que ceux qui ayment à pescher en eau trouble trouueroient ce reglement fascheux, & rechercheroyent les moyens de l'empescher, il me sembla à propos de me ietter entre les bras de quelque grand, l'authorité duquel peust seruir contre leur enuie.

Or cognoissant Monseigneur le Comte de Soissons Prince pieux & affectionné en toutes sainctes entreprises; par l'entremise du sieur de

Beaulieu,

Beaulieu, Conseiller & aumosnier ordinaire du Roy, ie m'adressay à luy, & luy remonstray l'importáce de l'affaire, les moyens de la regler, le mal que le desordre auoit par cy deuant apporté, & la ruine totale dont elle estoit menacee, au grand des-honneur du nom François, si Dieu ne suscitoit quelqu'vn qui la voulust releuer, & qui donnast esperance de faire vn iour reüssir ce que l'on a peu esperer d'elle. Comme il fut instruict de toutes les particularités de la chose, & qu'il eust veu la Carte du pays que i'auois faicte, il me promit, sous le bon plaisir du Roy, d'en prendre la protection.

Aussi tost apres ie presentay à sa Majesté, & à Nosseigneurs de son Conseil vne requeste auec des articles, tendans à ce qu'il luy pleust vouloir apporter vn reglement en cet affaire, sans lequel, ainsi que i'ay dict, elle s'en alloit perduë; & pource sa Majesté en donna la direction & gouuernement à mondit Seigneur le Comte, lequel deslors m'honora de sa Lieutenance.

Or comme ie me preparois à faire publier la Commissiõ du Roy par tous les ports & haures de France, la maladie de Mõseigneur le Comte arriua, & sa mort tant regrettee, qui recula vn peu ceste affaire: Mais sa Majesté aussi tost en remit la direction à Mõseigneur le Prince, qui la remit dessus: & mondit Seigneur m'ayant honoré pareillement de sa Lieutenance, feit que ie poursuiuis la publication de ladite commission; qui ne fut si tost faicte, que quelques brouillons, qui n'auoyent aucun interest en l'affaire, l'importunerent de la faire casser, luy faisant entendre le pretédu interest de tous les marchans de France, qui n'auoient aucun subiect de se plaindre, attendu qu'vn chacun estoit reçeu en l'association, & par ainsi aucun ne pouuoit iustement s'offencer: c'est pourquoy leur malice estant recogneuë furent reiettees, auec permission seulement d'entrer en l'association.

Pendant ces altercations, il me fut impossible de rien faire pour l'habitation de Quebeq, dans laquelle ie desirois mettre des ouuriers pour la reparer & augmenter, d'autant que le temps de partir nous pressoit fort. Ainsi se fallut contéter pour cette annee d'y aller sans autre association, auec les passeports de Monseigneur le Prince, qui furent donnés pour quatre vaisseaux, lesquels estoient ia preparés pour faire le voyage; sçauoir trois de Rouën & vn de la Rochelle, à condition que chacun fourniroit quatre hommes pour m'assister, tant en mes descouuertures qu'à la guerre, à cause que ie voulois tenir la promesse que i'auois faicte

aux

DV SIEVR DE CHAMPLAIN.

aux sauuages Ochataiguins en l'annee 1611. de les assister en leurs guerres au premier voiage.

Et ainsi que ie me preparois pour partir, ie fus aduerti que la Cour de Parlement de Roüen n'auoit voulu permettre qu'ó publiast la Commission du Roy, à cause que sa Majesté se reseruoit, & à son Conseil la seule cognoissance des differents qui pourroient suruenir en cet affaire: ioint aussi que les marchans de S. Maslo s'y opposerent; ce qui me trauersa fort, & me contraignit de faire trois voyages à Roüen, auec Iussions de sa Majesté, en faueur desquelles la Cour se deporta de ses empeschemens, & debouta les opposans de leurs pretentions: & fut la Commission publiée par tous les ports de Normandie.

PARTEMENT DE FRANCE: ET CE QVI SE passa iusques à nostre arriuee au Saut.

CHAP. II.

IE partis de Rouën le 5. Mars pour aller à Honfleur, & le sieur l'Ange auec moy, pour m'assister aux descouuertures, & à la guerre si l'occasion s'en presentoit.

Le lendemain 6. du moys nous nous embarquasmes dãs le vaisseau du sieur de Pont-graué, où aussi tost nous mismes les voiles au vent, qui estoit lors assés fauorable.

Le 10. Auril nous eusmes cognoissance du grand Banc, où l'on mit plusieurs fois les lignes hors sans rien prendre.

Le 15. nous eusmes vn grand coup de vent, accompagné de pluye & gresle, suiui d'vn autre, qui dura 48. heures, si impetueux, qu'il fit perir plusieurs vaisseaux à l'isle du cap Breton.

Le 21. nous eusmes cognoissance de l'isle & Cap de Raye.

Le 29. les Sauuages Montagnais de la pointe de tous les Diables nous aperceuans, se ietterét dans leurs canots, & vindrent au deuant de nous, si maigres & hideux, que ie les mescognoissois. A l'abord ils commencerent à crier du pain, disans, qu'ils mouroient de faim. Cela nous fit iuger que l'hyuer n'auoit pas esté grád, & par consequent, la chasse mauuaise: de cecy nous en auons parlé aux voyages precedens.

Quand ils furent dans nostre vaisseau ils regardoient chacun au visage, & comme ie ne paroissois point, ils demanderét où estoit monsieur de Champlain, on leur fit responsé que i'estois demeuré en France: ce que ne croyans du tout, il y eut vn vieillard qui vint à moy en vn coin, où ie me promenois, ne desirát encor estre cognu, & me prenant l'oreille (car ils se dou-
toyent

toyent qui i'eſtois) vid la cicatrice du coup de fleche que ie reçeus à la deffaicte des Yroquois: alors il s'eſcria, & tous les autres apres luy, auec grandes demonſtrations de ioye, diſans, Tes gens ſont au port de Tadouſſac qui t'attendent.

Ce meſme iour bien que nous fuſſions partis des derniers nous arriuaſmes pourtant les premiers audit Tadouſſac, & de la meſme maree le ſieur Boyer de Roüen. Par là l'on cognoiſt que partir auant la ſaiſon, ne ſert qu'a ſe precipiter dans les glaces. Ayans moüillé l'ancre nos gens nous vindrét trouuer, & apres nous auoir declaré comme tout ce portoit en l'habitation, ſe mirent à habiller trois outardes & deux lapins, qu'ils auoient apportés, & en iettérent les tripailles à bort, ſur leſquelles ſe ruerét ces paures ſauuages, & ainſi que beſtes affamees les deuorerent ſans les vuider, & racloient auec les ongles la graiſſe dót on auoit ſuiué noſtre vaiſſeau, & la mangeoient gloutonnement comme s'ils y euſſent trouué quelque grand gouſt.

Le lendemain arriuerent deux vaiſſeaux de S. Malo qui eſtoient partis auant que les oppoſitions fuſſent vuidees, & que la Commiſſion fut publiée en Normandie. Ie fus à bort d'eux, accompagné de l'Ange: Les ſieurs de la Moinerie & la Tremblaye y commandoient, auſ-

b ij

quels ie fis lecture de la Commiſſion du Roy, & des deffences d'y contreueni, ſur les peines portees par icelles. Ils firent reſponſe qu'ils eſtoient ſubiects & fidelles ſeruiteurs de ſa Majeſté, & qu'ils obeïroient à ſes commâdemens; & deſlors ie fis attacher ſur le port à vn poteau, les armes & Commiſſions de ſa Majeſté, afin qu'on n'en pretendiſt cauſe d'ignorance.

Le 2. May voyant deux chalouppes equippees pour aller au Saut, ie m'embarquay auec ledict l'Ange dans l'vne. Nous fuſmes contrariés de fort mauuais temps, en ſorte que le mats de noſtre chalouppe ſe rompit, & ſi Dieu ne nous euſt preſeruès, nous nous fuſſions perdus, comme fit deuant nos yeux vne chalouppe de S. Maſlo qui alloit à l'iſle d'Orleans, de laquelle les hommes ſe ſauuerent.

Le 7. nous arriuaſmes à Quebec, où trouuaſmes ceux qui y auoient hyuerné en bonne diſpoſition, ſans auoir eſté malades, leſquels nous dirent que l'hyuer n'auoit point eſté grand, & que la riuiere n'auoit point gelé. Les arbres commençoient auſſi à ſe reueſtir de feuilles, & les champs à s'eſmailler de fleurs.

Le 13. nous partiſmes de Quebec pour aller au Saut S. Louys, où nous arriuaſmes le 21. & y trouuaſmes l'vne de nos barques qui eſtoit partie depuis nous de Tadouſſac, laquelle auoit

traicté

traicté quelque peu de marchandifes, auec vne petite troupe d'Algoumequins, qui venoyent de la guerre des Yroquois, & auoient auec eux deux prifonniers. Ceux de la barque leur firent entédre que i'eftois venu auec nombre d'hommes pour les affifter en leurs guerres, fuiuant la promeffe que ie leur auois faite les annees precedentes; & de plus, que ie defirois aller en leur pays, & faire amitié auec tous leurs amis; dequoy ils furent fort ioyeux : Et d'autant qu'ils vouloient retourner en leur pays pour affeurer leurs amis de leur victoire, voir leurs femmes, & faire mourir leurs prifonniers en vne folemnelle Tabagie. Pour gages de leur retour, qu'ils promettoient eftre auāt le milieu de la premierè lune (ainfi qu'ils content) ils laifferent leurs rondaches, faictes de bois & de cuir d'Ellaud, & partie de leurs arcs & flefches. Ce me fut vn grand defplaifir de ne m'eftre trouué à propos pour m'en aller auec eux en leur pays.

 Trois iours apres arriuerét trois canots d'Algoumequins qui venoient du dedans des terres, chargés de quelque peu de marchandifes, qu'ils traicterent, lefquels me dirét que le mauuais traictement qu'auoient reçeus les Sauuages l'annee precedente, les auoit degoutés de venir plus, & qu'ils ne croyoient pas que ie deuffe retourner iamais en leurs pays, pour les mauuaises impressions que mes enuieux leur auoient donnees de moy; & pource 1200. hommes estoyent allez à la guerre, n'ayans plus d'esperance aux François, lesquels ils ne croyoient pas vouloir plus retourner en leur pays.

Ces nouuelles attristerent fort les marchans, car ils auoient fait grãde emplette de marchandises, sous esperãce que les sauuages viendroiẽt comme ils auoient accoustumé : ce qui me fit resoudre en faisant mes descouuertures, de passer en leur pays, pour encourager ceux qui estoyent restés, du bon traictement qu'ils receuroyent, & de la quantité de bonnes marchandises qui estoyent au Saut, & pareillement de l'affection que i'auois de les assister à la guerre: Et pour ce faire, ie leur fis demander trois canots & trois Sauuages pour nous guider, & auec beaucoup de peine i'en obtins deux, & vn sauuage seulement, & ce moyennant quelques presens qui leur furent faits.

PARTEMENT POVR DESCOVVRIR LA MER du Nort, sur le rapport qui m'en auoit esté faict. Description de plusieurs riuieres, lacs, isles, du Saut de la chaudiere, & autres Sauts.

CHAP. III.

OR n'ayant que deux Canots, ie ne pouuois mener auec moy que quatre hommes, entre lestre lesquels estoit vn nómé Nicolas de Vignau le plus impudent menteur qui se soit veu de long temps, comme la suitte de ce discours le fera voir, lequel autresfois auoit hyuerné auec les Sauuages, & que i'auois enuoyé aux descouuertures les annees precedentes. Il me r'apporta à son retour à Paris en l'annee 1612. qu'il auoit veu la Mer du Nort, que la riuiere des Algoumequins sortoit d'vn lac qui s'y deschargeoit, & qu'en 17. iournees l'on pouuoit aller & venir du Saut S. Louys à ladite mer: qu'il auoit veu le bris & fracas d'vn vaisseau Anglois qui s'estoit perdu à la coste, où il y auoit 80. hommes qui s'estoient sauués à terre, que les Sauuages tuerent à cause que lesdits Anglois leur vouloyent prendre leurs bleds d'Inde & autres viures par force, & qu'il en auoit veu les testes qu'iceux Sauuages auoient escorchés (selon leur coustume) lesquelles ils me vouloiét faire voir, ensemble me donner vn ieune garçon Anglois qu'ils m'auoient gardé. Ceste nouuelle m'auoit fort resiouy, pensant auoir trouué bien pres ce que ie cherchois bien loing: ainsi ie le coniuray de me dire la verité, afin d'en aduertir le Roy, & luy remonstray que s'il donnoit quelque mensonge à entendre, il se mettoit la corde au col, aussi que si sa relation estoit vraye, il se pouuoit asseurer d'estre bien recompensé: Il me l'asseura encor auec fermens plus grands que iamais. Et pour mieux iöuer son roole, il me bailla vne relation du païs qu'il disoit auoir faicte, au mieux qu'il luy auoit esté possible. L'asseurance donc que ie voyois en luy, la simplicité de laquelle ie le iugeois plain, la relation qu'il auoit dressee, le bris & fracas du vaisseau, & les choses cy deuant dictes, auoyent grande apparence, auec le voyage des Anglois vers Labrador, en l'annee 1612. où ils ont trouué vn destroit qu'ils ont couru iusques par le 63e. degré de latitude, & 290. de longitude, & ont hyuerné par le 53e. degré, & perdu quelques vaisseaux, comme leur relation en faict foy. Ces choses me faisant croire son dire veritable, i'en fis deslors rapport à Monsieur le Chancelier ; & le fis voir à Messieurs le Mareschal de Brissac, & President Ieannin, & autres Seigneurs de la Cour, lesquels me dirent qu'il me falloit voir la chose en personne. Cela fut cause que ie priay le sieur Georges, marchant de la Rochelle, de luy donner passage dans son vaisseau, ce qu'il feit volontiers ; où estant l'interrogea pourquoy il faisoit ce voyage : & d'autant qu'il luy estoit inutile, luy demanda s'il esperoit quelque salaire, lequel feit responseque non, & qu'il n'en pretendoit d'autre que du Roy, & qu'il n'entreprenoit le voyage que pour me monstrer la

mer

DV SIEVR DE CHAMPLAIN. 17

mer du Nord, qu'il auoit veuë, & luy en fit à la Rochelle vne declaration par deuant deux Notaires.

Or comme ie prenois côgé de tous les Chefs, le iour de la Pentecoste, aux prieres desquels ie me recommandois, & de tous en general, ie luy dis en leur preséce, que si ce qu'il auoit cy deuãt dict n'estoit vray, qu'il ne me donnast la peine d'entreprendre le voyage, pour lequel faire il falloit courir plusieurs dangers. Il asseura encore derechef tout ce qu'il auoit dict au peril de sa vie.

Ainsi nos Canots chargés de quelques viures, de nos armes & marchandises pour faire presens aux Sauuages, ie partis le lundy 27. May de l'isle saincte Helaine auec 4. François & vn Sauuage, & me fut donné vn adieu auec quelques coups de petites pieces, & ne fusmes ce iour qu'au Saut S. Louys, qui n'est qu'vne lieuë au dessus, à cause du mauuais temps qui ne nous permit de passer plus outre.

Le 29. nous le passasmes, partie par terre, partie par eau, où il nous fallut porter nos Canots, hardes, viures & armes sur nos espaules, qui n'est pas petite peine à ceux qui n'y sont accoustumés: & apres l'auoir esloigné deux lieuës, nous entrasmes dans vn lac qui a de circuit enuiron 12. lieuës, où se deschargẽt trois riuieres,

c

l'vne venant de l'ouest, du costé des Ochataiguins esloignés du grand Saut de 150. ou 200. lieuës; l'autre du Sud pays des Yroquois, de pareille distance; & l'autre vers le Nord, qui vient des Algoumequins, & Nebicerini, aussi à peu pres de séblable distáce. Cette riuiere du Nord, suiuant le rapport des Sauuages, vient de plus loing, & passe par des peuples qui leur sont incogneus, distans enuiron de 300. lieues d'eux.

Ce lac est rempli de belles & grádes isles, qui ne sont que prairies, où il y a plaisir de chasser, la venaison & le gibier y estans en abondance, aussi bien que le poisson. Le païs qui l'enuironne est rempli de grandes forests. Nous fusmes coucher à l'entree dudict lac, & fismes des barricades, à cause des Yroquois qui rodent par ces lieux pour surprendre leurs ennemis; & m'asseure que s'ils nous tenoient, ils nous feroient aussi bonne chere qu'a eux, & pource toute la nuict fismes bó quart. Le lendemain ie prins la hauteur de ce lieu, qui est par les 45. degrez 18. minutes de latitude. Sur les trois heures du soir nous entrasmes dans la riuiere qui vient du Nord, & passasmes vn petit Saut par terre pour soulager nos canots, & fusmes à vne isle le reste de la nuict en attendant le iour.

Le dernier May nous passasmes par vn autre lac qui a 7. où 8. lieuës de long, & trois de large, où il où il y a quelques isles: Le païs d'alétour est fort vni, horsmis en quelques endroits, où il y a des costaux couuerts de pins. Nous passasmes vn Saut qui est appelé de ceux du païs Quenechouan qui est rempli de pierres & rochers, où l'eau y court de grād vistesse: il nous falut mettre en l'eau & traisner nos Canots bort à bort de terre auec vne corde: à demi lieuë de là nous en passasmes vn autre petit à force d'auirons, ce qui ne se faict sans suer, & y a vne grande dexterité à passer ces Sauts pour éuiter les bouillons & brisants qui les trauersent; ce que les Sauuages font d'vne telle adresse, qu'il est impossible de plus, cherchans les destours & lieux plus aysés qu'ils cognoissent à l'œil.

Le samedy 1. de Iuin nous passasmes encor deux autres Sauts: le premier contenant demie lieuë de long, & le second vne lieuë, où nous eusmes bien de la peine; car la rapidité du courant est si grāde, qu'elle faict vn bruict effroyable, & descendant de degré en degré, faict vne escume si blanche par tout, que l'eau ne paroist aucunement: ce Saut est parsemé de rochers & quelques isles qui sont çà & là, couuertes de pins & cedres blancs: Ce fut là, où nous eusmes de la peine: car ne pouuans porter nos Canots par terre à cause de l'espaisseur du bois, il nous les failloit tirer dans l'eau auec des cordes, & en

c ij

tirant le mien, ie me pensay perdre, à cause qu'il trauersa dans vn des bouillons; & si ie ne fusse tombé fauorablement entre deux rochers, le Canot m'entraisnoit; d'autant que ie ne peus d'effaire assez à temps la corde qui estoit entortillee à l'entour de ma main, qui me l'offença fort, & me la pensa coupper. En ce danger ie m'escriay à Dieu, & commençay à tirer mon Canot, qui me fut renuoyé par le remouil de l'eau qui se faict en ses Sauts, & lors estant eschappé ie loüay Dieu, le priant nous preseruer. Nostre Sauuage vint apres pour me secourir, mais i'estois hors de danger; & ne se faut estonner si i'estois curieux de conseruer nostre Canot: car s'il eut esté perdu, il falloit faire estat de demeurer, ou attendre que quelques Sauuages passassent par là, qui est vne pauure attente à ceux qui n'ont dequoy disner, & qui ne sont accoustumés à telle fatigue. Pour nos François ils n'en eurent pas meilleur marché, & par plusieurs fois pensoient estre perdus: mais la Diuine bonté nous preserua tous. Le reste de la iournee nous nous reposasmes, ayans assés trauaillé.

Nous rencontrasmes le lendemain 15. Canots de Sauuages appellés Quenongebin, dans vne riuiere, ayant passé vn petit lac long de 4. lieuës, & large de 2. lesquels auoient esté aduertis de ma vema venue par ceux qui auoient paſſé au Saut S. Louys venans de la guerre des Yroquois: Ie fus fort aiſe de leur rencontre, & eux auſſi, qui s'eſtonnoient de me voir auec ſi peu de gens en ce païs, & auec vn ſeul Sauuage. Ainſi apres nous eſtre ſalués à la mode du païs, ie les priay de ne paſſer outre pour leur declarer ma volonté, ce qu'ils firent, & fuſmes cabaner dans vne iſle.

Le lendemain ie leur fis entendre que i'eſtois allé en leurs pays pour les voir, & pour m'acquitter de la promeſſe que ie leur auois par cy deuant faicte;& que s'ils eſtoient reſolus d'aller à la guerre, cela m'agreroit fort, d'autant que i'auois amené des gens à ceſte intétion,dequoy ils furent fort ſatisfaits: & leur ayant dict que ie voulois paſſer outre pour aduertir les autres peuples, ils m'en voulurent deſtourner, diſans, qu'il y auoit vn meſchant chemin, & que nous n'auions rien veu iuſques alors ; & pource ie les priay de me donner vn de leurs gens pour gouuerner noſtre deuxieſme Canot, & auſſi pour nous guider, car nos conducteurs ny cognoiſſoient plus rien: ils le firent volontiers, & en recompenſe ie leur fis vn preſent, & leur baillay vn de nos François, le moins neceſſaire, lequel ie renuoyois au Saut auec vne feuille de tablette, dans laquelle, à faute de papier, ie faiſois ſcauoir de mes nouuelles.

Ainsi nous nous separasmes : & continuant nostre route à mont ladicte riuiere, en trouuasmes vne autre fort belle & spatieuse, qui vient d'vne nation appelée Ouescharini, lesquels se tiennent au Nord d'icelle, & à 4. iournees de l'entree. Ceste riuiere est fort plaisante, à cause des belles isles qu'elle contient, & des terres garnies de beaux bois clairs qui la bordent ; la terre est bonne pour le labourage.

Le quatriesme nous passasmes proche d'vne autre riuiere qui vient du Nord, où se tiennent des peuples appellés Algoumequins, laquelle va tomber dans le grand fleuue sainct Laurens 3. lieuës aual le Saut S. Louys, qui faict vne grande isle côtenant prés de 40. lieuës, laquelle n'est pas large, mais remplie d'vn nombre infini de Sauts, qui sont fort difficiles à passer : Et quelquesfois ces peuples passent par ceste riuiere pour éuiter les rencontres de leurs ennemis, sçachans qu'ils ne les recherchent en lieux de si difficile accés.

A l'emboucheure d'icelle il y en a vne autre qui viét du Sud, où à son entree il y a vne cheute d'eau admirable : car elle tombe d'vne telle impetuosité de 20. ou 25. brasses de haut, qu'elle faict vne arcade, ayant de largeur pres de 400. pas. Les sauuages passent dessous par plaisir, sans se mouiller que du poudrin que fait ladite eau.

Il y

Il y a vne isle au milieu de ladicte riuiere, qui est comme tout le terroir d'alentour, remplie de pins & cedres blancs: Quand les Sauuages veulent entrer dans la riuiere, ils montent la montagne en portant leurs Canots, & font demye lieuë par terre. Les terres des enuirõs sont remplies de toute sorte de chasse, qui faict que les Sauuages si arrestent plus tost; les Yroquois y viennent aussi quelquesfois les surprendre au passage.

Nous passasmes vn Saut à vne lieuë de là, qui est large de demie lieue, & descend de 6. à 7. brasses de haut. Il y a quantité de petites isles qui ne sont que rochers aspres & difficiles, couuerts de meschans petits bois. L'eau tombe à vn endroit de telle impetuosité sur vn rocher, qu'il s'y est caué par succession de temps vn large & profond bassin: si bien que l'eau courant la dedans circulairement, & au milieu y faisant de gros bouillons, a faict que les Sauuages l'appellent Asticou, qui veut dire chaudiere. Ceste cheute d'eau meine vn tel bruit dans ce bassin, que l'on l'entend de plus de deux lieuës. Les Sauuages passants par là, font vne ceremonie que nous dirõs en son lieu. Nous eusmes beaucoup de peine à monter contre vn grand courant, à force de rames, pour paruenir au pied dudict Saut, où les Sauuages prirent les Canots,

& nos François & moy, nos armes, viures & autres commodités pour passer par l'aspreté des rochers enuiron vn quart de lieuë que contient le Saut, & aussi tost nous fallut embarquer, puis derechef mettre pied à terre pour passer par des taillis enuiron 300. pas, apres se mettre en l'eau pour faire passer nos Canots par dessus les rochers aigus, auec autant de peine que l'on sçauroit s'imaginer. Ie prins la hauteur du lieu & trouuay 45. degrés 38. minutes, de latitude.

Apres midy nous entrasmes dans vn lac ayant 5. lieuës de long, & 2. de large, où il y a de fort belles isles remplies de vignes, noyers & autres arbres aggreables, 10. ou 12. lieuës de là amont la riuiere nous passasmes par quelques isles remplies de Pins; La terre est sablonneuse, & si trouue vne racine qui teint en couleur cramoysie, de laquelle les Sauuages se peindent le visage, & de petits affiquets à leur vsage. Il y a aussi vne coste de montagnes du long de ceste riuiere, & le païs des enuirons semble assés fascheux. Le reste du iour nous le passasmes dans vne isle fort aggreable.

Le lendemain nous côtinuasmes nostre chemin iusques à vn grand Saut, qui contient prés de 3. lieuës de large, où l'eau descend comme de 10. ou 12. brasses de haut en talus, & faict vn merueilleux bruit. Il est rempli d'vne infinité d'isles, d'isles, couuertes de Pins & de Cedres : & pour le passer il nous fallut resoudre de quitter nostre Maïs ou bled d'Inde, & peu d'autres viures que nous auions, auec les hardes moins necessaires, reseruans seulement nos armes & filets, pour nous dōner à viure selō les lieux & l'heur de la chasse. Ainsi allegés nous passasmes tant à l'auiron, que par terre, en portant nos Canots & armes par ledict Saut, qui a vne lieuë & demie de long, où nos Sauuages qui sont infatigables à ce trauail, & accoustumés à endurer telles necessités, nous soulagerent beaucoup.

Poursuiuās nostre route nous passasmes deux autres Sauts, l'vn par terre, l'autre à la rame & auec des perches en deboutant, puis entrasmes dans vn lac ayant 6. ou 7. lieuës de long, où se descharge vne riuiere venant du Sud, où à cinq iournees de l'autre riuiere il y a des peuples qui y habitēt appelés Matou-oüescarini. Les terres d'enuiron ledit lac sont sablonneuses, & couuertes de pins, qui ont esté presque tous bruslés par les sauuages. Il y a quelques isles, dans l'vne desquelles nous reposames, & vismes plusieurs beaux cyprés rouges, les premiers que i'eusse veus en ce païs, desquels ie fis vne croix, que ie plantay à vn bout de l'isle, en lieu eminent, & en veuë, auec les armes de France, comme i'ay faict aux autres lieux où nous

d

auions posé. Ie nommay ceste isle, l'isle saincte Croix.

Le 6. nous partismes de ceste isle saincte croix, où la riuiere est large d'vne lieue & demie, & ayant faict 8. ou 10. lieuës, nous passasmes vn petit Saut à la rame, & quantité d'isles de differentes grandeurs. Icy nos sauuages laisserent leurs sacs auec leurs viures, & les choses moins necessaires afin d'estre plus legers pour aller par terre, & euiter plusieurs Sauts qu'il falloit passer. Il y eut vne grande contestation entre nos sauuages & nostre imposteur, qui affermoit qu'il n'y auoit aucun danger par les Sauts, & qu'il y falloit passer : Nos sauuages luy disoient tu es lassé de viure ; & à moy, que ie ne le deuois croire, & qu'il ne disoit pas verité. Ainsi ayant remarqué plusieurs fois qu'il n'auoit aucune cognoissance desdits lieux, ie suiuis l'aduis des sauuages, dont bien il m'en prit, car il cherchoit des difficultez pour me perdre, ou pour me degouter de l'entreprise, comme il a confessé depuis (dequoy sera parlé cy apres.) Nous trauersames donc à l'ouest la riuiere qui couroit au Nord, & pris la hauteur de ce lieu qui estoit par $46\frac{2}{3}$ de latitude. Nous eusmes beaucoup de peine à faire ce chemin par terre, estát chargé seulement pour ma part de trois arquebuses, autant d'auirons, de mon capot, & quelques

ques petites bagatelles; i'encourageois nos gés qui estoient quelque peu plus chargés, & plus greués des mousquites que de leur charge. Ainsi apres auoir passé 4. petits estangs, & cheminé deux lieuës & demie, nous estions tát fatigués qu'il nous estoit impossible de passer outre, à cause qu'il y auoit prés de 24. heures que n'auiōs mágé qu'vn peu de poissō rosti, sans autre sauce, car nous auiōs laissé nos viures, cóme i'ay dit cy dessus. Ainsi nous posasmes sur le bort d'vn estang, qui estoit assez aggreable, & fismes du feu pour chasser les Mousquites qui nous molestoient fort, l'importunité desquelles est si estrange qu'il est impossible d'en pouuoir faire la description. Nous tendismes nos filets pour prendre quelques poissons.

Le lendemain nous passasmes cet estang qui pouuoit contenir vne lieuë de long, & puis par terre cheminasmes 3. lieuës par des païs difficiles plus que n'auions encor veu, à cause que les vents auoient abatu des pins, les vns sur les autres, qui n'est pas petite incommodité, car il faut passer tantost dessus & tantost dessous ces arbres, ainsi nous paruinsmes à vn lac, ayant 6. lieuës de long, & 2. de large, fort abondant en poisson, aussi les peuples des enuirons y font leur pescherie. Prés de ce lac y a vne habitation de Sauuages qui cultiuent la terre, & recuillent du Maïs : le chef se nomme Nibachis, lequel nous vint voir auec sa troupe, esmerueillé comment nous auions peu passer les Sauts & mauuais chemins qu'il y auoit pour paruenir à eux. Et apres nous auoir presenté du petun seló leur mode, il commença à haranguer ses compagnons, leur disant, Qu'il falloit que fussiós tombés des nues, ne sachant comment nous auions peu passer, & qu'eux demeurás au païs auoient beaucoup de peine à trauerser ces mauuais passages, leur faisant entendre que ie venois à bout de tout ce que mon esprit vouloit : bref qu'il croyoit de moy ce que les autres sauuages luy en auoient dict. Et scachans que nous auions faim, ils nous donnerent du poisson, que nous mangeasmes, & apres disné ie leur fis entendre par Thomas mon truchement, l'aise que i'auois de les auoir rencontrés ; que i'estois en ce pays pour les assister en leurs guerres, & que ie desirois aller plus auant voir quelques autres capitaines pour mesme effect, dequoy ils furent ioyeux, & me promirent assistance. Ils me mostrerét leurs jardinages & champs, où il y auoit du Maïs. Leur terroir est sablonneux, & pource s'adonnent plus à la chasse qu'au labeur, au contraire des Ochataiguins. Quand ils veulent rendre vn terroir labourable, ils bruslent les arbres, & ce fort ayfémét, car ce ne sont que pins

chargés

chargés de resine. Le bois bruslé ils remuent vn peu la terre, & plantent leur Maïs grain à grain, comme ceux de la Floride : il n'auoit pour lors que 4. doigts de haut.

CONTINVATION. ARRIVEE VERS TESSOVAT, & le bon accueil qu'il me feit. Façon de leurs cimetieres. Les Sauuages me promettent 4. Canots pour continuer mon chemin. Tost apres me les refusent. Harangue des sauuages pour me dissuader mon entreprise, me remonstrant les difficultés. Response à ces difficultés. Tessoüat argue mon conducteur de mensonge, & n'auoir esté où il disoit. Il leur maintient son dire veritable. Ie les presse de me donner des Canots. Plusieurs refus. Mon conducteur conuaincu de mensonge, & sa confession.

CHAP. IIII.

Nibachis feit equipper deux Canots pour me mener voir vn autre Capitaine nommé Tessoüat, qui demeuroit à 8. lieuës de luy, sur le bort d'vn grand lac, par où passe la riuiere que nous auions laissee qui refuit au Nord, ainsi nous trauersasmes le lac à l'Oüest Nort-ouest, pres de 7. lieuës, où ayans mis pied à terre fismes vne lieuë au Nort-est parmy d'assés beaux païs, où il y a de petis sentiers battus, par lesquels on peut passer aysément, & arriuasmes sur le bort de ce lac, où estoit l'habitation de Tessoüat, qui estoit auec vn autre chef sien voisin, tout estonné de me voir, & nous dit qu'il pensoit que ie fusse vn songe, & qu'il ne croyoit pas ce qu'il

d iij

voyoit. De là nous paſſaſmes en vne iſle, où leurs Cabanes ſont aſſez mal couuertes deſcorces d'arbres, qui eſt remplie de cheſnes, pins & ormeaux, & n'eſt ſubiette aux innondations des eaux, comme ſont les autres iſles du lac.

Ceſte iſle eſt forte de ſituation: car aux deux bouts d'icelle, & à l'endroit où la riuiere ſe iette dans le lac, il y a des Sauts faſcheux, & l'aſpreté d'iceux la rendent forte; & ſi ſont logés pour euiter les courſes de leurs ennemis. Elle eſt par les 47. degrés de latitude, comme eſt le lac, qui a 20. lieuës de long, & 3. ou 4. de large, abondant en poiſſon, mais la chaſſe ny eſt pas beaucoup bonne.

Ainſi comme ie viſitois l'iſle i'apperçeus leurs cimetieres, où ie fus raui en admiration, voyant des ſepulchres de forme ſemblable aux chaſſes, fais de piece de bois, croiſees par en haut & fichees en terre, à la diſtance de 3. pieds ou enuiron: ſur les croiſees en haut ils y mettent vne groſſe piece de bois, & au deuãt vne autre tout debout, dans laquelle eſt graué groſſierement (comme il eſt bien croyable) la figure de celuy ou celle qui y eſt enterré. Si c'eſt vn homme ils y mettent vne rondache, vne eſpee amanchee à leur mode, vne maſſe, vn arc & des fleſches; S'il eſt Capitaine, il aura vn panache ſur la teſte, & quelque autre matachia où enioliueure; ſi vn enfant

enfant, ils luy baillent vn arc & vne flesche ; si vne femme, ou fille, vne chaudiere, vn pot de terre, vne cueillier de bois & vn auiron; Tout le tombeau a de longueur 6. ou 7. pieds pour le plus grand, & de l'argeur 4. les autres moings. Ils sont peints de iaune & rouge, auec plusieurs ouurages aussi delicats que la sculpture. Le mort est enseueli dãs sa robe de castor ou d'autres peaux, desquelles il se seruoit en sa vie, & luy mettent toutes ses richesses aupres de luy, cõme haches, couteaux, chaudieres & aleines, affin que ces choses luy seruent au pays où il va : car ils croyent l'immortalité de l'ame, comme i'ay dict autre part. Ces sepulchres graués ne se font qu'aux guerriers, car aux autres ils n'y mettent non plus qu'ils font aux femmes, comme gens inutiles, aussi s'en retrouue il peu entr'eux.

Apres auoir consideré la pauureté de ceste terre, ie leur demanday cõment ils s'amusoient à cultiuer vn si mauuais païs, veu qu'il y en auoit de beaucoup meilleur qu'ils laissoyent desert & abandonné, comme le Saut S. Louys. Ils me respondirent qu'ils en estoient contraints, pour se mettre en seureté, & que l'aspreté des lieux leur seruoit de bouleuart cõtre leurs ennemis: Mais que si ie voulois faire vne habitation de François au Saut S. Louys, cõme i'auois promis, qu'ils quiteroyent leur demeure pour se venir loger pres de nous, estans asseurés que leurs ennemis ne leur feroyét point de mal pendát que nous serions auec eux. Ie leur dis que ceste annee nous ferions les preparatifs de bois & pierres pour l'annee suiuante faire vn fort, & labourer ceste terre: Ce qu'ayant entendu ils firent vn grand cry en signe d'applaudissement. Ces propos finis, ie priay tous les Chefs & principaux d'entreux, de se trouuer le lendemain en la grand terre, en la cabane de Tessoüat, lequel me vouloit faire Tabagie, & que là ie leur dirois mes intentions, ce qu'ils me promirent; & deslors enuoyerent conuier leurs voisins pour si trouuer.

Le lendemain tous les conuiés vindrent auec chacun son escuelle de bois, & sa cueillier, lesquels sans ordre, ny ceremonie s'assirent contre terre dans la cabane de Tessoüat, qui leur distribuast vne maniere de boüillie, faite de Maïs, escrasé entre deux pierres, auec de la chair & du poisson, coupés par petits morceaux, le tout cuit ensemble sans sel. Ils auoyent aussi de la chair rostie sur les charbós, & du poisson boüilli à part, qu'il distribua aussi. Et pour mon regard, d'autant que ie ne voulois point de leur boüillie, à cause qu'ils cuisinent fort salement, ie leur demáday du poisson & de la chair, pour
l'accom-

l'accommoder à ma mode; ils m'en donnerent. Pour le boire nous auions de belle eau claire. Teſſoüat qui faiſoit la Tabagie nous entretenoit ſans manger ſuiuant leur couſtume.

La Tabagie faite, les ieunes hommes qui n'aſſiſtent pas aux harangues & cõſeils, & qui aux Tabagies demeurét à la porte des cabanes, ſortirent, & puis chacun de ceux qui eſtoient demeurés commença à garnir ſon petunoir, & m'en preſenterent les vns & les autres, & employaſmes vne grande demie heure à cet exercice, ſans dire vn ſeul mot, ſelon leur couſtume.

Apres auoir parmi vn ſi long ſilence amplement petuné, ie leur fis entendre par mõ Truchement que le ſubiect de mon voyage n'eſtoit autre que pour les aſſeurer de mon affection, & du deſir que i'auois de les aſſiſter en leurs guerres, comme i'auois auparauant faict. Que ce qui m'auoit empeſché l'annee derniere de venir, ainſi que ie leur auois promis, eſtoit que le Roy m'auoit occuppé en d'autres guerres, mais que maintenant il m'auoit commandé de les viſiter, & les aſſeurer de ces choſes, & que pour cet effect i'auois nombre d'hommes au Saut S. Louys, & que ie m'eſtois venu promener en leur païs pour recognoiſtre la fertilité de la terre, les lacs, riuieres, & mer qu'ils m'auoyent dict

c

estre en leur pays : & que ie desirois voir vne nation distante de 6. iournees d'eux, nommee Nebicerini, pour les conuier aussi à la guerre; & pource ie les priay de me donner 4. Canots, auec huict sauuages pour me conduire esdictes terres. Et d'autant que les Algoumequins ne sont pas grands amis des Nebicerini, ils sembloyent m'escouter auec plus grande attention.

Mon discours acheué, ils commencerent derechef à petuner, & à deuiser tout bas, ensemble touchant mes propositions : puis Tessoüat pour tous prit la parole & dict, Qu'ils m'auoiēt tousiours recognu plus affectionné en leur endroit, qu'aucū autre François qu'ils eussent veu; que les preuues qu'ils en auoient euës le passé, leur facilitoyent la creance pour l'aduenir ; de plus, que ie monstrois estre bien leur amy, en ce que i'auois passé tant de hazards pour les venir voir, & pour les conuier à la guerre, & que toutes ces choses les obligeoyent à me vouloir du bien, comme à leurs enfans propres ; Que toutesfois l'annee derniere ie leur auois manqué de promesse, & que 2000. sauuages estoient venus au Saut en intention de me trouuer, pour aller à la guerre, & me faire des presens, & ne m'ayant trouué, furent fort attristez, croyant que ie fusse mort, comme quelques vns leur
auoyent

auoyent dict: auſſi que les François qui eſtoient au Saut ne les voulurent aſſiſter à leurs guerres, & qu'ils furent mal traictés par aucuns, de ſorte qu'ils auoyent reſolu entr'eux de ne plus venir au Saut, & que cela les auoit occaſionnés (n'eſperans plus me voir) d'aller à la guerre ſeuls, & de fait que 1200. des leur y eſtoyent allés. Et d'autant que la pluſpart des guerriers eſtoyent abſens, ils me prioient de remettre la partie à l'annee ſuiuante, & qu'ils feroient ſçauoir cela à tous ceux de la contree. Pour ce qui eſtoit des 4. Canots que ie demandois, ils me les accorderent, mais auec grandes difficultés, me diſans qu'il leur deſplaiſoit fort de telle entrepriſe, pour les peines que i'y endurerois; que ces peuples eſtoiét ſorciers, & qu'ils auoiét faict mourir beaucoup de leurs gens par ſort & empoiſonnemés, & que pour cela ils n'eſtoient amis: au ſurplus, que pour la guerre ie n'auois affaire deux, d'autant qu'ils eſtoyent de petit cœur, me voulans deſtourner auec pluſieurs autres propos ſur ce ſubiect.

Moy d'autrepart qui n'auois autre deſir que de voir ces peuples, & faire amitié auec eux, pour voir la mer du Nord, facilitois leurs difficultez, leur diſant, qu'il n'y auoit pas loing iuſques en leurs païs; que pour les mauuais paſſages, ils ne pouuoyent eſtre plus faſcheux que ceux que i'auois passé par cy deuant; & pour le regard de leurs sortileges qu'ils n'auroient aucune puissance de me faire tort, & que mon Dieu m'en preserueroit; que ie cognoissois aussi leurs herbes, & par ainsi ie me garderois d'en manger; que ie les voulois rendre ensemble bons amis, & leur ferois des presens pour cet effect, m'asseurant qu'ils feroient quelque chose pour moy. Auec ces raisons ils m'accorderét, comme i'ay dict, ces 4. Canots, dequoy ie fus fort ioyeux, oubliant toutes les peines passées, sur l'esperance que i'auois de voir ceste mer tant desiree.

Pour passer le reste du iour, ie me fus promener par leurs iardins, qui n'estoiét réplis que de quelques citroüilles, phasioles, & de nos pois, qu'ils commencent à cultiuer, où Thomas mon truchement, qui entend fort bien la langue, me vint trouuer, pour m'aduertir que ces sauuages, apres que ie les eus quittés, auoient songé que si i'entreprenois ce voyage, que ie mourrois, & eux aussi, & qu'ils ne me pouuoient bailler ces Canots promis, d'autant qu'il n'y auoit aucun d'entreux qui me voulut conduire; mais que ie remisse ce voyage à l'annee prochaine, & qu'ils m'y meneroient en bon equippage, pour se deffendre d'iceux, s'il leur vouloient mal faire, pource qu'ils sont mauuais.

Ceste

Ceste nouuelle m'affligea fort, & soudain m'é allay les trouuer, & leur dis, que ie les auois iusques à ce iour estimés hommes, & veritables, & que maintenant ils se monstroyent enfans, & mesongers, & que s'ils ne vouloiét effectuer leurs promesses, ils ne me feroient paroistre leur amitié; toutesfois que s'ils se sentoient incommodés de 4. Canots, qu'ils ne m'en baillassent que 2. & 4. sauuages seulement.

Ils me representerent derechef la difficulté des passages, le nombre des Sauts, la meschanceté de ces peuples, & que s'estoit pour crainte qu'ils auoyent de me perdre qu'ils me faisoient ce refus.

Ie leur fis responce, que i'estois fasché de ce qu'ils se monstroient si peu mes amis, & que ie ne l'eusse iamais creu; que i'auois vn garçon, (leur monstrant mon imposteur) qui auoit esté dás leur pays, & n'auoit recognu toutes les difficultés qu'ils faisoient, ny trouué ces peuples si mauuais qu'ils disoient. Alors ils commencerent à le regarder, & specialement Tessoüat vieux Capitaine, auec lequel il auoit hyuerné, & l'appelant par son nom, luy dict en son langage, Nicolas est il vray que tu as dit auoir esté aux Nebicerini? Il fut long temps sans parler, puis il leur dict en leur langue, qu'il parle aucunemét, Ouy i'y ay esté. Aussi tost ils le regarde-

e iiij

rent de trauers, & se iettans sur luy, comme s'ils l'eussent voulu manger ou deschirer, firent de grands cris, & Tessoüat luy dict, tu es vn asseuré menteur, tu sçais bien que tous les soirs tu couchois à mes costés auec mes enfans, & tous les matins tu t'y leuois: si tu as esté vers ces peuples, ça esté en dormant; comment as tu esté si impudent d'auoir donné à entendre à ton chef des mésonges, & si meschant de vouloir hazarder sa vie parmi tant de dangers? tu es vn homme perdu, il te deuroit faire mourir plus cruellement que nous ne faisons nos ennemis: ie ne m'estonnois pas s'il nous importunoit tant sur l'asseurance de tes paroles. A l'heure ie luy dis qu'il eust à respondre à ces peuples; & puis qu'il auoit esté en ces terres qu'il en donnast des enseignemens pour me le faire croire, & me tirer de la peine où il m'auoit mis; mais il demeura muet & tout esperdu.

A l'heure ie le tiray à l'escart des sauuages, & le coniuray de me declarer la verité du faict: que s'il auoit veu ceste mer, que ie luy ferois donner la recompense que ie luy auois promise, & s'il ne l'auoit veuë, qu'il eut à me le dire sans me donner d'auantage de peine: Derechef auec iuremens il afferma tout ce qu'il auoit par cy deuant dict, & qu'il me le feroit voir, si ces sauuages vouloient bailler des Canots.

Sur

Sur ces difcours Thomas me vint aduertir que les fauuages de l'ifle enuoyoient fecrettement vn Canot aux Nebicerini, pour les aduertir de mõ arriuee. Et lors pour me feruir de l'occafion, ie fus trouuer lefdits fauuages, pour leur dire que i'auois fongé cefte nuict qu'ils vouloyent enuoyer vn Canot aux Nebicerini fans m'en aduertir, dequoy i'eftois eftõné, veu qu'ils fçauoyent que i'auois volonté d'y aller : à quoy ils me firent refponfe, difans, que ie les offençois fort, en ce que ie me fiois plus à vn menteur, qui me vouloit faire mourir, qu'a tant de braues Capitaines qui eftoiét mes amys, & qui auoyent ma vie chere : ie leur repliquay, que mon hõme (parlant de noftre impofteur) auoit efté en cefte contree auec vn des parens de Teffoüat, & auoit veu la Mer, le bris & fracas d'vn vaiffeau Anglois, enfẽble 80. teftes que les fauuages auoient, & vn ieune garçon Anglois qu'ils tenoient prifonnier, dequoy ils me vouloient faire prefent.

Ils s'efcrierent plus que deuant, entendant parler de la Mer, des vaiffeaux, des teftes des Anglois, & du prifonnier, qu'il eftoit vn menteur, & ainfi le nommerent-ils depuis, cõme la plus grande iniure qu'ils luy euffent peu faire, difans tous enfemble qu'il le falloit faire mourir, ou qu'il dift celuy auec lequel il y auoit esté, & qu'il declaraſt les lacs, riuieres & chemins par leſquels il auoit paſſé; à quoy il fit reſponſe aſſeurément qu'il auoit oublié le nom du ſauuage, combien qu'il me l'euſt nommé plus de vingt fois, & meſme le iour de deuant. Pour les particularitez du païs, il les auoit deſcriptes dãs vn papier qu'il m'auoit baillé. Alors ie preſentay la carte, & la fis interpreter aux ſauuages, qui l'interrogerent ſur icelle, à quoy il ne fit reſponſe, ains par ſon morne ſilence manifeſta ſa meſchanceté.

Mon eſprit vogant en incertitude, ie me retiray à part, & me repreſentay les particularités du voyage des Anglois cy deuant dictes, & les diſcours de noſtre menteur eſtre aſſés conformes, auſſi qu'il y auoit peu d'apparence que ce garçon euſt inuété tout cela, & qu'il n'euſt voulu entreprédre le voyage, mais qu'il eſtoit plus croyable qu'il auoit veu ces choſes, & que ſon ignorance ne luy permettoit de reſpondre aux interrogations des ſauuages: ioint auſſi que ſi la relation des Anglois eſt veritable, il faut que la mer du Nord ne ſoit pas eſloignee de ces terres de plus de 100. lieuës de latitude, car i'eſtois ſous la hauteur de 47. degrés de latitude, & 296. de longitude: mais il ſe peut faire que la difficulté de paſſer les Sauts, l'aſpreté des mõtagnes remplies de neiges, ſoit cauſe que ces peuples
n'ont

n'ont aucune cognoiffance de cefte mer; bien m'ont-il toufiours dict, que du païs des Ochataiguins il n'y a que 35. ou 40. iournees iufques à la mer qu'ils voyent en 3. endroits: ce qu'ils m'ont encores affeuré cefte annee: mais aucun ne m'a parlé de cefte mer du Nord, que ce menteur, qui m'auoit fort refiouy à caufe de la briefueté du chemin.

 Or comme ce Canot s'appreftoit, ie le fis appeler deuant fes compagnons; & en luy reprefentant tout ce qui s'eftoit paffé, ie luy dis qu'il n'eftoit plus queftion de diffimuler, & qu'il falloit dire s'il auoit veu les chofes dictes, ou non; que ie voulois predre la commodité qui fe prefentoit; que i'auois oublié tout ce qui s'eftoit paffé: Mais que fi ie paffois plus outre, ie le ferois pendre & eftrangler fans luy faire autre merci. Apres auoir fongé à luy, il fe ietta à genoux & me demanda pardon, difant, que tout ce qu'il auoit dict, tant en France qu'en ce païs, touchát cefte mer, eftoit faux; qu'il ne l'auoit iamais veuë, & qu'il n'auoit pas efté plus auant que le village de Teffoüat; q'il auoit dict ces chofes pour retourner en Canada. Ainfi tranfporté de cholere ie le fis retirer, ne le pouuant plus endurer deuant moy, donnant charge à Thomas de s'enquerir de tout particulierement; auquel il pourfuiuit de dire qu'il ne croyoit pas que ie

f

deuſſe entreprendre le voyage, à cauſe des dangers, croyant que quelque difficulté ſe pourroit preſenter qui m'empeſcheroit de paſſer, comme celle de ces ſauuages, qui ne me vouloient bailler des Canots: ainſi que l'on remettroit le voyage à vne autre annee, & qu'eſtant en France, il auroit recompenſe pour ſa deſcouuerture: & que ſi ie le voulois laiſſer en ce pays, qu'il yroit tant qu'il la trouueroit, quád il y deuroit mourir. Ce ſont ſes paroles, qui me furent rapportees par Thomas, & ne me contenterent pas beaucoup, eſtant eſmerueillé de l'effronterie & meſchanceté de ce menteur: & ne me puis imaginer comment il auoit forgé ceſte impoſture, ſinon qu'il euſt ouy parler du voyage des Anglois cy mentionné; & que ſur l'eſperance d'auoir quelque recompenſé, comme il a dict, il ait eu la temerité de mettre cela en auant.

Peu de temps apres ie fus aduertir les ſauuages, à mon grand regret, de la malice de ce menteur, & qu'il m'auoit confeſſé la verité, dequoy ils furent ioyeux, me reprochant le peu de confiance que i'auois en eux, qui eſtoyent Capitaines, mes amis, & qui parloiét touſiours verité, & qu'il falloit faire mourir ce menteur qui eſtoit grandemét malitieux, me diſant, Ne vois-tu pas qu'il ta voulu faire mourir; donne le
nous,

nous, & nous te promettons qu'il ne mentira plus. Et à cause qu'ils estoient tous apres luy crians, & leurs enfans encores plus, ie leur deffendis de luy faire aucun mal, & aussi d'empescher leurs enfans de ce faire, d'autant que ie le voulois remener au Saut pour le faire voir à ces Messieurs, ausquels il deuoit porter de l'eauë salee; & qu'estant là i'aduiserois à ce qu'on en feroit.

Mon voyage estant acheué par ceste voye, & sans aucune esperance de voir la mer de ce costé là, sinon par coniecture, le regret de n'auoir mieux employé le temps m'est demeuré, auec les peines & trauaux qu'il m'a fallu neantmoins tolerer patiemment. Si ie me fusse transporté d'vn autre costé, suiuant la relation des sauuages, i'eusse esbauché vne affaire qu'il faut remettre à vne autre fois. N'ayant pour l'heure autre desir que de m'é reuenir, ie cōuiay les sauuages de venir au Saut S. Louys, où il y auoit quatre vaisseaux fournis de toutes sortes de marchādises, & où ils receuroiēt bon traitemēt; ce qu'ils firent sçauoir à tous leurs voisins. Et auant que partir, ie fis vne croix de cedre blāc, laquelle ie plantay sur le bort du lac en vn lieu eminent, auec les armes de France, & priay les sauuages la vouloir conseruer, comme aussi celles qu'ils trouueroient du long des chemins où

f ij

nous auions passé, & que s'ils les rompoiét, que mal leur arriueroit; & les conseruant, ils ne seroient assaillis de leurs ennemis. Ils me promirent ainsi le faire, & que ie les retrouuerois quand ie retournerois vers eux.

NOSTRE RETOVR AV SAVT. FAVSSE ALARME.
Ceremonie du Saut de la chaudiere. Confeßion de nostre menteur
deuant tous les chefs. Et nostre retour en France.

CHAP. V.

LE 10. Iuin ie prins congé de Tessoüat, bon vieux Capitaine, & luy fis quelques presens, & luy promis, si Dieu me preseruoit en santé, de venir l'annee prochaine, en equippage pour aller à la guerre; & luy me promit d'assembler grand peuple pour ce temps là, disant, que ie ne verrois que sauuages, & armes qui me dóneroyent contentement; & me bailla son fils pour me faire compagnie. Ainsi nous partismes auec 40. Canots, & passasmes par la riuiere que nous auions laissée, qui court au Nord, où nous mismes pied à terre pour trauerser des lacs. En chemin nous rencontrasmes 9. grands Canots de Ouëscharini, auec 40. hómes forts & puissants qui venoient aux nouuelles qu'ils auoient eües; & d'autres que rencontrasmes aussi, qui faisoient ensemble 60. Canots, & 20. autres qui
estoient

estoient partis deuant nous, ayans chacun assés de marchandises.

Nous passasmes 6. ou 7. Sauts depuis l'isle des Algoumequins iusques au petit Saut, païs fort desagreable. Ie recogneus bien que si nous fussions venus par là que nous eussiõs eu beaucoup plus de peine, & malaisémét eussions nous passé : & ce n'estoit sans raison que les sauuages contestoient contre nostre méteur, qui ne cerchoit qu'a me perdre.

Continuant nostre chemin 10. ou 12. lieuës au dessous l'isle des Algoumequins, nous posasmes dans vne isle fort agreable, remplie de vignes & noyers, où nous fismes pescherie de beau poisson. Sur la minuict arriua deux Canots qui venoient de la pesche plus loing, lesquels rapporterent auoir veu 4. Canots de leurs ennemis. Aussi tost on despescha 3. Canots pour les recognoistre, mais ils retournerét sans auoir rien veu. En ceste asseurance chacun prit le repos, excepté les femmes qui se resolurét de passer la nuict dans leurs Canots, ne se trouuans asseurees à terre. Vne heure auant le iour vn sauuage songeant que les ennemis le chargeoyent se leua en sursaut, & se prit à courir vers l'eau pour se sauuer, criant, On me tue. Ceux de sa bande s'esueillerent tous estourdis, & croyans estre poursuiuis de leurs ennemis se ietterent en l'eau, comme feit vn de nos Fráçois, qui croyoit qu'on l'aſſommaſt. A ce grand bruit nous autres qui eſtions eſloignés, fuſmes auſſi toſt eſueillés, & ſans plus s'enquerir accouruſmes vers eux: mais les voyans en l'eau errans çà & là, eſtions fort eſtonnés, ne les voyans pourſuiuis de leurs ennemis, ny en eſtat de ſe deffendre, quand cela euſt eſté, mais ſeulement de ſe perdre. Apres que i'eus enquis noſtre François de la cauſe de ceſte eſmotion, il me dict qu'vn ſauuage auoit ſongé, & luy auec les autres pour ſe ſauuer, s'eſtoit ietté en l'eau, croyant auoir eſté frappé. Ainſi ayant recognu ce que s'eſtoit, tout ſe paſſa en riſee.

En continuant noſtre chemin, nous paruinſmes au Saut de la chaudiere, où les ſauuages firent la ceremonie accouſtumee, qui eſt telle. Apres auoir porté leurs Canots au bas du Saut, ils s'aſſemblét en vn lieu, où vn d'entr'eux auec vn plat de bois va faire la queſte, & chacũ d'eux met dans ce plat vn morceau de petun; la queſte faicte, le plat eſt mis au milieu de la troupe, & tous danſent à l'entour, en chantant à leur mode; puis vn des Capitaines faict vne harangue, remonſtrant que dés long temps ils ont accouſtumé de faire telle offrãde, & que par ce moyé ils ſont garãtis de leurs ennemis, qu'autrement il leur arriueroit du malheur, ainſi que leur perſuade

suade le diable, & viuent en ceste superstition, comme en plusieurs autres, comme nous auons dict en d'autres lieux. Cela faict, le harangueur prent le plat, & va ietter le petun au milieu de la chaudiere, & font vn grand cry tous ensemble. Ces pauures gés sont si superstitieux, qu'ils ne croiroient pas faire bon voyage, s'ils n'auoiét faict ceste ceremonie en ce lieu, d'autant que leurs ennemis les attendent à ce passage, n'osans pas aller plus auant, à cause des mauuais chemins, & les surprennent là : ce qu'ils ont quelquesfois faict.

Le lendemain nous arriuasmes à vne isle, qui est à l'entree du lac, distante du grand Saut S. Louys de 7. à 8. lieuës, où reposans la nuict, nous eusmes vne autre alarme, les sauuages croyás auoir veu des Canots de leurs ennemis : ce qui leur fit faire plusieurs gráds feux, que ie leur fis esteindre, leur remonstrant l'inconuenient qui en pouuoit arriuer, sçauoir, qu'au lieu de se cacher ils se manifestoient.

Le 17. Iuin nous arriuasmes au Saut S. Louys ou ie trouuay l'Ange qui estoit venu au deuant de moy dans vn Canot, pour m'aduertir que le sieur de Maison-neufue de S. Maslo auoit apporté vn passeport de Monseigneur le Prince pour trois vaisseaux. En attendant que ie l'eusse veu, ie fis assembler tous les sauuages pour leur faire entendre que ie ne defirois pas qu'ils traictaffent aucunes marchandifes, que ie ne leur euffe permis : & que pour des viures ie leur en ferois bailler fi toft que ferions arriués; ce qu'ils me promirent, difans, qu'ils eftoient mes amis. Ainfi pourfuiuant noftre chemin, nous arriuafmes aux barques, & fufmes falués de quelques canonades, dequoy quelques vns de nos fauuages eftoient ioyeux, & d'autres fort eftonnés, n'ayans iamais ouy telle mufique. Ayans mis pied à terre, Maifon-neufue me vint trouuer auec le paffeport de Monfeigneur le Prince : & auffi toft que l'eus veu, ie le laiffay iouïr, & les fiens, du benefice d'iceluy, comme nous autres; & fis dire aux fauuages qu'ils pouuoyent traicter le lendemain.

Ayant veu tous les Chefs, & deduit les particularités de mon voyage, & la malice de noftre menteur, dequoy ils furent fort eftonnés, ie les priay de s'affembler, afin qu'en leur prefence, des fauuages & de fes compagnons, il declaraft fa mefchanceté; ce qu'ils firent volótiers. Ainfi eftans affemblés, ils le firent venir, & l'interrogerent, pourquoy il ne m'auoit monftré la mer du Nord, comme il m'auoit promis à fon depart: Il leur fit refpófe qu'il auoit promis vne chofe impoffible à luy, d'autant qu'il n'auoit iamais veu cefte mer, & que le defir de faire le

voyage

voyage luy auoit fait dire cela ; auſſi qu'il ne croyoit que ie le deuſſe entreprendre, & les prioit luy vouloir pardoner, comme il fit à moy derechef, confeſſant auoir grandement failly: mais que ſi ie le voulois laiſſer au pays, qu'il feroit tát par ſon labeur, qu'il repareroit la faute, & verroit ceſte mer, & en rapporteroit certaines nouuelles l'annee ſuiuáte:& pour quelques conſiderations ie luy pardonnay à ceſte condition.

Apres leur auoir deduit par le menu le bon traictemét que i'auois reçeu dans les demeures de ces ſauuages, & mon occupation iournaliere, ie m'enquis auſſi de ce qu'ils auoyent faict pendant mon abſence,& de leurs exercices, leſquels eſtoient la chaſſe, où ils auoient faict tel progrés, que le plus ſouuent ils apportoient ſix cerfs. Vne fois entre autres le iour de la S. Barnabé, le ſieur du Parc y eſtant auec deux autres, en tua 9. Ils ne ſont pas du tout ſemblables aux noſtres, & y en a de differétes eſpeces, les vns plus grands, les autres plus petits, approchát fort de nos dains. Ils auoient auſſi ſi grande quantité de Palombes qu'impoſſible eſtoit de plus, ils n'auoient pas moins de poiſſon, cóme brochets, Carpes, Eſturgeons, Aloſes, Barbeaux, Tortues, Bars, & autres qui nous ſont incognus, deſquels ils diſnoient & ſouppoient tous les iours: auſſi eſtoyent-ils tous en meilleur point que

g

moy, qui eſtois attenué par le trauail & la faſcherie que j'auois euë, & n'auois mangé le plus ſouuent qu'vne fois le iour de poiſſon mal cuit, & à demy roſti.

Le 22. Iuin ſur les 8. heures du ſoir les ſauuages nous donnerent vne alarme, à cauſe qu'vn des leurs auoit ſongé qu'il auoit veu les Yroquois: pour les contenter chacun prit ſes armes, & quelques vns furent enuoyés vers leurs cabanes pour les aſſeurer, & aux aduenues pour deſcouurir, ſi bien qu'ayant recognu que s'eſtoit vne fauſſe alarme, l'on ſe contenta de tirer quelques 200. mouſquetades & harquebuſades, puis on poſa les armes en laiſſant la garde ordinaire. Cela les aſſeura fort, & furent bien contens de voir les François qui ſe preparerent pour les ſecourir.

Apres que les ſauuages eurent traitté leurs marchandiſes, & qu'ils eurent reſolu de s'en retourner, ie les priay de mener auec eux deux ieunes hommes pour les entretenir en amitié, leur faire voir le païs & les obliger à les ramener, dont ils firent grāde difficulté, me repreſentant la peine que m'auoit donné noſtre menteur, craignans qu'ils me feroient de faux rapports, comme il auoit faict. Ie leur fis reſponſe qu'ils eſtoient gens de bien & veritables, & que s'il ne les vouloient emmener, ils n'eſtoyent pas mes amys, & pource ils s'y reſolurent. Pour

noſtre

noſtre meteur aucun de ſes ſauuages n'en vou-
luſt, pour priere que ie leur feit, & le laiſſaſmes
à la garde de Dieu.

Voyant n'auoir plus rien affaire en ce pays,
ie me reſolus de paſſer dans le premier vaiſſeau
qui retourneroit en France. Le ſieur de Mai-
ſon-neufue ayant le ſien preſt m'offrit le paſſage, lequel i'acceptay, & le 27. Iuin auec le ſieur
l'Ange nous partiſmes du Saut, où nous laiſſaſmes les autres vaiſſeaux, qui attendoyent que
les ſauuages qui eſtoient à la guerre fuſſent de
retour, & arriuaſmes à Tadouſſac le 6. Iuillet.

Le 8. Aouſt le temps ſe trouua propre qui
nous en feit partir.

Le 18. ſortiſmes de Gaſpé à l'iſle percee.

Le 28. nous eſtions ſur le grand banc, où ſe
faict la peſche de poiſſon vert, où l'on prit du
poiſſon tant que l'on voulut.

Le 26. Aouſt arriuaſmes à S. Maſlo, où ie vis
les Marchans, auſquels ie remonſtray combien
il eſtoit facile de faire vne bonne aſſociation
pour l'aduenir, à quoy ils ſe ſont reſolus, comme ont faict ceux de Rouën, & de la Rochelle
apres qu'ils ont recognu ce reglement eſtre neceſſaire, & ſans lequel il eſt impoſſible d'eſperer
quelque fruict de ſes terres. Dieu par ſa grace face proſperer ceſte entrepriſe à ſon honneur, à ſa gloire, à la conuerſion de ſes pauures
aueugles, & au bien & honneur de la France.

F I N.

TABLE DES CHAPITRES DV
QVATRIESME VOYAGE.

CHAP. I.

CE qui m'a occasionné de recercher vn reglement. Commission obtenue. Oppositions à l'encontre. En fin la publication par tous les ports de France. page 5

CHAP. II.

Partement de France: Et ce qui se passa iusques à nostre arriuee au Saut. 9

CHAP. III.

Partement pour descouurir la mer du Nord, sur le rapport qui m'en auoit esté faict. Description de plusieurs riuieres, lacs, isles, du Saut de la chaudiere, & autres Sauts. 14

CHAP. IIII.

Continuation. Arriuee vers Tessoüat, & le bon accueil qu'il me feit. Façon de leurs cimetieres. Les Sauuages me promettent 4. Canots pour continuer mon chemin. Tost apres me les refusent. Harangue des sauuages pour me dissuader mon entreprise, me remonstrant les difficultés. Response à ces difficultés. Tessoüat argue mon conducteur de mensonge, & n'auoir esté où il disoit. Il leur maintient son dire veritable. Ie les presse de me doner des Canots. Plusieurs refus. Mon conducteur conuaincu de mensonge, & sa confession. 29

CHAP. V.

Nostre retour au Saut. Fausse alarme. Ceremonie du Saut de la chaudiere. Confession de nostre menteur deuant tous les chefs. Et nostre retour en France. 44

TABLE DES CHAPITRES DV QVATRIESME VOYAGE.

CHAP. I.

CE qui m'a occasionné de recercher vn reglement. Commission obtenue. Oppositions à l'encontre. En fin la publication par tous les ports de France. page 5

CHAP. II.

Partement de France: Et ce qui se passa iusques à nostre arriuee au Saut. 9

CHAP. III.

Partement pour descouurir la mer du Nord, sur le rapport qui m'en auoit esté faict. Description de plusieurs riuieres, lacs, isles, du Saut de la chaudiere, & autres Sauts. 14

CHAP. IIII.

Continuation. Arriuee vers Tessoüat, & le bon accueil qu'il me feit. Façon de leurs cimetieres. Les Sauuages me promettent 4. Canots pour continuer mon chemin. Tost apres me les refusent. Harangue des sauuages pour me dissuader mon entreprise, me remonstrant les difficultés. Responce à ces difficultés. Tessoüat argue mon conducteur de mensonge, & n'auoir esté où il disoit. Il leur maintient son dire veritable. Ie les presse de me doner des Canots. Plusieurs refus. Mon conducteur conuaincu de mensonge, & sa confession. 29

CHAP. V.

Nostre retour au Saut. Fausse alarme. Ceremonie du Saut de la chaudiere. Confession de nostre menteur deuant tous les chefs. Et nostre retour en France. 44

www.ingramcontent.com/pod-product-compliance
Lightning Source LLC
Chambersburg PA
CBHW050431170426
43201CB00008B/631